Lo más importante
para invertir
con sentido común

Profit Editorial, sello editorial de referencia en libros de empresa y management. Con más de 400 títulos en catálogo, ofrece respuestas y soluciones en las temáticas:

- Management, liderazgo y emprendeduría.
- Contabilidad, control y finanzas.
- Bolsa y mercados.
- Recursos humanos, formación y coaching.
- Marketing y ventas.
- Comunicación, relaciones públicas y habilidades directivas.
- Producción y operaciones.

E-books:
Todos los títulos disponibles en formato digital están en todas las plataformas del mundo de distribución de e-books.

Manténgase informado:
Únase al grupo de personas interesadas en recibir, de forma totalmente gratuita, información periódica, newsletters de nuestras publicaciones y novedades a través del QR:

Dónde seguirnos:

 | @profiteditorial

 | Profit Editorial

Ejemplares de evaluación:
Nuestros títulos están disponibles para su evaluación por parte de docentes. Aceptamos solicitudes de evaluación de cualquier docente, siempre que esté registrado en nuestra base de datos como tal y con actividad docente regular. Usted puede registrarse como docente a través del QR:

Nuestro servicio de atención al cliente:
Teléfono: **+34 934 109 793**
E-mail: **info@profiteditorial.com**

Howard Marks

Lo más importante para invertir con sentido común

© 2011 Howard Marks

© Para la edición en lengua castellana Profit Editorial, 2013, 2022
  Profit Editorial I., S.L. 2013

Fotografía autor: Columbia University Press. Nueva York
                  www.cup.colombia.edu

Traducido por Artesa 23 S.L. Traducciones
traducciones.a23@hotmail.es

Revisado por Fundación Numa. www.FundaciónNuma.com
c/ Mártires Concepcionistas, 3
28006 - Madrid

Todos los memorandos a los que el autor hace mención, se pueden consultar en
www.oaktreecapital.com/memo.aspx

Título original: *The Most Important Thing* publicado en lengua inglesa por Columbia University Press

Diseño cubierta: XicArt
Fotocomposición: freiredisseny.com

ISBN: 978-84-19212-30-6
Depósito legal: B 11524-2022
Impreso por Gráficas Rey

Impreso en España – *Printed in Spain*

Cualquier forma de reproducción, distribución, comunicación pública o transformación de esta obra solo puede ser realizada con la autorización de sus titulares, salvo excepción prevista por la ley.
Diríjase a CEDRO (Centro Español de Derechos Reprográficos) si necesita fotocopiar o escanear algún fragmento de esta obra (www.cedro.com; 91 702 19 70 / 93 272 04 45)».

Para Nancy, Jane y Andrew
Con todo mi cariño

ÍNDICE

Prólogo 9
Introducción 13
1. Lo más importante es... el pensamiento de segundo nivel 19
2. Lo más importante es... comprender la eficiencia del mercado
(y sus limitaciones) 27
3. Lo más importante es... el valor 39
4. Lo más importante es... la relación entre el precio y el valor . . . 49
5. Lo más importante es... entender el riesgo 59
6. Lo más importante es... reconocer el riesgo 77
7. Lo más importante es... controlar el riesgo 91
8. Lo más importante es... estar atento a los ciclos 103
9. Lo más importante es... ser consciente de la existencia
del péndulo 111
10. Lo más importante es... luchar contra las influencias
negativas 121
11. Lo más importante es... ir a contracorriente 135
12. Lo más importante es... encontrar gangas 147
13. Lo más importante es... esperar la oportunidad pacientemente . . 157
14. Lo más importante es... saber lo que no se sabe 169
15. Lo más importante es... ser conscientes de dónde
nos encontramos 179

16. Lo más importante es... ser consciente del papel
que juega la suerte 191

17. Lo más importante es... invertir de forma defensiva 201

18. Lo más importante es... evitar los errores 215

19. Lo más importante es... añadir valor 231

20. Lo más importante es... ponerlo todo en común 239

PRÓLOGO

Mi familia vendió su empresa en el 2005. La decisión fue meditada y muy dura para nosotros. Fue en mi opinión un acto de responsabilidad, guiada por la prudencia, el respeto al riesgo y el ser conscientes de nuestras limitaciones. En ese momento recibí un excelente consejo de un gran profesional y hoy amigo: "No inviertas durante un año, piensa qué es lo que quieres y aprende...". Me convenció lo suficiente como para evitar que cometiéramos grandes errores, y creo que ha sido uno de los consejos más valiosos que he recibido.

En nuestra búsqueda y esfuerzo por aprender sobre cómo afrontar un cambio tan difícil de gestionar con éxito como es el de vender una empresa familiar y qué hacer después, conocimos a Stuart E. Lucas y su libro *Wealth*. Su lectura nos convenció para asistir al curso de *Private Wealth Management* que imparte en la Universidad Chicago. Y nos pareció tan revelador y útil que decidimos desarrollar el curso en España. Esto acabó convirtiéndose en el primer proyecto de la recién creada Fundación Numa, y que lleva ya cuatro años realizándose en Madrid, además de actuar de catalizador para la realización de muchas de las demás actividades que lleva a cabo la fundación en el campo de la educación e innovación.

La experiencia de encontrar fuera de nuestras fronteras un conocimiento tan cercano a una problemática real y muy presente en nuestro entorno, junto con nuestra voluntad por ponerlo a disposición de todo aquel que quiera aprovecharlo es lo que inspiró en el 2009 la traducción del libro *Wealth: Gestión de patrimonios** de Stuart E. Lucas y en el 2012 la traducción de **Lo más importante** de Howard Marks.

Howard Marks, licenciado en Wharton y con un MBA de la Graduate School of Business de la Universidad de Chicago, es poco conocido en España, pero es uno de los inversores más admirados en Estados Unidos, no solo por su impresionante trayectoria profesional, sino también

---

* Editado por Profit editorial 2009.

por su vocación educativa y su lucha constante por la profesionalización e implantación de elevados estándares éticos en la industria de la inversión. Sus "memorandos" (informes periódicos a sus clientes) son unos de los documentos más leídos junto a las cartas anuales de Warren Buffet; en ellos comparte sus apreciaciones, fruto de varias décadas de éxito invirtiendo y gestionando Oaktree Capital, una de las firmas de inversión más respetadas y admiradas en la industria financiera mundial.

Lo más importante es un libro lleno de sentido común, donde Howard Marks, con valentía, nos presenta de forma asequible y directa las claves de su éxito como inversor. Lo hace desde su visión de que ser un inversor con éxito es posible, pero reconociendo que es una actividad llena de dificultades. Su contenido es novedoso, provocativo e incluso puede que controvertido.

Con realismo y sencillez, nos muestra estas dificultades, entre las que cabría destacar, en primer lugar, la forma que tiene Howard de aproximarse al riesgo y la importancia que le concede. Normalmente el riesgo en el mundo de las inversiones se identifica con la volatilidad, como indicador de la falta de fiabilidad de los resultados de una inversión, pero como nos dice Howard "el 'riesgo' es —en primer lugar— la probabilidad de perder su dinero".

En segundo lugar, comparto plenamente su visión sobre el apalancamiento y el riesgo que conlleva. Es simplemente demoledora. En sus propias palabras, "El problema es que usar el apalancamiento no mejora en nada la inversión ni aumenta la probabilidad de obtener beneficios. Simplemente magnifica lo que finalmente ocurra, ya sean beneficios o pérdidas".

En último lugar, la descripción que hace con cariño y a veces comprensión de las peligrosas actitudes de los inversores —no siempre dirigidas por la razón, sino por sus pasiones y emociones personales como la codicia, el miedo e incluso a veces pánico, la credulidad, el autoengaño, la envidia o el ego—, son tremendamente valiosas, dado que suelen llevar a muchos a cometer errores muy costosos y con consecuencias dramáticas.

No obstante, lo que hace de este libro una obra maestra que sin duda se convertirá en un clásico, es que además de mostrarnos las dificultades y la complejidad de invertir con éxito de forma continuada y convencernos de que no existe una receta infalible, va un paso más allá y nos muestra un camino para invertir de forma prudente.

Su visión está presidida por el convencimiento de que el éxito en las inversiones no es fácil, pero que para conseguirlo, debemos comenzar por reconocer con humildad: que no somos adivinos, pero que a pesar de que no podemos predecir el futuro, sí podemos llegar a entender lo que está sucediendo en el presente que vivimos; que hay leyes de las que no podemos escapar, como los ciclos económicos; que el inversor olvida rápido y se convence a sí mismo continuamente "de que esta vez será diferente"; y que debemos evitar dejarnos arrastrar por los movimientos pendulares de los mercados y la economía.

Howard nos aconseja luchar por superar la tentación de tomar decisiones basadas en un pensamiento simplista y superficial que él denomina "pensamiento de primer nivel" e insistir en aplicar un "pensamiento de segundo nivel" más profundo y complejo, que tenga en cuenta múltiples aspectos de segundo orden. Esto supone un gran esfuerzo, pero un proceso de análisis y razonamiento robusto junto con trabajo duro nos proporcionará la convicción necesaria para mantenernos firmes con nuestras decisiones de inversión cuando estén fuera del consenso, ayudándonos a evitar tomar decisiones costosas en los momentos más difíciles.

Otra perla que nunca deberíamos olvidar es que, como Howard escribe, a la hora de invertir "Nuestro objetivo no es encontrar buenos activos sino buenas compras". Un concepto sorprendentemente sencillo y de gran valor pero poco entendido y a menudo olvidado. Si el precio es inferior al valor intrínseco del activo, esta diferencia representa un margen de error que, sin duda, nos será útil si se presentan escenarios menos favorables de los que hayamos previsto.

Las lecciones, principios y puntos de vista que se desarrollan en *Lo más importante* son aplicables más allá del ámbito de la inversión financiera. La necesidad de aplicar un "pensamiento de segundo nivel" al valorar alternativas de decisión o la esencia de la "inversión defensiva" y el asegurarse de que dispone de "margen de error" son conceptos universales de los que los empresarios y particulares pueden beneficiarse en la toma de decisiones, ya sea a la hora de valorar un plan de expansión de un negocio o la forma de invertir sus ahorros.

Cuando acabé de leer *Lo más importante*, mi primera reacción fue "ojalá lo hubiera leído antes". Es difícil, incluso contraproducente, no mirar hacia atrás y reflexionar sobre qué se podría haber evitado si más gente se hubiese guiado por los principios y la filosofía descrita en el libro. En mi opinión, la creencia masiva de que el precio de los activos inmobiliarios solo puede subir, la falta de apreciación tanto de los acreedores como de los deudores del riesgo que conllevan los altos niveles de apalancamiento y la gran relajación de la aversión al riesgo que se dio en los momentos álgidos de la burbuja, son cosas que hubiesen resultado evidentes a cualquiera que entienda la esencia de lo que se describe en ***Lo más importante***. El éxito empresarial multigeneracional, formando parte del crecimiento que acompaña a los ciclos alcistas y moderando las consecuencias de las crisis, es complicado y difícil de conseguir, pero es posible. Creo que Howard Marks nos regala la esencia de una forma de conseguirlo.

Mis felicitaciones y mi mayor agradecimiento a Howard por su esfuerzo y su generosidad al compartir con nosotros sus experiencias. Al menos conmigo ha conseguido su objetivo, pues efectivamente "nunca antes habría visto de esa manera" el mundo de las inversiones.

José Ramón Sanz Pinedo
Presidente Fundación Numa

INTRODUCCIÓN

En los últimos veinte años, de vez en cuando, he escrito memorandos para mis clientes. Primero en Trust Company of the West y después en Oaktree Capital Management[1], la compañía que cofundé en 1995. Uso estos memorandos para explicar mi filosofía de inversión, cómo funcionan las finanzas y dar mi opinión sobre los acontecimientos recientes. Estos memorandos configuran el corazón de este libro, y podrán encontrar referencias a ellos en las páginas que hay a continuación, ya que pienso que sus enseñanzas son tan útiles hoy como cuando fueron escritos. Al incluirlos en este libro, he realizado algunas pequeñas modificaciones para conseguir que el mensaje quede más claro.

¿Qué es realmente "lo más importante"? En julio de 2003, escribí un memorando con este título en el que enumeraba los elementos que consideraba fundamentales para tener éxito a la hora de invertir. Empezaba así: "Según tenía reuniones con mis clientes actuales y con clientes potenciales, constantemente me decía a mi mismo 'lo más importante es Y, y después Z' y así sucesivamente". Al final, el memorando acababa analizando dieciocho "cosas más importantes".

Desde aquel memorando, he realizado algunos pequeños ajustes en los temas que consideraba "lo más importante" pero mi opinión no ha cambiado: Todos son importantes. El éxito en las inversiones requiere reflexionar profundamente sobre múltiples aspectos de manera simultánea. Si omite alguno, el resultado que obtendrá será seguramente menos que satisfactorio. Por esta razón he escrito este libro sobre las cosas más importantes a la hora de invertir —cada una es como un ladrillo de lo que espero sean unos cimientos sólidos y de los que no se puede prescindir de ninguno—.

---

1. NdT: *Oak* en inglés es 'roble'. El roble americano, especie muy longeva, es oriunda del centro y este de América del Norte, donde se encuentran las ciudades de Filadelfia (Wharton) y de Chicago, universidades donde estudió el autor.

No he intentado escribir un manual para invertir. En su lugar, este libro es una declaración de mi filosofía de inversión. Considero que es mi credo, y en el transcurso de mis inversiones me ha servido como una religión. Estas son las cosas en las que creo, son las guías que mantienen mi rumbo. Los mensajes que pretendo transmitir son los que considero más atemporales y duraderos. Estoy seguro de que seguirán siendo relevantes incluso con el transcurso del tiempo. Este libro no es una guía sobre cómo hacer las cosas. No hay recetas infalibles para invertir con éxito. No hay instrucciones con los pasos a seguir. No hay métodos de valoración con fórmulas matemáticas constantes o ratios fijos —de hecho hay muy pocos números—. Solo es una forma de pensar que le ayudará a tomar las decisiones adecuadas y lo que quizá sea más importante, a evitar las trampas en las que muchos suelen caer.

No es mi objetivo el tratar de simplificar el proceso de invertir. De hecho el aspecto que me gustaría que quedara muy claro es lo complejo que es invertir. Aquellos que tratan de simplificar el tema, están haciendo un flaco favor a su audiencia.

Me voy a centrar en reflexiones generales sobre el retorno, el riesgo y el proceso, y cuando haga algún comentario sobre alguna clase concreta de activos o una estrategia de inversión específica lo hago tan solo para ilustrar lo que pretendo transmitir.

Un breve comentario acerca de la organización de este libro. Antes he mencionado que el éxito en las inversiones requiere prestar mucha atención a numerosos aspectos simultáneamente. Si fuera posible hacerlo, me gustaría tratarlos todos de una vez. Pero desafortunadamente las limitaciones del lenguaje me obligan a tratarlos uno por uno. Por lo tanto comenzaré con un comentario sobre el entorno en el que tienen lugar las inversiones con el fin de establecer el "terreno de juego". Después hablaré de los inversores y los factores que afectan al éxito o al fracaso de sus inversiones, así como lo que deberían hacer para aumentar sus probabilidades de éxito. Los últimos capítulos son un intento de poner ambos grupos de ideas en conjunto. Dado que mi filosofía es "de una pieza" y sin embargo algunas ideas son relevantes en más de un capítulo, le pido su comprensión si percibe alguna reiteración.

Espero que encuentre el contenido de este libro, novedoso, provocativo e incluso que le parezca controvertido. Si alguien me dijera "Me ha encantado tu libro; cubre todo lo que he leído antes", sentiría que he fallado. Mi objetivo es compartir ideas y formas de pensar sobre distintos aspectos de las inversiones, de una manera diferente a las que haya visto antes. Me sentiría en la gloria si alguien me dice estas ocho simples palabras "Nunca antes lo había visto de esa manera".

De hecho podrá ver que dedico más tiempo a analizar el riesgo y cómo limitarlo, que a cómo obtener rentabilidad en las inversiones. Para mí, el riesgo es el aspecto más interesante, desafiante y esencial del proceso de inversión.

Cuando un posible cliente quiere entender cuál es la esencia de Oaktree, normalmente siempre hacen una pregunta que, con alguna variación, suele ser: "¿Cuáles han sido las claves de su éxito? Mi respuesta es sencilla: una filosofía de inversiones efectiva, desarrollada y perfeccionada a lo largo de más de cuatro décadas e implementada a conciencia por individuos altamente cualificados que comparten los mismos principios y valores.

¿De dónde viene una filosofía de inversión? Algo de lo que estoy seguro es de que nadie empieza su carrera en el mundo de las inversiones con una filosofía de inversión plenamente formada. Una filosofía de inversión debe ser la suma de varias ideas acumuladas a lo largo del tiempo y a través de distintas fuentes. No se puede desarrollar una filosofía de inversión efectiva sin haber vivido y sufrido las lecciones de la vida. En mi vida he sido muy afortunado de haber podido vivir experiencias enriquecedoras y aprender grandes lecciones.

El tiempo que pasé en dos grandes escuelas de negocios me proveyó de una combinación muy efectiva y a la vez provocativa: herramientas y formación cualitativa en mis días de licenciatura en Wharton, y una base teórica y cuantitativa en mis estudios de máster en la Graduate School of Business de la Universidad de Chicago. Lo más importante no fueron las lecciones o los procesos concretos que aprendí, sino el haber estado en contacto con las dos principales escuelas de pensamiento en lo relativo a la inversión y el haber tenido que integrar y sintetizar sus filosofías para desarrollar la mía propia.

Una filosofía como la mía, se nutre principalmente de vivir la vida con los ojos bien abiertos. Hay que estar al tanto de lo que sucede en el mundo y de las consecuencias que tendrán dichos eventos. Solo de esta forma se puede sacar partido a estas lecciones aprendidas cuando, se repiten circunstancias similares. Perder esta oportunidad —más que cualquier otra cosa— es lo que condena a la mayoría de los inversores a ser víctimas una y otra vez de los ciclos de prosperidad y crisis.

A mi me gusta decir que "experiencia es lo que obtuviste cuando no conseguiste lo que querías". Los entornos de prosperidad solo nos enseñan malas lecciones: que invertir es fácil, que conocemos sus secretos y que no hay que preocuparse por el riesgo. Las lecciones más valiosas se aprenden en los momentos más difíciles. En este sentido he sido un "afortunado" al poder vivir unos cuantos: el embargo del petróleo árabe, la estanflación, el derrumbe de las acciones de los *Nifty fifty*[2] y la "muerte de la renta variable[3]" de los setenta; el lunes negro de 1987, cuando el índice Dow Jones de industriales perdió un 22,6% de su cotización en un día, y la subida de los tipos de interés de 1994 que llevó al precipicio a todos los instrumentos financieros sensibles a los tipos de interés; la crisis de los mercados emergentes, la quiebra de Rusia y el colapso del *hedge fund*[4] *Long-Term Capital Management* en 1998, el fin de la burbuja de las empresas tecnológicas en el 2000-2001; los escándalos contables de 2001-2002, y la crisis financiera mundial de 2007-2008.

Las experiencias vividas en los años setenta fueron especialmente formativas, ya que en ese periodo surgieron varios desafíos. Durante los años setenta era casi imposible conseguir un trabajo en el mundo de las inversiones, por lo que para haber podido obtener las experiencias de haber vivido esa etapa, tenías que haber conseguido un trabajo antes de que empezara la década. ¿Cuántos de los que empezaron a trabajar en los años sesenta seguían activos a finales de los noventa, cuando estalló la burbuja tecnológica? No muchos, la verdad. La mayoría de los profesionales de la inversión que se incorporaron a la industria de la inversión en los años ochenta y noventa no creían que el mercado pudiera bajar más de un 5%, caídas mayores solo habían ocurrido en 1982 y 1999.

Si lees mucho, podrás aprender mucho de aquellas personas cuyas ideas merecen la pena ser publicadas. Algunos de los escritos que fueron más importantes para mí son el gran artículo de Charley Ellis titulado *Winning the Loser's Game* (publicado en el *Financial Analysts Journal* de julio-agosto de 1975), *Short History of Financial Euphoria*, de John Kenneth Galbraith (Nueva York, Viking, 1990) y *Fooled by Randomness*

---

2. NdT: *Nifty fifty* se refiere a un conjunto de acciones *Blue Chips* que en la década de los 70 se consideraban que eran inversiones que se podían mantener toda la vida y que cayeron un 90% entre 1973 y 1974.

3. NdT: Se refiere a una portada de *Business Week* de 13 de agosto de 1979 en la que aludía a que los inversores habían huido de la renta variable por los bajos rendimientos de los años 70.

4. NdT: Los *hedge funds* son vehículos de inversión que persiguen rendimientos absolutos y usan técnicas de inversión agresivas: venta al descubierto, derivados financieros, contrato de futuros, etc. y compra de valores mediante apalancamiento agresivo. Tienen poca regulación y escasas obligaciones de información. No son líquidos.

de Nassim Nicholas Taleb (Nueva York: Texere, 2001)[5]. Cada uno de ellos tuvo una gran influencia en mi forma de pensar.

Finalmente, he tenido la enorme suerte de poder aprender directamente de alguno de los pensadores más extraordinarios: de John Kenneth Galbraith, las debilidades humanas; de Warren Buffett, la paciencia y el ir contra corriente; de Charlie Munger, la importancia de tener expectativas razonables; de Bruce Newberg, sobre la "probabilidad y resultado"; de Michael Milken, la importancia de asumir riesgos de forma consciente; y de Ric Kayne, sobre la forma de establecer "trampas" (oportunidades de inversión infravaloradas o subestimadas donde se puede ganar mucho dinero, pero perder muy poco). También me he beneficiado de mi asociación con Peter Bernstein, Seth Klarman, Jack Bogle, Jacob Rothschild, Jeremy Grantham, Joel Greenblatt, Tony Pace, Orin Kramer, Jim Grant y Doug Kass[6].

Lo verdaderamente importante es que he podido estar expuesto a todos estos elementos y que he sido lo suficientemente capaz para combinarlos e integrarlos en una filosofía de inversión que ha funcionado positivamente para las organizaciones en las que he trabajado —y por lo tanto para mis clientes— durante muchos años. No es la única que funciona, hay muchas maneras de "esquilar una oveja", pero a nosotros, esta, nos funciona.

Me apresuro a señalar que mi filosofía de inversión no hubiese tenido demasiado impacto de no haber sido por la excelente ejecución por parte de mis increíbles cofundadores de Oaktree —Bruce Karsh, Sheldon Stone, Larry Keele, Richard Masson y Steve Kaplan— con quien tuve la suerte de trabajar y asociarme entre 1983 y 1993. Estoy plenamente convencido de que ninguna idea puede ser mejor que las acciones que se llevan a cabo para ejecutarla, y esto es particularmente cierto en el mundo financiero y de inversiones. Toda esta filosofía que comparto aquí, no habría podido captar el interés de otras personas si no hubiera sido por los logros de estos socios y del resto de mis colegas de Oaktree.

---

5. NdT: Edición en castellano: "¿Existe la suerte? Engañados por el azar". Paraninfo 2006.

6. NdT: Son personas de reconocido prestigio en el mundo financiero. Por ejemplo Peter Berstein desarrolló la teoría del mercado eficiente, Seth Klarman es autor de libros sobre *value investing*, Jack Bogle es fundador de Vanguard, un clásico en el mundo de inversiones por sus fondos indexados de bajo coste. Jacob Rothschild, pertenece a la familia de banqueros, y Jeremy Grantham es uno de los mayores gestores de fondos americanos conocido por su predicción sobre la burbuja inmobiliaria.

1

LO MÁS IMPORTANTE ES...
EL PENSAMIENTO DE SEGUNDO
NIVEL[7]

"El arte de la inversión tiene una característica que normalmente pasa desapercibida y no se aprecia. Un inversor pasivo puede conseguir un rendimiento razonable, aunque no espectacular, con un bajo nivel de esfuerzo y un mínimo de capacidad; pero para mejorar este estándar fácilmente alcanzable, se requiere mucha más dedicación y algo más que unas simples pinceladas de sabiduría".
BEN GRAHAM[8], AUTOR DEL LIBRO *EL INVERSOR INTELIGENTE*

"Todo debería hacerse lo más sencillo posible, pero no más simple."
ALBERT EINSTEIN

"Se supone que no es sencillo. A cualquiera que le parezca sencillo, es estúpido."
CHARLIE MUNGER[9]

---

7. NdT: En ingles *Second level thinking*, se refiere a una manera diferente de pensar y analizar situaciones y consecuencias de un hecho tomando en consideración las posibles reacciones de todos los demás inversores.
8. NdT: En inglés *The Intelligent investor* Primera edición de 1949 – Publicado por Columbia Publishing
9. NdT: Vicepresidente de Berkshire Hathaway, empresa de inversión presidida por Warren Buffet.

Pocos tienen lo que hay que tener para ser un gran inversor. A algunos se les puede enseñar, pero no a cualquiera... y a esos a los que se les puede enseñar, no se les puede enseñar todo. Hay estrategias coherentes que funcionan durante un tiempo, pero no funcionan siempre. Y el proceso de inversión no se puede reducir a un simple algoritmo y meterlo en un ordenador. Incluso el mejor de los inversores, no consigue siempre su objetivo.

Las razones son simples. No hay ninguna regla que siempre funcione. No se puede controlar el entorno y las circunstancias que lo forman, rara vez se repiten de manera exacta. La psicología juega un papel muy importante en los mercados, y debido a que es un aspecto muy volátil, no se puede confiar en las relaciones de causa y efecto. Una estrategia de inversión puede que funcione durante un tiempo, pero en algún momento las acciones que provoca acabarán afectando al entorno, haciendo necesario el formular una nueva estrategia. Y si otros tratan de imitar una estrategia, entonces disminuirá su efectividad.

El proceso de inversión, como la economía, tiene más de arte que de ciencia. Y esto significa que se puede convertir en algo un tanto complejo.

> Uno de los factores más importantes a tener en mente hoy en día, es que la economía no es una ciencia exacta. Tal vez ni siquiera sea una ciencia, en el sentido de que en la ciencia, se pueden llevar a cabo experimentos controlados, y los resultados pasados, se pueden recrear con seguridad pudiendo estar seguros de que las relaciones causa-efecto se van a mantener.
>
> ¿FUNCIONARA?[10] 5 DE MARZO DE 2009

Ya que el proceso de inversión tiene tanto de arte como de ciencia, nunca es mi objetivo —ni en este libro ni en ninguna otra parte— sugerir que se puede hacer de forma rutinaria. De hecho, uno de los aspectos que quiero destacar es lo fundamental que es el que un proceso de inversión sea intuitivo y adaptativo, más que fijo y mecánico.

---

10. NdT: Título original *WILL IT WORK?* (Todos los artículos completos se pueden consultar en www.oaktreecapital.com/memo.aspx).

Al fin y al cabo se trata de lo que estás intentando conseguir. Cualquiera puede conseguir una rentabilidad media —para ello basta con invertir en un fondo indexado que compra un poco de todo—. Esto le proporcionará lo que se conoce como "rentabilidad de mercado" —simplemente imitando lo que el mercado hace—. Pero los inversores de éxito quieren más. Quieren batir al mercado.

En mi opinión, eso es lo que define el éxito a la hora de invertir: hacer las cosas mejor que el mercado y que otros inversores. Para conseguirlo, se necesita o bien tener buena suerte, o bien entender las cosas mejor que los demás. Dado que tener suerte no es algo que se pueda planificar, lo mejor es concentrarse en entender las cosas mejor que otros. En baloncesto se dice que "no se puede entrenar la altura" en el sentido de que todo el entrenamiento del mundo no hará que los jugadores sean más altos. Tratar de entrenar la capacidad de comprensión es algo casi tan duro como entrenar la altura. Tal y como sucede con todas las demás formas del arte, simplemente algunos entienden el proceso de inversión mejor que otros. Tienen —o han conseguido tener— esas necesarias "pinceladas de sabiduría" a las que Ben Graham hace referencia.

Todos quieren ganar dinero. Todo en economía se basa en la creencia del principio universal de persecución del beneficio. También lo está el capitalismo; la esperanza de un beneficio motiva a que las personas trabajen más duro y arriesguen su capital. El intentar conseguir un beneficio ha sido el origen de una gran parte del progreso del que el mundo disfruta hoy en día.

Pero este concepto general hace que batir al mercado sea una tarea difícil. Hay millones de personas que compiten por cada dólar de beneficio disponible en cada inversión. ¿Quién lo acabará consiguiendo? La persona que esté un paso por delante. En algunas actividades estar por delante de los demás se consigue con más formación, más tiempo en el gimnasio o en la biblioteca, mejor alimentación, "sudar más la camiseta", tener más resistencia o estar mejor equipado. Pero en el mundo de las inversiones, donde estos aspectos no tienen tanta influencia, hace falta tener un pensamiento más perspicaz... es lo que yo denomino el "segundo nivel".

Los que quieran ser inversores se pueden formar en finanzas y en contabilidad, pueden leer todo lo que está disponible y si son afortunados, quizá tengan la posibilidad de tener como mentor a alguien que conozca en profundidad el proceso de inversión. Pero solo unos pocos alcanzarán un nivel superior de comprensión, intuición, sentido de lo que valen las cosas y psicología, que se necesitan para conseguir resultados por encima de la media de manera sistemática. Para conseguirlo, se necesita un "pensamiento de segundo nivel".

&

Recuerde que el objetivo al invertir no es conseguir el rendimiento medio o de mercado; seguro que usted desea hacerlo mejor que la media. Por lo tanto, su manera de pensar debe ser mejor que la de los demás —tanto más eficaz, como de un nivel superior—. Dado que lo más probable es que los demás inversores también sean inteligentes, estén bien informados y tengan acceso a la última tecnología, es fundamental encontrar algún factor del que no dispongan. Debe pensar en algo en lo que no hayan pensado, debe ver aspectos que se les hayan pasado por alto o conseguir información de la que no dispongan. Debe reaccionar de manera diferente y comportarse de forma diferente. En resumen, hacer lo correcto probablemente sea una condición necesaria para conseguir el éxito en las inversiones pero no es suficiente. Debe acertar más que los demás... lo que, por definición, implica que debe pensar de manera diferente.

¿Qué es el pensamiento de segundo nivel?

- El pensamiento de primer nivel diría: "Se trata de una buena empresa; compremos acciones." El pensamiento de segundo nivel dice "Es una buena compañía, pero todo el mundo opina que es una compañía fantástica cuando en realidad no lo es. Por lo tanto la acción está sobrevalorada. Vendamos".

- El pensamiento de primer nivel diría: "La información nos indica que va a haber un entorno de bajo crecimiento y aumento de la inflación. Deshagámonos de nuestras acciones". El pensamiento de segundo nivel dice: "Las perspectivas son muy malas, pero todos los demás van a vender presos del pánico. ¡Compremos!"

- El pensamiento de primer nivel diría: "Creo que los beneficios de la compañía van a caer; vendamos". El pensamiento de segundo nivel dice, "Creo que los beneficios de la compañía van a caer menos de lo esperado, y esta sorpresa positiva hará subir la acción; ¡compremos!"

El pensamiento de primer nivel es simplista y superficial, y es algo que todo el mundo puede hacer (un mal signo para alguien que intenta ser superior). Todo lo que los pensadores de primer nivel necesitan es una opinión sobre el futuro, al igual que en el caso de "las previsiones para la compañía son favorables, lo que significa que la acción subirá". El pensamiento de segundo nivel es profundo, complejo y enrevesado. El pensador de segundo nivel tiene en consideración muchos aspectos:

- ¿Cuál es el rango de posibles escenarios futuros?

- ¿Cuál de todos esos escenarios creo que es el que va a suceder?

- ¿Qué probabilidad tengo de estar en lo cierto?

- ¿Qué opina el consenso?

- ¿En qué difieren mis expectativas de la opinión del consenso?

- ¿Qué expectativas refleja el precio y como se parecen a las expectativas de futuro del consenso y a mi opinión sobre el futuro?

- ¿Es la opinión de consenso reflejada el precio demasiado optimista o pesimista?

- ¿Qué le pasará al precio del activo si, finalmente, la opinión de consenso es la correcta?, ¿y qué le pasará al precio del activo si soy yo el que tiene razón?

La diferencia entre la cantidad de trabajo que hay que hacer para alcanzar el pensamiento del primer nivel y el de segundo nivel es claramente enorme, y el número de personas que son capaces de alcanzar este último es pequeño en comparación con la cantidad de personas que es capaz de alcanzar el primero.

Los pensadores de primer nivel buscan fórmulas simples y respuestas fáciles. Los pensadores de segundo nivel saben que alcanzar el éxito en las inversiones es la antítesis de lo simple. Eso no quiere decir que no se vaya a encontrar con multitud de gente que intentará por todos los medios hacer que parezca simple. Yo caracterizaría a algunos de estos de "mercenarios". Los *brokers* intentan que piense que todo el mundo es capaz de invertir —con una comisión de 10$ por transacción. Las gestoras de fondos no quieren que usted piense que puede hacerlo por sí mismo; quieren que piense que ellas son las que pueden hacerlo por usted. De esta forma, invertirá su dinero en fondos de gestión activa y pagará, por lo tanto, las elevadas comisiones que estos fondos llevan aparejadas.

Otros que tratan de simplificarlo son los que yo llamo "proselitistas". Algunos de ellos son académicos que dan clases sobre cómo invertir. Otros son inversores profesionales bienintencionados que sobrestiman el nivel de control que tienen sobre el entorno; creo que la mayoría no son honestos o coherentes respecto a sus resultados, o bien atribuyen a la mala suerte las pérdidas obtenidas en los malos años. Y finalmente están los que simplemente no son capaces de comprender la complejidad del asunto. Un tertuliano invitado en el canal de radio que escucho cuando voy en el coche comentaba, "Si le ha gustado el producto de una empresa, compre sus acciones". Hay muchísimo más que considerar para ser un buen inversor.

Los pensadores de primer nivel piensan de la misma manera que los demás pensadores de primer nivel sobre las mismas cosas y por lo general, llegan a las mismas conclusiones. Por definición esta no puede ser la ruta para conseguir resultados mejores que la media. Todos los inversores no pueden batir al mercado, ya que, colectivamente, ellos son el mercado.

Antes de intentar competir en un mundo de "suma cero" como el de las inversiones debe preguntarse si tiene razones objetivas para pensar que puede hacerlo mejor que la media. Para conseguir mejores resultados que el inversor medio, debe ser capaz de pensar mejor que el consenso. ¿Es capaz de hacerlo?, ¿por qué cree que es capaz?

El problema es que solo se consiguen retornos extraordinarios, si sus previsiones son distintas de las del consenso del mercado y además son correctas, pero las previsiones en contra del consenso son difíciles de hacer, difíciles de hacer correctamente y aún más de actuar en base a ellas. Durante muchos años ha habido muchas personas que me han dicho que les ha impactado la matriz que muestro más abajo:

> No puede esperar que haciendo lo mismo que los demás, obtenga un mejor resultado que los demás... El no ser "convencional" no debe ser un objetivo en sí mismo, sino más bien una forma de pensar. Para destacar del resto, ayuda tener ideas que sean diferentes y procesar dichas ideas de una forma distinta. Conceptualmente, ilustro esta situación en una simple matriz de cuatro cuadrantes:
>
> | | Comportamiento convencional | Comportamiento no convencional |
> |-------------------------|--|--------------------------------------|
> | Resultados favorables | Resultados positivos (cerca de la media) | Resultados muy por encima de la media |
> | Resultados no favorables | Resultados negativos (cerca de la media) | Resultados muy por debajo de la media |
>
> Por supuesto tan simple o claro, pero en términos generales creo que es una buena aproximación. Si te comportas de forma convencional, probablemente conseguirás resultados normales —ya sean buenos o malos—. Solo si tu comportamiento no es convencional, probablemente conseguirás resultados fuera de lo normal, y solo si tus análisis u opiniones son mejores que las de los demás, podrán tus rendimientos tener alguna posibilidad de ser mejores que los de la media.
> *ATREVETE A SER GRANDE*[11], 7 DE SEPTIEMBRE DE 2006

El objetivo es simple: conseguir unos retornos mejores que la media, para lo cual tienes que tener una opinión respecto a lo que valen las cosas que no sean las del consenso del mercado, y estas deben ser correctas. Algo que no es fácil.

Comprar algo por menos de lo que vale es muy atrayente y además tiene mucho sentido. Pero ¿cómo podemos conseguir encontrar "gangas" en mercados eficientes? Para conseguirlo hay que tener unas capacidades analíticas excepcionales, una comprensión o una

---

11. NdT: Título original. *DARE TO BE GREAT*.

visión excepcional. Pero dado que estas capacidades con excepcionales, poca gente las tiene.

RENDIMIENTOS Y COMO HACER QUE SE CUMPLAN[12] 11 DE NOVIEMBRE DE 2002

Para que sus retornos difieran de los de la media, sus expectativas y por lo tanto su cartera de inversiones deben ser diferentes a lo normal, y debe acertar con sus decisiones más que el consenso. Diferente y mejor: es una descripción bastante buena del pensamiento de segundo nivel. Los que consideran que el proceso de inversión es sencillo, generalmente no están al tanto de la necesidad —o incluso de la existencia— del pensamiento de segundo nivel.

Por lo tanto muchas personas piensan erróneamente que cualquiera puede ser un inversor de éxito. Pero no todo el mundo puede serlo. La buena noticia es que cuantos más pensadores del primer nivel haya mayores serán los retornos disponibles para los pensadores de segundo nivel. Para poder conseguir rendimientos por encima de la media, de manera sistemática, usted debe ser uno de ellos.

---

12. NdT: Título original: *RETURNS AND HOW THEY GET THAT WAY.*

2

LO MÁS IMPORTANTE ES... COMPRENDER LA EFICIENCIA DEL MERCADO (Y SUS LIMITACIONES)

"En teoría, no debería haber diferencia entre la teoría y la práctica, pero en la práctica si la hay".

YOGI BERRA[13]

La década de los 60 vio nacer una nueva teoría financiera y de inversiones, un cuerpo de conocimiento conocido como el "Chicago School" porque su origen tuvo lugar en la Escuela de negocios de la Universidad de Chicago. Entre 1967 y 1969, yo era un alumno de esta escuela y me encontré en la "zona cero" de esta nueva teoría. Fue muy instructivo y en gran medida, influenció mi manera de pensar.

---

13. NdT: Famoso jugador de béisbol de los años 50, que jugó de *catcher* en los New York Yankees.

Estas teorías incluían conceptos que finalmente fueron básicos en todo lo que se refiere a las inversiones: aversión al riesgo, volatilidad como la definición del riesgo, rendimientos ajustados al riesgo, riesgo sistemático y no sistemático, alfa, beta, las hipótesis sobre aleatoriedad, la teoría de los mercados eficientes. (A todas ellas haremos referencia más adelante.). Este último concepto ha tenido una gran influencia en el campo de la inversión desde los primeros años en que fue formulado. Es tan importante que le dedicaremos su propio capítulo.

La teoría del mercado eficiente señala que:

- Hay una gran cantidad de participantes en el mercado, y todos ellos tienen aproximadamente un mismo nivel de acceso a la información relevante. Todos ellos son inteligentes, objetivos, están muy motivados y trabajan duro. Todos conocen y utilizan modelos similares de análisis.

- Debido a los esfuerzos de este colectivo, la información del mercado se refleja de forma global e inmediata en el precio de cada activo. Y dado que los participantes en este mercado tenderán instantáneamente a moverse para comprar cualquier activo que esté muy barato o para vender aquellos que estén muy caros, los precios reflejan su valor razonable tanto en términos absolutos como en términos relativos entre ellos.

- Dado que los precios de mercado son una representación fiel del valor intrínseco de cada activo, ningún participante en este mercado podrá identificar sistemáticamente aquellos que están baratos y beneficiarse de ello.

- Por lo tanto, los activos se venden a unos precios con los que podremos esperar obtener un rendimiento ajustado al riesgo asumido, y que se considera adecuado en términos relativos comparado con los demás activos. Los activos con mayor riesgo deben ofrecer mayores rendimientos para atraer a los compradores. El mercado fijará los precios reflejando esta circunstancia, pero no va a darnos nada gratis. Es decir no habrá incrementos de retorno si no están relacionados (y compensados por lo tanto) con incrementos de riesgo.

Esto es, más o menos, un resumen oficial de los puntos principales. Ahora mi interpretación. Cuando me refiero a esta teoría, también uso la palabra *eficiente*, pero lo hago en el sentido de "rápido, instantáneo para incorporar la información" no tanto en el sentido de "correcto".

Estoy de acuerdo en que debido a que los inversores trabajan duro para analizar toda la información tan pronto está disponible, los precios de los activos reflejan de forma inmediata la visión de consenso sobre las implicaciones de esa información. Sin embargo, considero que la visión de consenso no tiene por qué ser la correcta. En enero de 2000, Yahoo cotizaba a 237 dólares. En abril de 2001 estaba a 11 dólares. Cualquier persona que piense que, en ambos momentos, el mercado estaba en lo correcto es que no tiene los pies en la tierra; en al menos uno de los dos casos tenía que estar equivocado. Ahora bien, esto no significa que los inversores sean capaces de identificar y actuar en función de las imprecisiones del mercado.

Si los precios en los mercados eficientes reflejan el consenso, actuar de acuerdo a este consenso, hará que muy probablemente, obtenga tan solo un rendimiento medio. Para batir al mercado, se debe tener una visión idiosincrásica, o fuera del consenso.

Al final, según mi opinión, aunque los mercados eficientes a menudo infravaloren los activos, no es fácil para una persona —que trabaja con la misma información que los demás y está influido por los mismos esquemas psicológicos— tener, de manera constante, una visión que difiera del consenso y que además sea la correcta. Esto es lo que hace que sea tremendamente difícil batir a los mercados —incluso aunque no siempre tengan la razón—.

TODO ESTO, ¿ES CUESTIÓN DE ALFA?[14] 11 DE JULIO DE 2001

La conclusión de la teoría de los mercados eficientes es que "no se puede batir al mercado". Esta conclusión no solo era lógica según la forma de ver el mercado de la escuela de Chicago, sino que también fue soportada por diferentes estudios acerca de los rendimientos de los fondos de inversión. Muy pocos de estos fondos han destacado precisamente por sus resultados.

---

14. NdT: Título original: *WHAT'S IT ALL ABOUT, ALPHA?*

Probablemente se estará preguntando ¿cómo se comportan los fondos cinco estrellas[15]? Lea la letra pequeña: Los fondos de inversión se valoran en relación a los demás fondos. Los *ratings* no muestran si han batido o no un determinado *benchmark* objetivo, como podría ser un índice de un mercado en concreto.

Vale. Pero ¿qué pasa entonces con los famosos inversores de los que tanto hemos oído hablar? En primer lugar, tener uno o dos años buenos, no prueba nada; la suerte, por sí misma puede ser la causante de casi cualquier resultado. En segundo lugar, los estadísticos insisten en que nada puede ser demostrado de forma significativa a nivel estadístico, mientras no se disponga de suficientes años de información; recuerdo que la cifra estaba en sesenta y cuatro años, y prácticamente nadie gestiona dinero durante tanto tiempo. Al final, el que hayan surgido uno o dos grandes inversores no invalida la teoría. El hecho de que los Warren Buffets de este mundo atraigan tanto la atención es en sí mismo, un indicador de que los gestores que consiguen batir al mercado de forma sistemática son una excepción.

Una de las consecuencias más importantes de la teoría de Chicago ha sido que se han desarrollado una serie de vehículos de inversión denominados fondos indexados. ¿Por qué pagar el precio de una gestión activa que se dedica a hacer "apuestas" sobre los valores que se deben sobreponderar o infraponderar si al final no consigue batir al mercado? —el precio se paga a través de costes de transacción y comisiones de gestión—. Teniendo esto en mente, los inversores han invertido de forma creciente grandes sumas de dinero, en fondos indexados que simplemente invierten en acciones y bonos en la misma proporción en la que están representados en un índice de mercado. De esta manera los inversores consiguen los retornos que ofrezca el mercado con una comisión anual de unos pocos puntos básicos.

Todo se mueve en ciclos, como ya veremos más adelante, y eso también incluye el "conocimiento aceptado". La teoría de los mercados eficientes despegó de forma rápida en los años 60 y pronto tuvo una gran cantidad de seguidores. Desde entonces han surgido opiniones en contra y la aceptación general sobre su aplicabilidad sube y baja. Personalmente tengo mis propias reservas sobre esta teoría y la principal tiene que ver con la forma en que vincula riesgo y retorno.

---

15. NdT: Fondos cinco estrellas son una clasificación de los fondos que elabora Morningstar en función de la relación entre rentabilidad de un producto y riesgo que asume.

❧

De acuerdo con esta teoría, las personas tienen, por naturaleza, aversión al riesgo, es decir que, en general, prefieren correr menos riesgo a asumir más riesgo. Por lo tanto, para conseguir que hagan inversiones con mayor riesgo habrá que ofrecerles la promesa de la posibilidad de obtener mayores retornos. De esta forma, los mercados ajustan el precio de las inversiones de forma que las que tienen más riesgo, siempre basándose en hechos conocidos y en las apreciaciones habituales, tendrán unas expectativas de retorno más elevadas.

La teoría del mercado eficiente postula que no existe lo que se denomina la habilidad en la inversión (lo que hoy en día se conoce habitualmente como alfa[16]) que capacite al inversor a batir al mercado. La diferencia entre los rendimientos obtenidos por una inversión frente a otra —o entre la cartera de un inversor y la de otro— se puede explicar por las diferencias en el riesgo asumido. De hecho una consecuencia de esta teoría del mercado eficiente es que si consigue encontrar una inversión con un *track record*[17] que le hagan parecer superior, como el que yo tengo, la respuesta debe ser del estilo: "Los rendimientos adicionales obtenidos se explican por los riesgos ocultos". O dicho de otra forma "No tienes suficientes datos históricos".

De vez en cuando disfrutamos de periodos donde todo va bien y las inversiones con más riesgo, finalmente generan retornos incluso mayores de los prometidos. Estos periodos alcistas llevan a las personas a creer que para conseguir mayores rendimientos todo lo que tienen que hacer es asumir mayores riesgos. Pero ignoran algo que se olvida fácilmente cuando las cosas va bien: Esto puede ser cierto, ya que si podemos asegurar que las inversiones con más riesgo van a producir mayores rendimientos pase lo que pase, entonces no serían inversiones más arriesgadas.

Una vez cada cierto tiempo las personas aprenden una lección esencial. Se dan cuenta de que nada —y desde luego bajo ningún concepto la asunción indiscriminada del riesgo— es gratis y les recuerda las limitaciones de la teoría de inversiones.

---

16. NdT: Alfa es el rendimiento adicional obtenido por un fondo respecto a su índice de referencia o *benchmark* teniendo en cuenta la exposición de este fondo al riesgo de mercado (medido por la Beta).
17. NdT: *Track record*: historial de los rendimientos obtenidos.

Esta es la teoría y sus implicaciones. La pregunta clave es si es o no correcta, ¿es imposible batir al mercado?, las personas que lo intentan ¿están malgastando su tiempo?, los inversores que pagan comisiones a sus gestores ¿están malgastando su dinero? Como en muchas otras cosas de mi mundo, la respuesta no es tan sencilla como podría parecer... y sin duda, no es un simple sí o no.

Tampoco creo que debamos desechar las lecciones que la teoría de la eficiencia del mercado nos brinda. En principio parece razonable la conclusión de que si miles de inversores, racionales y bien preparados, recopilan información sobre un determinado activo y lo evalúan diligente y objetivamente acabarán haciendo que su precio no se aleje de forma significativa de su valor intrínseco. Los errores en la fijación de los precios no deberían ser algo constante, por lo tanto debería ser difícil batir al mercado.

De hecho algunas clases de activos son bastante eficientes. Para la mayoría de ellas se cumplen estas condiciones:

- Se conoce ampliamente la clase de activo y hay un seguimiento exhaustivo sobre ella.

- La clase de activo está socialmente aceptada y no hay controversias o tabúes en torno suyo.

- Su funcionamiento es diáfano y comprensible, al menos en la superficie.

- La información sobre la clase de activo y sus subyacentes se distribuye de forma universal e inmediata.

Si se cumplen estas premisas, no hay razones para que estas clases de activos estén sistemáticamente subestimadas, incomprendidas o infravaloradas.

Pensemos en el mercado de divisas, por ejemplo. ¿Qué factores determinan la cotización de una divisa frente a otra? Las tasas de crecimiento futuro y la inflación. ¿Es posible que haya alguien que, sistemáticamente, tenga un conocimiento más amplio de estos temas que cualquier otra persona? Probablemente no. Y si no es así, nadie debería ser capaz de conseguir retornos por encima de la media, de forma sistemática, en el mercado de divisas.

¿Qué sucede en los grandes mercados de renta variable como por ejemplo la Bolsa de Nueva York? Hay millones de personas operando, con el objetivo de conseguir beneficios. Todos tienen aproximadamente la misma información; de hecho es uno de los objetivos de nuestra regulación el que todos tengan acceso a la misma información al mismo tiempo. Con millones de personas haciendo análisis similares basados en la misma información, ¿cuántas veces cree que las acciones de una compañía pueden estar valoradas de forma errónea? y ¿con qué frecuencia puede alguien detectar estos errores?

La respuesta es que no demasiado a menudo. Pero eso es la esencia del pensamiento de segundo nivel.

Los pensadores de segundo nivel son conscientes de que para conseguir mejores resultados tienen que tener un factor diferencial en la información que manejan, en el análisis que realizan o en ambos. Están alerta para poder encontrar momentos en los que haya diferencias en las percepciones del mercado. Mi hijo Andrew es un inversor principiante, se le ocurren muchas ideas de inversión atractivas basadas en hechos actuales y previsiones de futuro. Afortunadamente ha tenido un buen entrenamiento. La primera pregunta que se hace siempre es la misma: ¿Y quién no lo sabe?

Según las definiciones teóricas, los pensadores de segundo nivel dependen de la ineficiencia. El término *ineficiencia* se ha usado de manera generalizada durante los últimos cuarenta años como contrapunto a la creencia de que los inversores no pueden batir al mercado. A mi entender, si describimos un mercado como ineficiente, sería una forma rimbombante de decir que el mercado es proclive a cometer errores de los que nos podemos aprovechar.

¿De dónde pueden venir los errores? Consideremos por un momento las hipótesis en las que se sustenta la teoría de los mercados eficientes:

- Hay una gran cantidad de inversores que trabajan duro.

- Son inteligentes, diligentes, objetivos, están motivados y cuentan con buenos recursos.

- Todos tienen acceso a la información disponible y tienen más o menos el mismo acceso a esta.

- Todos están dispuestos a comprar, vender o tomar posiciones cortas (por ejemplo apostando en contra) sobre cualquier activo.

Por todas estas razones, la teoría dice que toda la información que está disponible será incluida de forma progresiva y eficiente en los precios de cada activo, eliminando cualquier discrepancia que pudiera surgir sobre el precio o el valor.

Pero tampoco es posible argumentar que los precios del mercado siempre son correctos. De hecho, si revisa los cuatro aspectos que acabamos de enumerar, uno de ellos llama la atención por ser particularmente poco convincente: la objetividad. A los humanos no se nos puede considerar ordenadores. Es más, lo habitual es que la mayoría de las personas estén influenciadas por la avaricia, el miedo, la envidia y otras emociones que hacen que la objetividad sea imposible de alcanzar y dejan la puerta abierta a que se puedan producir errores significativos.

De la misma forma ocurre en la cuarta hipótesis. Aunque se presupone que todos los inversores están dispuestos a comprar, vender o o tomar posiciones cortas sobre cada activo, la realidad es bien distinta. La mayoría de los profesionales trabajan sobre determinados nichos de mercado, por ejemplo: "Yo trabajo en el Departamento de Renta Variable" o "Soy un gestor de Renta Fija". Y el porcentaje de inversores que en algún momento toma posiciones cortas es realmente pequeño. Entonces, ¿quién identificaría y se aprovecharía de las decisiones que se derivarían de una discrepancia en la cotización de las diferentes clases de activos?

Un mercado que se caracteriza por errores y discrepancias puede ser batido por personas que tengan la rara capacidad de identificarlos. Por lo tanto, el hecho de que existan ineficiencias crea la posibilidad de conseguir retornos por encima de la media y es una condición necesaria para que esto se pueda dar. Sin embargo, lo que no hace es garantizarlos.

Para mí, un mercado ineficiente es aquel que está afectado por al menos una de las siguientes características (y probablemente, por todas):
- Los precios del mercado son a menudo erróneos. Debido a que el acceso a la información y el consiguiente análisis, son altamente

imperfectos, los precios que fija el mercado están muy por encima o muy por debajo de su valor intrínseco.
- El retorno ajustado al riesgo que ofrece una determinada clase de activos puede estar muy alejado del que debería ser en comparación a otras clases de activos. Debido a que los activos a menudo pueden cotizar a precios distintos a su valor intrínseco, una clase de activos puede ofrecer un retorno ajustado al riesgo, que sea significativamente superior (un chollo) o inferior en comparación a otras clases de activos.
- Algunos inversores obtienen de manera sistemática retornos por encima del resto. Por la existencia de (a) discrepancias significativas entre el precio y el valor intrínseco, (b) diferencias entre las habilidades, la perspicacia y el acceso a la información de los distintos inversores, se hace posible identificar errores de valoración que pueden ser explotados con regularidad.

Este último punto es muy importante por lo que significa y por lo que no. Los mercados ineficientes, no necesariamente dan a sus participantes unos retornos generosos. Más bien, y es mi punto de vista, proporcionan la materia prima —errores en la fijación de precios— que hacen posible que algunos inversores ganen y que otros pierdan basándonos en las habilidades diferenciales de cada uno. Si los precios están muy equivocados, esto quiere decir que se pueden encontrar gangas o pagar demasiado. Por cada persona que hace una buena compra en un mercado ineficiente hay otra que ha vendido demasiado barato. Una de las grandes verdades sobre el póquer es que "en cada partida hay un pardillo. Si después de haber jugado cuarenta y cinco minutos aún no tiene claro quién es el pardillo, entonces, es usted". Lo mismo ocurre cuando se invierte en mercados ineficientes.

¿TODO ESTO, ES CUESTIÓN DE ALFA?[18] 11 DE JULIO DE 2001

En el debate acerca de la eficiencia frente a la ineficiencia de los mercados, he llegado a la conclusión de que ningún mercado es completamente de un tipo o del otro. Simplemente es una cuestión de

---

18. NdT: Título original: *WHAT'S IT ALL ABOUT, ALPHA?*

intensidad. Aprecio de todo corazón las oportunidades que la ineficiencia de los mercados nos brinda, pero también respeto el concepto de mercado eficiente, y creo firmemente que los principales mercados financieros puede llegar a ser tan eficientes que sin duda hacen que sea una pérdida de tiempo tratar de encontrar inversiones ganadoras en ellos.

Finalmente he llegado a una conclusión interesante: La eficiencia no es un factor tan universal, que haga que tengamos que abandonar la idea de poder encontrar un rendimiento extraordinario. Pero al mismo tiempo, la eficiencia es lo que los abogados llaman "presunción refutable" —algo que se presume que es cierto hasta que alguien prueba lo contrario—.

Por lo tanto debemos asumir que la eficiencia impedirá que consigamos el rendimiento esperado, a menos que tengamos una buena razón para que no ocurra.

El respeto por la eficiencia nos sugiere que antes de que nos embarquemos en una inversión determinada, deberíamos preguntarnos algunas cuestiones: ¿se han eliminado los errores en la fijación de precios o persisten y por qué?

Piénselo de este modo:

- ¿Por qué una ganga sigue existiendo a pesar de que hay miles de inversores preparados y dispuestos para pagar más por algo que está demasiado barato?

- Si el rendimiento parece tan generoso comparado con el riesgo asumido, ¿quizá esté pasando por alto algún riesgo oculto?

- ¿Por qué motivo querría el vendedor deshacerse de un activo a un precio que le va a generar un gran rendimiento al comprador?

- ¿Realmente sabe más sobre el activo que el propio vendedor?

- Si realmente es una propuesta tan atractiva, ¿por qué nadie le ha echado el guante antes?

Otro aspecto que hay que tener en consideración: Solo porque las eficiencias existan hoy, no quiere decir que van a estar siempre presentes.

Por último, la ineficiencia es una condición necesaria para conseguir realizar inversiones extraordinarias. Intentar conseguir mejores rendimientos que la media en un mercado perfectamente eficiente es como lanzar una moneda al aire: lo mejor que se puede esperar es cincuenta-cincuenta. Para que los inversores puedan obtener una ventaja tienen que existir ineficiencias en el proceso subyacente —imperfecciones o errores en la fijación de precios— de los que poder sacar provecho.

Pero supongamos que estos se producen. En sí mismo no es una condición suficiente para conseguir un rendimiento por encima de los demás. Lo que significa es que los precios no siempre son justos y que los errores ocurren: algunos activos tienen precios demasiado baratos y otros tienen precios demasiado caros. Aún hay que ser más perspicaz que otros para poder comprar más de los primeros que de los últimos. Muchas de las mejores ofertas que surgen en un momento dado, se pueden encontrar entre las cosas que otros inversores no pueden hacer o simplemente no quieren hacer. Deja que los demás piensen que los mercados nunca pueden ser batidos. Cuantos más inversores lo crean, más oportunidades surgen para aquellos que no lo creen.

※

¿Equivalen la teoría de inversiones, junto con la eficiencia en los mercados a una ley física que siempre se cumple y es universalmente cierta? ¿O es una torre de marfil, irrelevante, y que no hay que tener en cuenta? Al final, es una cuestión de equilibrios y el equilibrio se produce cuando se usa con sentido común. El punto clave en mi carrera como gestor de inversiones tuvo lugar en el momento en que decidí que, dado que la teoría de la eficiencia de los mercados era relevante, debería concentrar mis esfuerzos en mercados relativamente ineficientes, donde se paga mejor el trabajo duro y la habilidad. La teoría me ayudó a tomar esta decisión y me evitó perder mi tiempo en los mercados más importantes. Pero tuve que comprender los límites de la teoría para no dejarme llevar ciegamente por los argumentos en contra de la gestión activa.

> En definitiva, creo que la teoría deberá informar nuestras decisiones, pero nunca debería dominarlas. Si no prestamos ninguna atención a la teoría, podemos cometer grandes errores. Podemos engañarnos y

llegar a creer que es posible que sepamos más que nadie y que regularmente seamos capaces de batir mercados llenos de inversores. Podemos comprar títulos por los rendimientos que ofrecen e ignorar el riesgo que suponen. Podemos comprar cincuenta títulos que estén correlacionados y caer en el error de pensar que hemos diversificado...

Pero asumir ciegamente toda la teoría puede hacer que dejemos de buscar gangas, que le dejemos el proceso a un ordenador perdiéndose la capacidad de contribuir que tienen las personas con talento. La mejor imagen para esto sería la de un profesor que únicamente cree en la eficiencia de los mercados y está paseando con un estudiante. "¿Eso que está en el suelo, no es un billete de 10 dólares?", pregunta el alumno. "No, no puede ser un billete de 10 dólares", responde el profesor. "Si lo fuera, alguien lo habría cogido ya". El profesor continúa con su paseo y el estudiante coge el billete y se toma una cerveza.

¿*TODO ESTO, ES CUESTION DE ALFA?*[19] 11 DE JULIO DE 2001

---

19. NdT: Título original: *WHAT'S IT ALL ABOUT, ALPHA?*

3

LO MÁS IMPORTANTE ES... EL VALOR

> Para tener éxito de forma fiable al invertir es indispensable partir de una estimación precisa del valor intrínseco del activo. Sin esta, cualquier esperanza de tener éxito de forma sistemática como inversor es simplemente eso: una esperanza.

La regla más antigua en inversiones es también la más sencilla: "Compra barato, vende caro". Salta a la vista, es obvio. ¿Quién querría hacer lo contrario? Pero ¿qué es lo que realmente quiere decir esta regla? De nuevo una obviedad —a grosso modo quiere decir que se debe comprar un activo a un precio bajo y venderlo a un precio alto—. Pero ¿qué significa esto exactamente?, ¿qué es bajo y que es alto?

De forma superficial, se podría decir que significa que el objetivo es comprar algo por menos de lo que se vaya a vender. Pero, dado que la venta se va a producir después de un cierto tiempo, no nos es de mucha ayuda el tratar de estimar el precio al que se debería comprar hoy. Debería existir un criterio objetivo para "alto" y "bajo" y el más apropiado es el del valor intrínseco del activo. Ahora el significado de la primera frase parece más claro: comprar a un precio inferior al valor intrínseco del activo y vender a un precio más alto. Por supuesto para poder hacerlo es indispensable tener una idea precisa de cuál es el valor intrínseco del activo. Para mí, el punto de partida imprescindible es una correcta estimación del valor.

ಎ

Por simplificar, todas las metodologías de inversión en títulos de una determinada compañía se pueden dividir en dos categorías básicas: Las que se basan en el análisis de los atributos de la compañía, a las que se conoce como "fundamentales" y las que se basan en el comportamiento del precio de los títulos. En otras palabras, un inversor tiene básicamente dos opciones: estimar el valor intrínseco de un título y comprar o vender cuando el precio difiera de este, o bien basar sus decisiones meramente en las expectativas que tenga sobre cómo se van a comportar los precios en el futuro.

Voy a referirme, en primer lugar, a esta última alternativa, ya que no creo en ella y por lo tanto debería ser capaz de desecharla rápidamente. El análisis técnico, o el estudio del comportamiento de los precios históricos, lleva practicándose desde que me incorporé a la industria (e incluso desde mucho antes), pero está en declive. Hoy en día el análisis histórico de los patrones de comportamiento de los precios puede usarse para complementar el análisis fundamental, pero se escucha mucho menos hablar de los casos de gente que basa sus decisiones basándose principalmente en lo que les dicen los precios históricos.

Parte de esta decadencia del análisis técnico se puede atribuir a la teoría del *"random walk"* (camino aleatorio), una componente de la teoría de Chicago desarrollada a principios de los sesenta, principalmente por el profesor Eugene Fama. La teoría del *random walk* establece que los movimientos que ha tenido en el pasado la cotización de una acción no tienen ninguna utilidad en la predicción de cotizaciones futuras. En otras palabras, es un proceso tan aleatorio como lanzar una moneda al aire. Sabemos que aunque durante las últimas diez tiradas haya salido cara, la probabilidad de que salga cara la próxima vez sigue siendo cincuenta–cincuenta. De la misma forma, la teoría nos dice que por el hecho de que la cotización de una acción haya estado subiendo durante los últimos diez días, no vamos a poder concluir nada sobre el comportamiento que tendrá mañana.

Otra forma de invertir basándose en los movimientos pasados de los precios, es lo que se conoce como *"momentum investing"*[20]. Esta teoría existe como oposición a la hipótesis del *random walk*. Me temo que tampoco es una teoría de mi devoción. A mi entender, los inversores que utilizan esta estrategia, lo hacen asumiendo que pueden predecir cuándo va a seguir subiendo algo que ha estado subiendo en el pasado.

El *momentum investing* tal vez otorgue la oportunidad de participar de los beneficios de un mercado alcista que continúa subiendo, pero a mi juicio tiene muchos inconvenientes. Uno de estos, se basa en la irónica observación del economista Herb Stein[21] que decía que "si algo no puede continuar para siempre, en algún momento se detendrá". ¿Qué les sucede entonces a los inversores *momentum*? ¿De qué manera les puede ayudar esta teoría a vender justo a tiempo y evitar la caída?, y ¿cómo les obligaría a invertir en mercados bajistas?

Parece claro que la inversión *momentum* no es una forma racional de invertir. El mejor ejemplo sucedió en 1998-1999, con el auge de lo que hoy conocemos como *daytraders* 'operadores intradía'. La mayoría eran inversores no profesionales que tenían orígenes muy diversos y que se sintieron atraídos por la esperanza de poder obtener dinero fácil durante el *boom* del mercado del sector de las nuevas tecnologías y las telecomunicaciones. En contadas ocasiones mantenían posiciones durante la noche, ya que de haberlo hecho hubieran tenido que pagarlas. Durante varias veces al día, trataban de adivinar si una acción a la que habían estado siguiendo, subiría o bajaría en las próximas horas.

Francamente, nunca pude entender cómo alguien puede llegar a conclusiones semejantes. Lo comparo con intentar adivinar si la próxima persona que aparezca por la esquina va a ser hombre o mujer. Según lo veo, los *trader* intradía consideran que han tenido éxito si han comprado una acción a 10 dólares y la venden a 11, la vuelven a comprar la semana siguiente a 24 dólares y la venden a 25, y la vuelven a comprar

---

20. NdT: *Momentum investing* (inversión según la tendencia del momento). Sistema de inversión que trata de obtener beneficios de las tendencias del mercado. Se compran título que han obtenido altos rendimientos en los últimos tres-doce meses y se venderán aquellos que han tenido bajos rendimientos en este período.

21. NdT: Herbert Stein (1916-1999) Presidente del Consejo Asesor Económico con Nixon y Doctor en Económicas por la Universidad de Chicago en 1958. Autor de *The Fiscal Revolution in America*.

una semana más tarde a 39 dólares y la venden a 40. Si no es capaz de ver dónde está el error —que el *trader* ha obtenido una ganancia de 3 dólares operando con una acción que se ha revalorizado 30 dólares— tal vez no debería leer el resto del libro.

☙

Olvidándonos de los inversores *momentum* y su bola de cristal, y centrándonos en otras formas de invertir que se basan en análisis inteligentes, solo nos quedan dos métodos, ambos basados en los fundamentales: *value investing*[22] y *growth investing*[23]. Por decirlo de una forma breve, los inversores *value* intentan estimar el valor intrínseco actual de una acción y comprarla cuando el precio es menor, y los inversores *growth* intentan identificar títulos cuyo valor vaya a aumentar rápidamente en el futuro.

> Para los inversores *value*, un activo no es un concepto efímero en el que se invierte simplemente porque pensamos que es atractivo (o porque otros lo consideran atractivo). Es algo tangible que por lo tanto tiene un valor intrínseco que se puede determinar, y que si se puede adquirir a un precio por debajo de su valor intrínseco, entonces podría considerarse el hecho de comprarlo. Por lo tanto, la inversión inteligente se debe basar en estimaciones del valor intrínseco. Estas estimaciones deben realizarse de forma rigurosa y basándose en toda la información disponible.
> LO MÁS IMPORTANTE[24], 1 DE JULIO DE 2003

¿Qué es lo que hace que un título —o la compañía subyacente— sea valiosa? Hay muchos "candidatos": Recursos financieros, el equipo directivo, fábricas, puntos de venta, patentes, recursos humanos, marcas comerciales, potencial de crecimiento y, sobre todo, la capacidad de generar beneficios y flujos de caja. De hecho, la mayoría de las metodologías analíticas dirían que todas estas características —recursos fi-

---

22. NdT: *Value Investing*. Teoría de inversión creada en 1928 en Columbia Business School por Benjamin Graham y David Dodd que consiste en comprar un título por un precio inferior a su valor intrínseco. Se basa en el análisis de los "fundamentales" de una compañía.
23. NdT: *Growth investing*: Teoría de inversión por la que se invierte en compañías con altos potenciales de crecimiento.
24. NdT: Título original: THE MOST IMPORTANT THING.

nancieros, equipo directivo, fábricas, puntos de venta, patentes, recursos humanos, marcas comerciales, potencial de crecimiento— tienen valor porque en algún momento se pueden transformar en beneficios y flujos de caja.

El énfasis del *value investing* está en factores tangibles como activos tangibles y flujos de caja. A los intangibles como el talento, las modas y el potencial de crecimiento a largo plazo se les dan mucho menos peso. Algunas variantes del *value investing* es que se enfoca exclusivamente en los activos tangibles. Incluso hay algo que se conoce como "*net-net investing*[25]", por el que los inversores compran cuando el valor total de las acciones de una compañía es menor que el valor del activo circulante —como la tesorería, cuentas a cobrar y existencias— menos el valor de su pasivo total. En este caso, en teoría, se podrían comprar todas las acciones, liquidar el activo circulante, pagar todas las deudas, quedándote con el negocio y algo de caja. Si la caja que queda es lo mismo que lo que pago por las acciones, y aún quedan activos habría pagado "menos que nada" por el negocio.

La cuestión en *value investing* es buscar gangas. Los inversores *value* normalmente se fijan en métricas financieras como los beneficios, flujos de caja, dividendos, activos tangibles, y ponen el énfasis en comprar barato en relación a estas métricas. El principal objetivo de los inversores *value*, es por lo tanto, cuantificar el valor actual de la compañía y comprar sus títulos cuando estén baratos.

El *growth investing* se sitúa entre el aburrimiento y la paciencia del *value* y el subidón de adrenalina de la inversión *momentum*. Su objetivo es identificar compañías que tengan un potencial de futuro brillante. Por definición, esto implica que se pone menos énfasis en los atributos actuales de la compañía y más en su potencial de futuro.

> La diferencia entre las dos grandes escuelas de inversión se puede reducir a esto:
> - Los inversores *value* compran acciones (incluso aunque su valor intrínseco muestre poco potencial de crecimiento en el futuro) con la convicción de que el valor actual es mayor que su precio.
> - Los inversores *growth* compran acciones (incluso aunque su valor actual sea bajo comparado con su precio) porque piensan que el

---

25. NdT: *Net-net-investing* es una técnica de inversión por la que una compañía se valora exclusivamente por el valor del activo circulante neto.

valor crecerá lo suficientemente rápido en el futuro como para generar una apreciación relevante.

Por lo tanto, a mi entender la cuestión no está en escoger entre valor o crecimiento, sino más bien entre el valor actual y el valor futuro. Los inversores *growth* representan una apuesta por el rendimiento de la compañía, que se podrá materializar o no en el futuro, mientras que los inversores *value* se basan principalmente en el análisis del valor actual de la compañía.

EL FELIZ TERMINO MEDIO[26], 21 DE JULIO DE 2004

Se podría pensar que practicar el *value investing* hace posible el no tener que hacer conjeturas sobre el futuro, y que el *growth investing* consiste únicamente en hacer conjeturas sobre el futuro, pero eso sería una notable exageración. Después de todo para establecer el valor actual de una compañía se necesita tener una opinión sobre su valor en el futuro y por lo tanto, se deben tener en cuenta los posibles futuros entornos macroeconómicos, desarrollos competitivos y avances tecnológicos. Incluso una inversión *net-net investment* con un alto potencial puede estar condenada al fracaso si los activos de la compañía se desperdician en operaciones poco rentables o en adquisiciones imprudentes.

No hay una línea divisoria clara entre *value* y *growth*; ambos necesitan que hagamos hipótesis sobre el futuro. Los inversores *value* analizan el potencial de crecimiento de la compañía y la escuela de "crecimiento a un precio razonable" rinde homenaje al valor de la compañía. Es todo una cuestión de intensidad. Sin embargo, creo que se puede decir con bastante precisión, que los inversores *growth* tratan del futuro mientras que los inversores *value*, ponen el énfasis en aspectos presentes, pero no pueden evitar tener que tratar con el futuro.

A modo de ejemplo extremo de la inversión *growth*, volvamos a los días de los *Nifty fifty*, una moda pasajera que personificó el contraste con el *value investing* y demostró lo lejos que podía llegar la "crecimiento-manía".

En 1968 obtuve mi primer trabajo en la industria de gestión de inversiones, como becario durante el verano en el Departamento de Aná-

---

26. NdT: Título original: *THE HAPPY MEDIUM*.

lisis de Inversiones del First National City Bank (Citibank en la actualidad). El banco utilizaba un método que se llamaba *"Nifty Fifty investing."*. Su objetivo era identificar compañías que tuvieran el mayor potencial de crecimiento de beneficios a largo plazo. Además del crecimiento, los gestores de inversiones del banco habían priorizado también en la "calidad", entendida como la mayor probabilidad de que dicho crecimiento pudiera conseguirse. Era un "dictamen oficial" de que si una compañía estaba creciendo a un ritmo suficientemente rápido y era de una calidad aceptable, no importaba el precio que se pagase por sus acciones. Si la acción esta cara basándose en las métricas actuales, dale unos años y habrá crecido para justificar su precio.

Entonces, como ahora, las carteras *growth*, estaban muy sobreponderadas en los sectores farmacéutico, tecnológico y de productos de consumo. La cartera recomendada por el banco incluía nombres tan respetados como IBM, Xerox, Kodak, Polaroid, Merck, Eli Lilly, Avon, Coca-Cola, Philip Morris, Hewlett-Packard, Motorola, Texas Instruments y Perkin-Elmer —todas ellas grandes compañías americanas, y todas con un alto potencial de crecimiento futuro—. Ya que nada podía ir mal en estas compañías, no había que dudar en comprar caras sus acciones.

Tras un par de décadas, ¿qué le llama la atención de esa lista de compañías?, algunas como Kodak y Polaroid han visto diezmados sus negocios tradicionales a consecuencia de cambios tecnológicos inesperados. Otros como IBM y Xerox, se convirtieron en presas fáciles en las que se cebaron nuevos competidores. En definitiva, la lista de las mejores compañías de América del First National City se ha visto empañada por el declive o incluso la quiebra en los cuarenta y dos años que han pasado desde que empecé. Ahí va eso para la persistencia del crecimiento a largo plazo —y la habilidad de predecirlo—.

Comparado con la inversión *value*, el *growth investing* tiene como objetivo encontrar grandes ganadores. Si no existiera la posibilidad de ganar a lo grande, ¿por qué molestarse en asumir la incertidumbre inherente en tratar de adivinar el futuro? Sobre esto, no hay duda: es mucho más difícil predecir el futuro que el presente. Por lo tanto, el número de veces que los inversores *growth* aciertan debería ser menor, pero la recompensa por acertar puede que sea mayor.

El retorno por ser capaz de predecir qué compañía lanzará con éxito el próximo medicamento revolucionario, el ordenador más potente o la próxima película superventas, debería ser significativo. En general, la recompensa por acertar en *growth investing* es más dramática y de acertar en *value investing* es más consistente. Yo prefiero el *value investing*. En mi libro, la consistencia siempre está por encima del drama.

※

Si el *value investing* tiene el potencial de producir rendimientos favorables de manera consistente, ¿significa esto que es sencillo? No.

Por una razón. Depende de ser capaz de estimar correctamente el valor. Sin esto, cualquier esperanza para tener éxito de forma sistemática es solo eso, una esperanza. Sin estimaciones precisas, es igual de fácil que acabe pagando de más o de menos. Si paga de más, necesitará que el valor de la compañía aumente de forma sorprendente, un mercado alcista o encontrar a otro inversor menos riguroso (lo que habitualmente denominamos "más pardillo") que le haga el favor.

Pero la cosa no acaba ahí, si se ha decidido por la teoría del valor para sus inversiones y ha estimado un valor intrínseco para un título o activo, lo más importante que tiene que hacer a continuación, es mantener firmemente su postura respecto a este. Esto es así, porque en el mundo de la inversión una cosa es tener razón y otra muy distinta es que se pruebe que tiene razón nada más realizar su inversión.

Como inversor es muy difícil hacer siempre lo que se debe y hacerlo de forma sistemática. Pero lo que es totalmente imposible es hacer siempre lo que se tiene que hacer en el momento adecuado. A lo más que podemos aspirar los inversores *value* es a haber realizado una valoración adecuada de un activo y comprarlo cuando esté disponible por un precio inferior. Pero aun haciéndolo así hoy, no implica necesariamente que se vaya a ganar dinero desde mañana. Si bien, el tener una alta convicción en la estimación del valor, le puede ayudar a lidiar con esta situación.

Digamos que hemos fijado el valor de algo en 80 y tenemos la oportunidad de comprarlo por 60. Las oportunidades para comprar muy por debajo del valor actual no surgen todos los días y hay que darles la bienvenida. Warren Buffett lo describe como "comprar duros a cuatro pesetas". Por lo tanto cómpralas y esté tranquilo de que ha tomado una buena decisión.

Pero no espere un éxito inmediato. De hecho, lo más probable es que haya comprado hacia la mitad de una tendencia bajista y por lo tanto el valor siga bajando. Lo que se va a encontrar en el inicio de su inversión son pérdidas. Uno de los más famosos dichos sobre la inversión nos recuerda que "comprar demasiado pronto es indistinguible de fallar". Ahora bien, supongamos que su título se mueve hasta tener un precio de 50 en vez de 60. ¿Qué se debe hacer en esta situación?

De la microeconomía sabemos que la curva de demanda de algo desciende hacia la derecha; a medida que el precio de un bien sube, se reduce la cantidad demandada. O lo que es lo mismo, la gente comprará menos de algo cuanto mayor es el precio y querrá más, cuanto menor sea el precio. Tiene sentido; por esta razón las tiendas venden más cuando sus productos están de rebajas.

Esto funciona de esta forma en la mayor parte de las ocasiones, pero parece que el en mundo de las inversiones no se aplica esta lógica. Hay muchas personas que tienden a enamorarse más de algo que han comprado a medida que el precio sube, ya que se sienten arropados en su decisión; y por el contrario, tienden a desenamorarse cuando el precio baja, ya que empiezan a dudar de que la decisión de haber comprado haya sido la correcta.

Esto no solo hace que sea difícil mantener la posición, sino, incluso, seguir comprando ahora que los precios son más bajos (lo que los inversores conocen como "*averaging down*"), sobre todo si la bajada es prolongada. Si el valor le resultaba atractivo a 60, debería resultarle aun más atractivo a 50... y mucho más a 40 y 30. Pero no es tan sencillo. Nadie se siente cómodo cuando está en pérdidas, y es posible que en algún momento alguna persona se pregunte "tal vez no sea yo el que tiene razón, tal vez sea el mercado". El peligro máximo llega cuando se empieza a pensar "está bajando mucho, tal vez debería salirme antes de que no valga nada y lo pierda todo". Este es el tipo de pensamiento que genera los suelos y hace que ciertas personas vendan en los mínimos.

> Los inversores que no tienen el conocimiento (o las ganas de entender) sobre beneficios, dividendos, valoración o naturaleza de un negocio, simplemente no pueden tener la convicción necesaria para hacer lo que se debe en el momento oportuno. Cuando todo el mundo a su alrededor está comprando y ganando dinero, les resulta imposible saber si la acción está demasiado cara y por lo tanto resistirse a comprar. Y con un mercado en caída libre, probablemente

no tengan la convicción para no vender o incluso comprar, cuando los precios están realmente bajos.
EXUBERANCIA IRRACIONAL[27], 1 DE MAYO DE 2000

Una opinión acertada sobre el valor, pero con poca convicción, es de poca ayuda. Pero una opinión incorrecta sobre el valor, sobre la que se tiene una altísima convicción es aún peor. Esto es una muestra de lo difícil que es hacer todo esto bien.

❦

Suministre una dosis del suero de la verdad a una muestra amplia de inversores profesionales —y también de inversores *amateur*—, y hágales esta pregunta: "¿Cuál es su forma de invertir?" La respuesta inevitable será: "Procuro encontrar cosas que suban". Pero, la búsqueda seria de rendimientos en la inversión tiene que estar basada en algo más tangible. En mi opinión, el mejor candidato es el valor intrínseco derivado del análisis de los valores fundamentales. Una estimación precisa de este valor intrínseco tiene que ser el punto de partida para invertir de forma consistente, objetiva y potencialmente rentable.

Los inversores *value* obtienen los rendimientos más altos cuando compran un activo que está infravalorado, compran más a medida que el precio de sus inversiones baja y su análisis acaba probando ser el correcto. Por lo tanto hay dos ingredientes esenciales para conseguir beneficios en un mercado bajista: hay que tener una opinión sobre cuál es el valor intrínseco y hay que tener una firme convicción acerca de esa opinión para no vender e incluso seguir comprando cuando las bajadas de los precios sugieren que se ha equivocado. Ah sí, y hay una tercera: su opinión tiene que ser correcta.

---

27. NdT: Título original: *IRRATIONAL EXUBERANCE*.

4

LO MÁS IMPORTANTE ES...
LA RELACIÓN ENTRE EL PRECIO
Y EL VALOR

> El éxito en las inversiones no proviene de "comprar algo bueno" si no más bien de "comprarlo bien".

Digamos que se ha convencido de la eficacia del *value investing* y ha sido capaz de llegar a estimar el valor intrínseco de un activo. Digamos, incluso, que la estimación que ha realizado es correcta. Aún no ha terminado. Para saber qué es lo que tiene que hacer, hay que considerar el precio del activo en relación con su valor. Establecer una adecuada relación entre los fundamentales —valor— y el precio es uno de los aspectos centrales para obtener éxito en las inversiones.

Para el inversor *value* el precio debe ser el punto de partida. Se ha demostrado muchas veces a lo largo del tiempo, que ningún activo es tan bueno como para no convertirse en una mala inversión si se compra demasiado caro. Y hay pocos activos tan malos que no se puedan convertir en una buena inversión si se compran suficientemente baratos.

Cuando alguien simplemente dice "nosotros solo compramos A" o "A es una gran clase de activo", suena a "compraremos A, a cualquier precio y lo haremos antes que comprar B, C o D". Esto, simplemente, tiene que ser un error. No hay ningún activo que, en función de su origen, tenga la cualidad de generar altos retornos. Solo será atractivo si el precio es el adecuado.

Espero que si le ofrezco comprar mi coche, antes de decir sí o no, me pregunte el precio. Decidir sobre una inversión, sin antes haber considerado si su precio es adecuado, simplemente es una estupidez. Pero cuando la gente decide que quiere ser dueña de algo sin ser disciplinada acerca de la valoración de lo que quieren comprar, como sucedió con las acciones de compañías tecnológicas a finales de los noventa —o que simplemente no quieren ser dueños de algo, como sucedió con los bonos basura durante los setenta y principios de los ochenta— eso es precisamente lo que están haciendo.

Conclusión: ¡No existe una buena o mala idea a cualquier precio!
LO MAS IMPORTANTE[28] 1 DE JULIO DE 2003

Es una premisa fundamental sobre la teoría de la eficiencia de los mercados —y tiene todo el sentido— que si se adquiere algo a su valor apropiado, se obtendrá un retorno adecuado que vendrá determinado por el riesgo que se asume. Pero los inversores activos no están en el mercado para conseguir retornos adecuados al riesgo que se asume; quieren retornos excepcionales. (Si se siente cómodo consiguiendo retornos adecuados al riesgo que se asume, ¿por qué no invertir en una inversión pasiva por medio de un fondo indexado y evitarse un montón de problemas?). Bien, comprar algo por su valor intrínseco no es para echarse a temblar. Y pagar por algo más de lo que vale, claramente es un error; se necesita trabajar mucho y una gran dosis de suerte para convertir algo comprado a un precio demasiado alto en una buena inversión.

---

28. NdT: Título original: *THE MOST IMPORTANT THING*.

Recuerde la inversión en valores *Nifty fifty* del capítulo anterior. En sus máximos, muchas de estas compañías "infalibles" tenían ratios PER[29] de entre 80 y 90. (Para que sirva de comparación el ratio PER medio en el periodo de posguerra ha estado en torno a 15). Ninguno de los partidarios de este sistema parecía estar muy preocupado por estas valoraciones tan altas.

En unos pocos años, todo cambió. A principios de los setenta el mercado se enfrió, factores exógenos como el embargo del petróleo y una elevada inflación nublaron el panorama y el precio de las acciones de los *Nifty Fifty* se colapsó. A los pocos años los ratios de precio/beneficio que antes estaban a 80 o 90 habían caído a 8 o 9, lo que implica que los inversores en las mejores compañías americanas habían perdido el noventa por ciento de su dinero. La gente puede que hubiese comprado las mejores compañías americanas, pero se equivocaron con el precio que pagaron.

En Oaktree decimos, "algo bien comprado está mitad vendido". Con esto nos referimos a que no invertimos mucho tiempo pensando a qué precio vamos a vender algo, cuándo, a quién o de qué forma. Si lo hemos comprado barato, llegará un momento en el que todas estas preguntas se responderán por sí solas. Si estima bien el valor intrínseco de un activo, con el tiempo el precio debería converger con su valor.

> ¿Cuál es el valor de una compañía? En definitiva todo se reduce a esto. No es suficiente comprar una participación en una buena idea o incluso comprar un buen negocio. Hay que comprarlo a un precio razonable (o si fuera posible, a precio de ganga).
> *BURBUJA.COM*[30], 3 DE ENERO DE 2000

Todo esto nos lleva a hacernos la pregunta de ¿qué es lo que conforma el precio?, ¿qué es lo que debería vigilar un comprador para asegurarse de que el precio es el correcto? La respuesta por supuesto es el valor intrínseco, pero la mayoría del tiempo el precio de un título se verá

---

29. NdT: PER: *Price to Earnings Ratio* es el resultado de dividir el precio de la acción entre el beneficio por acción.
30. NdT: Título original: *BUBBLE.COM*.

al menos afectado, y también su cotización a corto plazo, por otros dos factores: los factores psicológicos y los factores técnicos.

Estos dos son factores no fundamentales —es decir, aspectos que no están relacionados con el valor de un activo— que afectan a la oferta y a la demanda de los títulos. Dos ejemplos: primero, la venta forzosa que se produce cuando hay un *crash* en mercado que provoca que los inversores que están apalancados reciban los requerimientos de sus bancos obligándoles a vender; y segundo, cuando los fondos de inversión reciben entradas de dinero de nuevos inversores que hace que los gestores se lancen a comprar. En ambos casos, las personas se ven obligadas a realizar transacciones de los títulos sin tener demasiado en cuenta su precio.

Créame, no hay nada mejor que comprar a alguien que tiene que vender a cualquier precio durante un *crash*. Muchas de las mejores compras que jamás hemos hecho han sido realizadas de esta forma. Sin embargo es importante hacer una serie de observaciones:

- No se puede hacer carrera basándose exclusivamente en compras hechas a vendedores que se vean forzados a vender; no siempre los hay, solo surgen en contadas ocasiones al final de crisis y de burbujas.

- Si comprar a un vendedor forzoso es lo mejor que le puede pasar, ser un vendedor forzoso es lo peor. Es decir, que es esencial que estructure sus asuntos de manera que pueda aguantar —y no verse obligado a vender en el peor de los momentos—. Para esto se necesita, capital a largo plazo y una gran capacidad psicológica.

Y esto me lleva al segundo de los factores que ejerce una enorme influencia en el precio: el factor psicológico. Es imposible sobrevalorar el impacto que puede llegar a tener. De hecho es tan importantes que dedico varios capítulos más adelante a reflexionar sobre la psicología de los inversores y cómo manejar sus manifestaciones.

Mientras que la clave para estimar el valor es un buen análisis financiero, la clave para comprender la relación entre el precio y el valor —y sus perspectivas— descansa en gran medida en la capacidad de entender las mentes de otros inversores.

La psicología de los inversores puede hacer que el precio de un título se sitúe a corto plazo a casi cualquier nivel, independientemente de lo que sugieran sus fundamentales.

> La disciplina más importante en esta ocasión, no es la contable o la económica, es la psicológica. La clave está en entender a quién le gusta la inversión hoy y a quién no le gusta. Las variaciones del precio estarán determinadas por el hecho de que aumente o disminuya el número de personas a las que les guste dicha inversión en el futuro.
> Invertir es como un concurso de popularidad, y lo más peligroso es comprar algo en su momento álgido de popularidad. Llegado ese punto, todos los hechos y opiniones favorables ya están incorporadas en el precio y no quedan nuevos inversores dispuestos a comprar.
> Lo más seguro y con más potencial de retorno es comprar algo cuando a nadie le gusta. Con el tiempo, su popularidad, y por lo tanto su precio, solo puede evolucionar en un sentido: hacia arriba.
> ALGUNOS PENSAMIENTOS SOBRE LA IDENTIFICACION DE OPORTUNIDADES DE INVERSION[31], 24 DE ENERO DE 1994

Claramente, esto es también otra área que es (a) de importancia crítica y (b) muy difícil de dominar. En primer lugar la psicología es escurridiza. Y en segundo lugar, los aspectos psicológicos que afectan a otros inversores e influencian sus decisiones también le acabarán afectado a usted. Como podrá leer en los próximos capítulos, estos factores tienden a hacer que las personas hagan justamente lo contrario de lo que debería hacer un inversor extraordinario. Hay que invertir tiempo y energía en entender la psicología del mercado, aunque solo sea para autoprotegerse.

Es esencial comprender que el valor de los fundamentales será solo uno de los factores que determine el precio de un título en el momento de su compra. Trate de que conseguir que, tanto los factores técnicos como los psicológicos, estén de su lado.

&

---

31. NdT: Título original: *RANDOM THOUGHTS ON THE IDENTIFICATION OF INVESTMENT OPPORTUNITIES.*

Lo diametralmente opuesto a una estrategia sensata de inversión *value* es perseguir burbujas sin cabeza, ignorando totalmente la relación entre el valor y el precio.

Todas las burbujas comienzan con algo que parece verosímil y razonable:

- Los tulipanes son bonitos y escasos (en la Holanda del siglo XVII).

- Internet va a cambiar el mundo.

- La inversión inmobiliaria puede compensar la inflación y además siempre se puede vivir en una casa.

Algunos inversores inteligentes se dan cuenta (o incluso prevén) estas verdades, invirtiendo en dicho activo, y obteniendo beneficios por su inversión. Entonces, otros inversores se apuntan a la idea —o simplemente se dan cuenta de que hay gente que está ganando dinero — y también compran, lo que hace que el precio del activo suba. Pero a medida que el precio del activo continúa subiendo, los inversores se ven más motivados por la posibilidad de ganar dinero fácil, y cada vez prestan menos atención a si realmente el precio que están pagando es el adecuado o no. Es una aplicación extrema del fenómeno que había descrito antes: a las personas les debería parecer menos atractivo un activo cuanto mayor es el precio, pero en el mundo de la inversión, a menudo es al revés y gusta más cuanto más caro es.

En el 2004–2006, por ejemplo, los inversores no tenían más que buenas palabras sobre la inversión en residencial: el deseo de participar en el sueño americano de tener una vivienda en propiedad; el beneficiarse de la inflación; el hecho de que las hipotecas estaban baratas y los intereses eran deducibles fiscalmente; y por último el deseo aceptado por la mayoría de que "el precio de las casas solo puede subir". Todos sabemos lo que ha pasado a raíz de esas "perlas de sabiduría".

Y no nos olvidemos de esa otra idea, tristemente célebre, de que "no se puede perder". En la burbuja tecnológica, a los compradores no les preocupaba si el precio de la acción estaba demasiado alto, porque estaban seguros de que habría otro inversor que estaría dispuesto a pagar más por ella. Desafortunadamente, la teoría del "siempre habrá alguien más tonto", funciona hasta que deja de funcionar. Llegado un momento la valoración empieza a coger protagonismo y deja a muchos en la estacada cuando toca poner los pies en la tierra.

- Los argumentos positivos sobre una determinada acción pueden ser reales y aun así generar pérdidas si, por ellos, se paga más de lo debido.
- Esos argumentos positivos —y los enormes beneficios de los que aparentemente todo el mundo disfruta— pueden hacer que aquellos que se han resistido a participar, se rindan y finalmente decidan comprar.
- Una acción, conjunto de títulos o mercado, toca su máximo cuando compra el último inversor que estaba dubitativo. Este momento normalmente no guarda relación con la evolución de los fundamentales.
- "Los precios están demasiado altos" no es sinónimo de "el próximo movimiento de los precios será a la baja". Las cosas se pueden mantener muy caras durante mucho tiempo... o incluso ponerse aún más caras.
- En algún momento, sin embargo, la valoración o el valor acaban siendo relevantes.

BURBUJA.COM[32], 3 DE ENERO DE 2000

El problema es que en las burbujas, "atractivo" se convierte en "atractivo a cualquier precio". A menudo encuentras a inversores que dicen: "no es barato, pero pienso que seguirá subiendo, hay exceso de liquidez" (o por otra larga serie de razones). En otras palabras, según ellos, "está caro, pero creo que se pondrá todavía más caro". Comprar o no vender en esta situación es extremadamente arriesgado, pero eso es lo que genera las burbujas.

En las burbujas, encapricharse con el "momento" del mercado supera a cualquier otra noción de valor y precio razonable, y la avaricia (además de la dificultad de mantenerse disciplinado cuando otros aparentemente ganan dinero fácilmente) neutraliza cualquier atisbo de prudencia.

Para resumir, creo que una estrategia de inversión que se base en una sólida valoración es la mejor estrategia en la que se puede confiar. Por el contrario, esperar que los demás inversores sean los que le generen su beneficio, independientemente del valor del activo —confiando

---

32. NdT: Título original: *BUBBLE.COM*.

en el efecto de una burbuja— es probablemente la peor de las estrategias posibles.

~

Considere las siguientes vías para generar rendimientos:

- Beneficiarse de una subida en el valor intrínseco de un activo. El problema es que es muy difícil predecir los aumentos de valor de forma precisa. Es más, normalmente los activos ya incluyen en su precio perspectivas de crecimiento del valor fundamental, lo que quiere decir que a menos que su visión sea distinta y mejor que la del consenso, lo más probable es que ya haya pagado dicho crecimiento o mejora de los fundamentales.
En algunas áreas de la inversión —y sobre todo en *private equity* (compra de empresas) e inmuebles— los inversores "de control" pueden trabajar para aumentar el valor fundamental del activo a través de una gestión activa. Esto es algo que merece la pena hacer, pero hay que dedicarle mucho tiempo y se necesita una gran experiencia y habilidad. Y puede que sea muy difícil introducir mejoras fundamentales, como por ejemplo, en una compañía que ya de por sí sea excelente.

- Apalancándose. El problema es que al usar el apalancamiento —comprar con dinero prestado— no mejora en nada la inversión ni aumenta la probabilidad de obtener beneficios. Simplemente magnifica lo que finalmente ocurra, ya sean beneficios o pérdidas. E introduce el riesgo de perderlo todo si no consigue cumplir algún requisito contractual relacionado con el precio del activo, y los que le han prestado el dinero deciden ejercer su derecho a obligarle a vender en un momento en el que el mercado está deprimido o el activo no es líquido. A lo largo de los años, el apalancamiento se ha relacionado con altos beneficios, pero también con las pérdidas más espectaculares.

- Vender su activo por más de lo que vale. Todo el mundo tiene la esperanza de que algún inversor venga a comprar lo que queremos vender por más de lo que vale. Pero desde luego no se puede confiar en que llegará ese "tonto útil". A diferencia de tener un activo infravalorado y esperar a que su precio alcance su valor, esperar a que suba el precio de un activo bien valorado o sobrevalorado requiere una irracionalidad por parte del comprador en la que no se puede contar en ningún caso.

- Comprar algo por menos de lo que vale. En mi opinión, de esto es de lo que se trata —la forma más segura de ganar dinero—. Comprar algo con un descuento respecto a su valor intrínseco y esperar a que el precio del activo se mueva hacia su valor no es una cuestión de casualidad; solo necesita que los que operan en el mercado se despierten y se den cuenta de la realidad. Cuando el mercado funciona adecuadamente el valor ejerce una atracción magnética sobre el precio.

De todas las posibles formas para invertir de forma rentable, sin lugar a dudas comprar barato es la más fiable. Pero incluso esta puede no funcionar. Puede que se haya equivocado al estimar el valor actual. O que sucedan cosas que reduzcan dicho valor. O que empeore la situación de los mercados de forma que algo se venda todavía más por debajo de su valor. O que la convergencia entre el precio y el valor intrínseco tarde más tiempo del que usted disponga; como John Maynard Keynes dijo, "El mercado puede mantenerse irracional más tiempo del que usted pueda mantenerse solvente".

Intentar comprar algo por debajo de su valor no es algo infalible, pero es la mejor opción de que disponemos.

5

LO MÁS IMPORTANTE ES... ENTENDER EL RIESGO

> "El riesgo significa que pueden pasar más cosas de las que van a pasar".
>
> ELROY DIMSON[33]

Invertir consiste exactamente en una cosa: estimar el futuro. Y como ninguno de nosotros puede tener la certeza de lo que ocurrirá en el futuro, el riesgo es algo de lo que no podemos escapar. Por lo tanto es un elemento esencial —creo que el más esencial— a la hora de invertir. No es difícil encontrar inversiones que suban. Si puede encontrar suficientes, se habrá movido en la dirección adecuada. Pero es poco probable que tenga éxito a largo plazo sin haber gestionado el riesgo de manera explícita. El primer paso consiste en comprenderlo. El segundo paso, reconocer cuando es elevado. Y el paso final, el más crítico, es controlarlo. Dado que el tema es tan complejo y tan importante, he dedicado tres capítulos a analizarlo en profundidad.

---

33. NdT: Elroy Dimson es, entre otros cargos, profesor de Finanzas de la London Business School.

¿Por qué digo que la gestión del riesgo es un elemento esencial en el proceso de inversión? Hay tres grandes razones.

La primera, que el riesgo es algo malo y la mayoría de las personas sensatas quieren evitarlo o minimizarlo. Y algo que se asume dentro de la teoría de inversiones es que las personas tienen por naturaleza aversión al riesgo, lo que quiere decir que prefieren menos riesgo antes que más riesgo. Por lo tanto, para empezar, un inversor que se enfrenta a una determinada inversión tiene que hacer juicios sobre el nivel de riesgo y sobre si va a ser capaz de vivir con él.

En segundo lugar, cuando está analizando una inversión, su decisión debe ser función tanto del riesgo asumido como del retorno esperado. Dada su aversión al riesgo, a los inversores hay que sobornarles con mayores retornos esperados, para que asuman más riesgo. Digámoslo claro, si un bono del Tesoro Americano y una acción de una pequeña compañía ofrecen un 7% al año, todos preferirán comprar el primero (aumentando por lo tanto el precio y bajando el retorno esperado) y desestimarán invertir en la segunda (haciendo que el precio baje y por lo tanto la rentabilidad esperada aumente). Este proceso de ajuste de los precios, que los economistas llaman equilibrio, en teoría, hace que los retornos esperados se ajusten proporcionalmente a su nivel de riesgo.

Así que más allá de determinar si podemos soportar el riesgo que estamos asumiendo, el segundo paso que un inversor debe dar es el de valorar si el retorno esperado justifica el riesgo asumido. Claramente el rendimiento solo es una cara de la moneda y por eso se necesita estimar el riesgo.

En tercer lugar, cuando se evalúan los retornos obtenidos en una inversión, estos solo representan un dato en sí mismo, es necesario evaluar también los riesgos que se asumieron para generar los retornos. ¿El retorno obtenido se realizó a través de instrumentos seguros o arriesgados? ¿En títulos de renta fija o de renta variable? ¿En compañías consolidadas y estables o en pequeñas e inestables? ¿En valores y acciones líquidos o por medio de vehículos privados ilíquidos? ¿Con ayuda de apalancamiento o sin él? ¿En una cartera concentrada o diversificada?

Es seguro que cuando los inversores reciben sus informes de resultados y ven que su cuenta a ganado un 10% en el año no pueden saber si sus gestores han hecho un buen trabajo o no. Para poder llegar a una conclusión, tienen que tener una idea sobre cuánto riesgo asumieron sus gestores. En otras palabras hay que tener una noción de los "retornos ajustados al riesgo asumido".

De la relación entre riesgo y rendimiento surge el gráfico que se muestra a continuación (Figura 5.1) y que se ha convertido en algo omnipresente en el mundo de la inversión.

Muestra la "línea del mercado de capitales" con una pendiente hacia arriba y hacia la derecha que indica la relación positiva entre riesgo y retorno. Los mercados cotizan de forma que los activos con más riesgo aparentemente ofrecen rendimientos esperados más elevados. Si esto no fuera así, ¿quién los compraría?

Figura 5.1

Este gráfico tan famoso de la relación entre riesgo y retorno es elegante en su simplicidad. Desafortunadamente, muchos han sacado de él conclusiones equivocadas que suelen meterles en problemas.

> Muchas personas, sobre todo en tiempos en los que todo va bien, hacen el siguiente razonamiento "las inversiones con más riesgo generan un mayor retorno. Si lo que se desea es ganar más dinero, la respuesta es asumir más riesgo". El problema es que no podemos asegurar a ciencia cierta que las inversiones con mayor riesgo finalmente vayan a obtener mayores rendimientos. ¿Por qué no? Es muy sencillo. Si pudiéramos confiar en que las inversiones con más riesgo

van a generar mayores rendimientos, entonces, ¡no serían inversiones más arriesgadas!

La forma correcta de verlo es que las inversiones con más riesgo, necesitan ofrecer la posibilidad de obtener mayores retornos, prometer mayores retornos, o tener retornos esperados más altos. Pero en ningún caso puede estar asegurado que esos mayores retornos se vayan a realizar.

La forma en la que yo conceptualizo la "línea del mercado de capitales" hace que me sea más sencillo entender la relación que subyace en todo esto. (Figura 5.2).

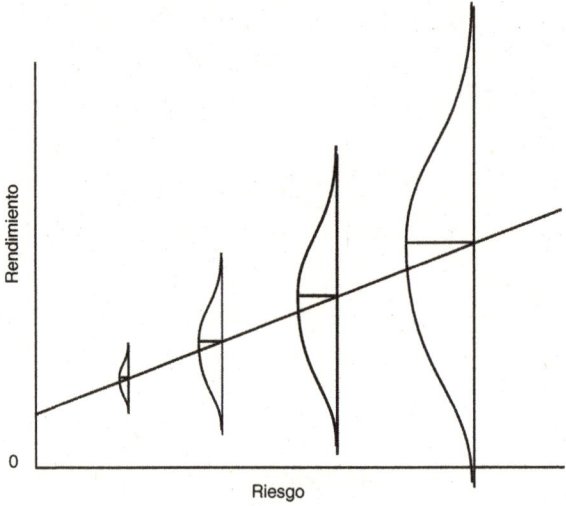

Figura 5.2

Las inversiones con mayor riesgo son aquellas en las que la obtención de un determinado rendimiento es más incierta. Es decir, la distribución de probabilidad de los retornos es más amplia. Cuando los precios son razonables, las inversiones con mayor riesgo deberían implicar:

- mayores rendimientos esperados,
- la posibilidad de menores rendimientos, y
- en algunos casos, la posibilidad de obtener pérdidas.

El gráfico tradicional de riesgo/retorno (figura 5.1) es engañoso, ya que sugiere una relación directa entre riesgo y rentabilidad, pero no refleja la incertidumbre que subyace. Este factor ha llevado a muchas personas a la ruina, porque sugiere de una manera férrea que si se asumen mayores riesgos, se obtendrán mayores retornos.

Espero que mi versión del gráfico le sea de mayor utilidad. Pretende ilustrar tanto la relación positiva entre riesgo y retorno esperado como el hecho de que a medida que el riesgo aumenta, también lo hace la incertidumbre sobre los retornos y la probabilidad de obtener pérdidas.

RIESGO[34], 19 DE ENERO DE 2006

La siguiente tarea más importante es definir el riesgo. ¿En qué consiste exactamente? Podemos hacernos una idea a través de sus sinónimos: peligro, contratiempo, amenaza, dificultad. Todos ellos son dignos candidatos pero también bastante indeseables.

Y sin embargo, la teoría financiera (la misma teoría que ha creado el gráfico de riesgo/retorno que le mostraba en la figura 5.1 y el concepto de ajuste en función del riesgo asumido) define de forma muy precisa el riesgo como volatilidad (variación, desviación). Pero ninguna de estas definiciones implica el necesario sentimiento de peligro.

Los académicos que desarrollaron la teoría del mercado de capitales asumen que el riesgo es lo mismo que la volatilidad, ya que la volatilidad indica la falta de fiabilidad de una inversión. Yo personalmente tengo bastantes reservas respecto a esto.

En mi opinión —a sabiendas o no— los académicos usaron la volatilidad como representación del riesgo, por comodidad. Necesitaban un número para sus cálculos, que fuera objetivo, se pudiera calcular en base a series de datos históricos y se pudiera extrapolar a futuro. La volatilidad cumplía con estos requisitos y la mayoría de los demás tipos de riesgo no. El problema de todo esto, no obstante, es que no creo que la volatilidad sea el riesgo que más preocupa a la mayoría de los inversores.

Hay muchos tipos de riesgo, y probablemente la volatilidad sea el menos relevante de todos. La teoría dice que los inversores demandarán rendimientos más altos para hacer inversiones con mayor volatilidad. Pero para que el mercado fije los precios de forma que las inversiones más volátiles parezcan ofrecer la posibilidad de mayores retornos, tiene que haber inversores que acepten esta relación. Y

---

34. NdT: Título original *RISK*.

personalmente, aún no me he cruzado con ninguno. Nunca he oído a nadie en Oaktree —o en cualquier otro sitio— decir: "No voy a comprar algo, ya que es posible que su precio sufra grandes fluctuaciones", o "no voy a comprar algo porque tal vez baje en algún trimestre". Por lo tanto, me cuesta creer que la volatilidad sea el factor principal de riesgo que los inversores tienen en cuenta al determinar precios y retornos esperados.

Más que por la volatilidad, yo creo que los inversores rechazan hacer ciertas inversiones principalmente porque les preocupa las pérdidas de capital u obtener un retorno inaceptablemente bajo. Para mí, "necesito más potencial de retorno porque me preocupa que pueda perder dinero" tiene mucho más sentido que "necesito más rendimiento porque me preocupa que el precio fluctúe". Estoy seguro de que el "riesgo" es —en primer lugar— la probabilidad de perder su dinero.
RIESGO[35], 19 DE ENERO DE 2006

El riesgo que más me preocupa a mí, a Oaktree y cualquier inversor practico que conozco es el de poder perder dinero de forma permanente. Pero hay muchos otros riesgos de los que se debería ser consciente ya que pueden a) afectarle a usted, o b) afectar a otros y por lo tanto ofrecer oportunidades para generar beneficios.

El riesgo en las inversiones se presenta de muchas maneras. Hay riesgos a los que algunos inversores dan mucha importancia, pero otros inversores no, y esto puede hacer que una inversión le parezca segura a ciertos inversores y arriesgada a otros.
- Quedarse corto en los objetivos: Cada inversor tiene sus necesidades, y para cada uno de ellos el hecho de no satisfacerlas supone un riesgo—. Un ejecutivo que está retirado, tal vez se conforme con obtener un cuatro por ciento que le permite pagar sus facturas, y obtener un seis por ciento le suponga una alegría. Pero para un fondo de pensiones que tiene que obtener un ocho por ciento de media al año, el obtener durante un periodo prolongado unos retornos del seis por ciento supone un grave riesgo. Obviamente el riesgo es algo personal y subjetivo, y no absoluto y objetivo. Una determinada inversión puede ser arriesgada para algunos inversores y segura para otros. Por lo tanto, este no puede ser

---

35. NdT: Título original *RISK*.

el riesgo por el que el mercado demande mayores retornos esperados.
- Retornos bajos: Digamos que un gestor sabe que un cliente no invertirá más dinero del ya invertido en su cuenta independientemente de lo altos que sean los retornos, pero tiene claro que perderá la cuenta si no obtiene rentabilidades cercanas a las de un determinado índice. Este es el *benchmark risk*, y el gestor puede eliminarlo replicando al índice. Pero cualquier inversor que no quiera tirar la toalla a la hora de obtener retornos por encima del índice, y que elige desviarse de él para conseguirlo, va a sufrir periodos en los que obtenga retornos peores que los del índice. De hecho, ya que muchos de los mejores inversores se mantienen firmes a sus estrategias o enfoques de inversión —y ya que ninguna estrategia funciona siempre— los mejores inversores pueden sufrir los peores periodos de retornos del mercado. Especialmente, en momentos de locura, los inversores disciplinados aceptan de buen grado el riesgo de no asumir suficiente riesgo para obtener retornos similares a los del mercado. (Fue el caso de Warren Buffett y Julian Robertson en 1999. Ese año el obtener un bajo rendimiento era un signo de coraje, ya que implicaba no estar dispuesto a participar en la burbuja tecnológica).
- Riesgo para su carrera profesional: Esta es una forma extrema del riesgo de hacerlo peor que el mercado: es el riesgo que surge cuando los que gestionan el dinero no son los propietarios del mismo. En este caso, los gestores (o "agentes") puede que no se preocupen demasiado por obtener beneficios de los que no van a ser partícipes, pero estén muertos de miedo ante la posibilidad de obtener pérdidas que puedan suponer que pierdan su trabajo. La implicación es clara: el riesgo de obtener unas pérdidas que le cuesten al agente su trabajo por intentar obtener algo más de beneficio para su cliente es uno que no le merece la pena correr.
- No ser convencional: De una forma similar al punto anterior, hay que tener en cuenta el riesgo de ser diferente. Los responsables del dinero de otros, puede que se sientan más cómodos generando resultados similares a los de todo el mundo, sin importarles cuánto son en términos absolutos, en lugar de ir en contra del consenso y acabar despedido si las cosas no salen bien... La falta de voluntad de asumir este riesgo mantiene a muchos lejos de alcanzar retornos excepcionales, pero también crea oportunidades

de obtener retornos excepcionales para aquellos que se atreven a ser diferentes y realizar inversiones poco ortodoxas.
- Iliquidez: Si un inversor va a necesitar dinero para poder pagar una operación a la que hay que someterse en los próximos tres meses o para comprar una casa dentro de un año, tal vez no pueda llevar a cabo una inversión si esta no genera la liquidez necesaria cuando la necesita. Por lo tanto, para este inversor, el riesgo no solamente es el derivado de perder dinero o de la volatilidad, o cualquiera de los anteriores. Su riesgo es el no poder hacer líquida su inversión a un precio razonable, cuando la necesite. Esto también es un riesgo personal.

RIESGO[36], 19 DE ENERO DE 2006

Ahora me gustaría dedicar un poco de tiempo a qué es lo que da lugar al riesgo de pérdida.

Primero, el riesgo de pérdida, no necesariamente proviene de unos fundamentales débiles. Un activo que tenga unos fundamentales débiles —una acción de una compañía que no está en su mejor momento, un bono basura o un edificio en el peor barrio de la ciudad— puede ser una magnífica inversión si se compran suficientemente baratos.

Segundo, el riesgo puede estar presente incluso si el entorno macroeconómico no empeora. La combinación de arrogancia, falta de comprensión y no dar importancia al riesgo, y un pequeño contratiempo, puede ser suficiente para suponer un grave problema. Puede pasarle a cualquiera que no dedique el tiempo y el esfuerzo necesarios para entender los procesos de las inversiones que componen su cartera.

Al final todo esto se reduce principalmente a la psicología, que es demasiado optimista y que por lo tanto hace que los precios sean demasiado altos. Los inversores tienden a asociar historias excitantes e interesantes con altos potenciales de retorno. También esperan obtener altos retornos de las inversiones que se han comportado bien recientemente. Estas inversiones, puede que cumplan con las expectativas de los inversores durante un tiempo, pero sin duda, implican un riesgo elevado. Después de haber sido aclamadas por la multitud y haber sido elevadas a los altares de lo que denomino "el pedestal de la popularidad",

---

36. NdT: Título original: *RISK*.

ofrecen la posibilidad de continuar generando altos retornos, pero también retornos bajos o negativos.

La teoría dice que los rendimientos altos se asocian con riesgos elevados, ya que estos existen para compensar los anteriores. Pero los inversores *value* pragmáticos opinan lo contrario: creen que pueden obtener retornos altos con bajo riesgo comprando activos por menos de lo que valen. Por el contrario, para ellos pagar de más implica tanto un riesgo elevado como un bajo rendimiento.

Los activos que todos consideran aburridos, que son ignorados, o que han sufrido caídas tremendas de precios —a menudo gangas precisamente porque no han rendido bien— suelen ser los activos que los inversores *value* prefieren para obtener altos retornos. Sus rendimientos en mercados alcistas rara vez se sitúan en lo más alto, pero ofrecen de media, retornos excelentes y mucho más consistentes que los que ofrecen los activos que están de moda. Y además, se caracterizan por tener baja variabilidad, poco riesgo fundamental y sufrir menos pérdidas cuando los mercados se comportan mal. Normalmente, el mayor riesgo que presentan estas gangas "aburridas" reside en la posibilidad que tienen de comportarse peor que el resto de inversiones en mercados eufóricos o alcistas. Pero eso es algo con lo que los prudentes inversores *value* pueden vivir.

❧

Estoy seguro de que estamos de acuerdo en que los inversores deberían demandar y de hecho lo hacen, un mayor retorno esperado para realizar inversiones que perciben como más arriesgadas. Y espero que estemos de acuerdo en que el riesgo de perder el dinero es el que más les preocupa a los inversores cuando demandan retornos esperados y fijan los precios que están dispuestos a pagar por un activo. Pero hay una pregunta importante que aún subyace: ¿cómo miden el riesgo?

En primer lugar, está claro que es una cuestión de opinión: con suerte basada en una estimación del futuro bien trabajada y realizada por gente con talento, pero una estimación en cualquier caso.

En segundo lugar, no hay una medida estándar para cuantificarlo. Para una inversión cualquiera, algunos pensarán que tiene un riesgo alto y otros que el riesgo es bajo. Algunos definirán el riesgo como la posibilidad de no ganar dinero, y otros como la posibilidad de perder un porcentaje de su inversión en un periodo trimestral, etc. Algunos definirán el riesgo como la posibilidad de perder dinero en un año, y otros como el riesgo de perder dinero durante lo que dure la inversión. Claramente, aunque todos los inversores coincidieran en una misma habitación y mostraran sus cartas, nunca llegarían a ponerse de acuerdo para establecer un número que cuantificara el riesgo de la inversión. Y aunque llegaran a ponerse de acuerdo, el número que le otorgasen no podría compararse con el de otra inversión cuyo riesgo hubiera sido fijado por otro grupo de inversores. Esta es una de las razones por la que siempre digo que las decisiones sobre el riesgo y el riesgo/retorno no son "mecanizables", y no se pueden delegar a un ordenador.

Ben Graham y David Dodd lo explicaron, hace más de sesenta años, en la segunda edición de *Security Analysis*[37], la biblia de los inversores *value*: "la relación entre diferentes tipos de inversiones y el riesgo de perder dinero es, en sí misma, demasiado indefinida, y demasiado sensible a los cambios del entorno, como para poder formularla matemáticamente con robustez".

Tercero, el riesgo es engañoso. Es fácil tener en cuenta factores de riesgo comúnmente aceptados, como qué eventos que suelen ocurrir con normalidad seguirán sucediendo. Pero intentar cuantificar eventos imprevistos que por definición, suceden en contadas ocasiones es muy difícil. El hecho de que una inversión esté expuesta al riesgo de que suceda un determinado evento catastrófico muy improbable —lo que yo llamo el desastre improbable— puede hacer que la inversión aparente ser más segura de lo que realmente es.

Al final poniendo las cosas en perspectiva, gran parte del riesgo es subjetivo, está oculto y no es cuantificable.

Y esto, ¿a dónde nos conduce? Si el riesgo de pérdida no puede ser medido, cuantificado o incluso observado —y además es subjetivo— ¿cómo puedo gestionarlo? Algunos inversores con talento y experiencia, pueden tener una percepción del riesgo que existe en una determinada situación. Se forman su opinión basándose principalmente en (a) la estabilidad del valor y de qué depende, y (b) la relación entre el precio y el valor. Es posible que tome en consideración otras cosas, pero la mayoría estarán incluidas en estos dos factores.

Últimamente se han dedicado muchos esfuerzos a hacer la estimación de riesgos más científica. Las instituciones financieras emplean "gestores de riesgos" con perfiles cuantitativos que están separados de

---

37. NdT: Publicado en castellano por Ed. Deusto.

los equipos de gestión de activos de forma rutinaria y trabajan con modelos matemáticos como el "*Value at risk*"[38] para medir el riesgo en sus carteras. Pero los resultados producidos por estos gestores de riesgos y sus herramientas, no serán mejores que los datos con los que trabajan y el método que utilizan para interpretarlos. En mi opinión, nunca llegarán a ser mejores que el criterio subjetivo de los mejores inversores.

Dado lo difícil que es cuantificar la probabilidad de sufrir pérdidas, los inversores que desean tener una medida objetiva del retorno ajustado al riesgo —y créame que hay muchos— solo pueden recurrir al llamado ratio *sharpe*. Es una medida del exceso de retorno de una cartera (el retorno por encima del tipo de interés libre de riesgo o interés a corto plazo de las letras del tesoro) dividido entre la desviación típica del retorno. Este cálculo tiene una cierta utilidad para mercados líquidos de renta variable con negociación y cotización diaria; tiene una cierta lógica y ciertamente es lo mejor que tenemos. A pesar de que no hace ninguna mención explícita a la probabilidad de sufrir pérdidas, puede que haya suficiente lógica en pensar que los precios de los títulos cuyos fundamentales sugieren que tienen más riesgo serán más volátiles que los de los títulos más seguros, y que por lo tanto el ratio *sharpe* tenga algo de sentido. En el caso de activos que no cotizan en un mercado líquido —como los activos inmobiliarios o empresas enteras— no hay alternativa a la estimación subjetiva del riesgo.

Hace unos años, al pensar sobre la dificultad de medir el riesgo, me di cuenta de que tal vez por su naturaleza, oculta, no cuantitativa y subjetiva, el riesgo de una determinada inversión —definido como la posibilidad de obtener pérdidas— no puede ser medido mirando al pasado, como puede parecer a priori.

Digamos que hace una inversión y que funciona como esperaba. ¿Quiere eso decir que no tenía riesgo? Tal vez compre algo por 100$ y lo venda un año más tarde por 200$. ¿Asumió algún riesgo? A saber. Quizá le hizo estar expuesto a una gran incertidumbre que no llegó a materializarse. Y por lo tanto, el riesgo real que asumió, tal vez fuese importante. O, digamos que la inversión ha generado pérdidas. ¿Quiere

---

38. NdT: *Value at risk,* valor en riesgo: el VaR de una cartera se define como la máxima pérdida esperada debida a un movimiento adverso, dentro de un determinado intervalo de confianza, a lo largo de un determinado horizonte temporal.

eso decir que era arriesgada? ¿O tal vez que debía haberla percibido como arriesgada en el momento en el que la analizó?

Si piensa en ello, la respuesta a estas preguntas es simple: el hecho de que algo ocurra —en este caso una pérdida— no quiere decir que tuviera que suceder, y el hecho de que algo no haya sucedido, no quiere decir que era improbable que pasara.

El libro *Fooled by Randomness*[39] de Nassim Nicholas Taleb es, por lo que conozco, en el que mejor se reflejan estos aspectos y en él se describen lo que denomina "historias paralelas" que podían haber ocurrido, pero que no han pasado.

Volveré a este punto que considero muy importante en el capítulo 16, pero por el momento quiero centrarme en la idea de las historias paralelas en relación al riesgo.

> En el mundo de las inversiones se puede vivir durante años de un golpe de suerte o de haber realizado una previsión extrema que finalmente resulta ser acertada. Pero ¿de qué nos sirve haber tenido éxito una vez? Cuando los mercados tienen una tendencia alcista, los que más se arriesgan suelen obtener los mejores resultados. Pero cabe preguntarse si lo que sucedió es que fueron lo suficientemente inteligentes para haber previsto esta tendencia o si, por el contrario, simplemente, eran unas personas agresivas por naturaleza a los que la propia evolución del mercado les llevó a obtener buenos resultados. Para decirlo de una manera más sencilla, ¿cuántas veces le ocurre en su negocio que las personas acierten a pesar de no tener razón? Estos son a los que Nassim Nicholas Taleb denomina los "tontos con suerte", y a corto plazo es muy difícil discernirlos de los buenos inversores.
>
> El problema es que incluso cuando la inversión ha finalizado es imposible determinar cómo era de arriesgada. El hecho de que una inversión haya funcionado adecuadamente, no implica que no fuera arriesgada, y viceversa. En lo que a una inversión exitosa se refiere, ¿cómo podemos saber si el resultado de la inversión era inevitable o era una entre cientos de posibilidades (muchas de ellas poco placenteras)? Y lo mismo en cuanto a las inversiones desastrosas: ¿cómo establecemos si la inversión era razonable pero se produjo un evento

---

39. NdT: publicado en castellano por Ed. Thompson-paraninfo 2006, *¿Existe la suerte? Engañados por el Azar. El papel oculto de la suerte en la vida y en los negocios.*

altamente improbable o si por el contrario estaba predestinada a fracasar?

¿Cómo podemos saber si el inversor realizó un buen trabajo tratando de estimar el riesgo que suponía la inversión? Esta es una buena pregunta que es muy difícil de contestar. ¿Necesita un modelo? Piense en el hombre del tiempo cuando nos dice que hay un setenta por ciento de probabilidades de que llueva mañana. Finalmente llueve; ¿tenía razón o estaba equivocado? Es imposible de valorar la fiabilidad de estimaciones con probabilidades que no sean 0% o 100%, excepto cuando el número de observaciones es muy grande.

RIESGO[40], 19 DE ENERO DE 2006

Y esto me lleva a la cita de Elroy Dimson con la que empecé este capítulo: "El riesgo significa que pueden pasar más cosas de las que van a pasar". Ahora nos vamos a adentrar en los aspectos metafísicos del riesgo.

Quizá recuerde la frase inicial de este capítulo: Invertir consiste exactamente en una cosa, estimar el futuro. Y aun así es imposible "saber" nada sobre el futuro. Si somos previsores podríamos tener una idea de los posibles escenarios que nos encontraremos en el futuro y la probabilidad de que estos sucedan —es decir podríamos realizar una distribución de probabilidades aproximada—. (Por el contrario, si no lo somos, no sabremos estas cosas y nuestro trabajo consistiría únicamente en adivinanzas). Si hemos podido hacernos una idea de lo que puede pasar en el futuro, podremos estimar qué tiene una mayor probabilidad de suceder, qué otros escenarios tienen una alta probabilidad de darse, y qué tan amplio es el rango de resultados que podemos obtener y por tanto cuál es el "resultado esperado". El resultado esperado se calcula ponderando la rentabilidad que se obtendría en cada escenario por su probabilidad de ocurrencia; es un dato que nos aporta mucha información —pero no toda— sobre el futuro más probable.

Pero incluso cuando conocemos la forma de la distribución de probabilidad, cuál es el resultado más probable y cuál es el resultado esperado —incluso si nuestras expectativas son razonablemente correctas— solo tenemos conocimiento de probabilidades y tendencias. He pasado

---

40. NdT: Título original: *RISK*.

horas jugando al *gin*[41] y al *backgammon* con mi buen amigo Bruce Newberg. El tiempo que hemos pasado entre dados y cartas, donde las probabilidades son totalmente conocidas, nos ha demostrado el papel fundamental que juega el azar, y lo caprichoso que es el mundo de las probabilidades.

Bruce lo ha descrito en palabras de una forma admirable: "hay una gran diferencia entre probabilidad y resultado". "Lo probable no sucede, y lo improbable, ocurre constantemente". Esta es una de las cosas más importantes que debe saber sobre el riesgo en las inversiones.

Mientras, en lo que se refiere a la distribución de probabilidades, quiero pararme un momento para hacer una mención especial a lo que se conoce como "distribución normal". Obviamente los inversores tienen que formarse una opinión sobre lo que va a pasar en el futuro. Para hacerlo nos solemos fijar en un valor central sobre el que pensamos que van a tender a agruparse el resto de posibles resultados. Esta sería la media o el valor esperado (el resultado que en promedio se espera que ocurra), la mediana (es el resultado que divide por la mitad todos los resultados posibles) o la moda (el resultado que más veces se repite). Pero para tratar con el futuro, no basta con tener unas expectativas centrales; tenemos que tener una noción del resto de los escenarios posibles y una estimación de cuál es la probabilidad de que ocurran. Necesitamos una distribución que describa todas las posibilidades.

La mayoría de los fenómenos que se concentran alrededor de un valor central, —por ejemplo la altura de las personas— forman una bonita y conocida campana en la que el resultado con más probabilidad se sitúa en el centro y el resto de probabilidades va descendiendo hacia los extremos o "colas". Puede que haya más gente que mida 1,65 metros que cualquier otra altura, puede que haya algunos menos que midan 1,90 metros y casi nadie que mida 1,50. En lugar de enumerarnos la probabilidad de cada observación individualmente, las distribuciones estándar nos proporcionan una manera fácil de resumir las probabilidades, de forma que unas cuantas estadísticas nos dicen todo lo que necesitamos saber sobre las cosas que pueden pasar.

La forma más común es la distribución en forma de campana que también se conoce como "distribución normal". Sin embargo, muy a menudo se utilizan los términos *campana* y *normal* de forma equivalen-

---

41. NdT: *Gin* es un sencillo y popular juego americano de naipes para dos jugadores que consiste en realizar combinaciones de cartas formando tríos o escaleras.

te y no son lo mismo. La primera es un tipo de distribución y la segunda es una distribución muy específica con forma de campana y con unas propiedades estadísticas muy concretas. El no haber tenido en cuenta las diferencias entre ambas ha sido sin duda una de las causas más importantes de la actual crisis.

En los años previos a la crisis, los ingenieros financieros o "*quants*" tuvieron un papel preponderante al crear y valorar algunos productos financieros como los derivados y productos estructurados. En muchos casos partieron de la hipótesis de que los eventos futuros se comportarían como una distribución normal. Pero la distribución normal presupone que los eventos que están en las colas van a producirse con una frecuencia extremadamente baja, mientras que la distribución de los resultados financieros —a los que los humanos damos forma, con nuestra tendencia a tomar decisiones dejándo llevar por emociones extremas— debería considerarse que tiene unas colas "gordas". Por lo tanto, cuando comenzaron a generalizarse los *default* de las hipotecas basura, eventos que se pensaba que solo podían ocurrir muy de vez en cuando empezaron a impactar de forma continuada a vehículos relacionados con hipotecas. Los inversores que habían invertido en vehículos diseñados sobre la base de una distribución normal y con poco margen de supervivencia a los "eventos de las colas" (algunos prefieren usar el término de Nassim Nicholas Taleb, "cisnes negros") vieron como estos se evaporaban.

Ahora que invertir se ha convertido en algo tan relacionado con las matemáticas sofisticadas, tenemos que estar atentos para identificar situaciones en las que se hayan hecho asunciones simplistas para tomar decisiones que implican situaciones complejas. La cuantificación, a menudo otorga un exceso de autoridad a opiniones que deberían cogerse con pinzas. Esto crea un enorme potencial para generar problemas.

La clave para comprender el riesgo es que en gran medida es una cuestión de opiniones. Es muy difícil llegar a una conclusión definitiva incluso después de que el evento se haya producido. Se puede observar a un inversor que ha perdido menos que otro durante una etapa difícil y llegar a la conclusión de que dicho inversor asumió menos riesgo. O puede decirse que una inversión cayó más que otra en un entorno determinado y por lo tanto concluir que dicha inversión suponía un mayor riesgo. Pero ¿son correctas estas afirmaciones?

Para la mayoría de los casos, pienso que es correcto decir que la rentabilidad de una inversión es lo que se obtiene cuando una serie de acontecimientos —geopolíticos, macroeconómicos, a nivel de la empresa, técnicos y psicológicos— interactúan con una cartera diseñada a priori. Hay muchos escenarios futuros posibles, por parafrasear a Dimson, pero solo ocurrirá uno. Es posible que el futuro que suceda, sea positivo para su cartera pero también es posible que sea perjudicial, y puede que el resultado que obtenga se pueda atribuir a su previsión, prudencia o suerte. La rentabilidad de una cartera en un determinado escenario, no es indicativo de cómo se hubiera comportado en cada una de las "historias alternativas" que podrían haber tenido lugar.

- Se puede construir una cartera diseñada para ser capaz de resistir el 99% de los posibles escenarios y que fracase porque el escenario que tiene lugar es el que tenía una probabilidad del 1%. Si nos basamos en el resultado, nos puede llegar a parecer que el inversor ha asumido un gran riesgo, cuando la realidad es que había tratado de ser muy prudente.

- También se puede diseñar una cartera para que funcione muy bien en la mitad de los escenarios posibles y muy mal en la otra mitad. Pero si finalmente se materializa un escenario positivo y la cartera funciona adecuadamente, se puede llegar a pensar que la cartera asumía un nivel de riesgo bajo.

- Tomemos una tercera cartera en la que el éxito esté basado solo en que se cumpla una hipótesis absolutamente atípica y rara. Si esta ocurre, podemos confundir lo que es una posición salvajemente agresiva con una gran previsión y prudencia.

El rendimiento por sí mismo —y especialmente cuando se trata de períodos cortos de tiempo— nos dice muy poco sobre la calidad de las decisiones de inversión. Hay que evaluar el rendimiento en función del riesgo que se ha asumido para conseguirlo. Pero el riesgo no puede ser medido. Ciertamente no puede ser calculado sobre la base de lo que "todo el mundo" dice en un momento dado. El riesgo solo puede ser juzgado por pensadores de segundo nivel sofisticados y con experiencia.

☙

Este es mi resumen sobre lo que supone comprender el riesgo:

> El riesgo en las inversiones —excepto quizá para aquellas personas que tienen una perspicacia extraordinaria— es muy difícil de ver a priori e incluso después de que la inversión haya finalizado. Por esta razón muchos de los desastres financieros que hemos visto tienen su origen en un fallo en la estimación del riesgo asumido y en una mala gestión del mismo. Hay varias razones que nos lo explican:
> - El riesgo solo tiene lugar en el futuro, y no es posible saber a ciencia cierta que nos deparará el futuro... No hay ambigüedades cuando miramos al pasado. Solo lo que ha pasado, pertenece al pasado. Pero esta rotundidad no quiere decir que el proceso por el que se generan retornos, sea tan cristalino y previsible. Muchas cosas pudieron haber tenido lugar en el pasado, y el hecho de que solo una de ellas sucediera nos hace subestimar la variabilidad que existía en ese momento.
> - Las decisiones que tomamos sobre el nivel de riesgo que somos capaces de soportar se basan en patrones de comportamiento normal, y es cierto que estos se dan en la mayoría de las ocasiones. Pero de vez en cuando, ocurre algo muy distinto a lo normal... Ocasionalmente, sucede lo improbable.
> - Las proyecciones tienden a agruparse en torno a valores históricos normales y por lo tanto presuponen que solo sucederán pequeños cambios en el futuro... En resumen, las personas esperamos que el futuro sea como el pasado y subestimamos el potencial de que algo cambie.
> - En muchas ocasiones oímos hablar de proyecciones para "el peor de los casos", pero normalmente estas no son suficientemente negativas. Siempre cuento la historia que me contaba mi padre sobre el jugador que normalmente perdía. Una vez se enteró de una carrera en la que solo corría un caballo, así que pidió dinero prestado y lo apostó. A mitad de camino el caballo saltó la barrera y salió corriendo fuera de la pista. Las cosas siempre pueden ser peores de lo que las personas esperan. Por eso tal vez cuando

nos dicen "en el peor de los casos" se estén refiriendo al "peor de los casos que hemos visto en el pasado". Pero esto no quiere decir que las cosas puedan ser peores en el futuro. En el 2007, las previsiones más pesimistas se vieron ampliamente sobrepasadas por la realidad.

- El riesgo aparece a borbotones. Pongamos que decimos "el dos por ciento de las hipotecas serán impagadas" cada año, incluso si esto fuera cierto en un periodo de varios años, un inusual repunte significativo en este porcentaje de impagados puede ocurrir, haciendo que muchos vehículos estructurados quiebren. Siempre habrá algunos inversores —especialmente aquellos que tienen un alto grado de apalancamiento— que no sobrevivirán a estos periodos.

- Las personas sobrestimamos nuestra habilidad para calcular el riesgo y para entender mecanismos que nunca antes se han visto. En teoría, algo que distingue a los humanos de otras especies es que podemos percibir que una situación presenta determinados riesgos, sin tener que haberla vivido. No tenemos que quemarnos para saber que no debemos sentarnos en una estufa caliente. Pero parece que cuando los mercados están al alza, las personas no utilizamos esta capacidad. Antes de reconocer el riesgo que se les avecina, las personas tienden a sobrestimar su habilidad para comprender la forma en la que se comportarán las innovaciones financieras.

- Por último y lo más importante, la gente ve el asumir riesgo como una forma de ganar dinero. Asumir más riesgo normalmente suele producir mayores retornos. El mercado tiene que hacer que los precios de los activos sugieran esto, si no lo hiciera, nadie invertiría en productos con más riesgo. Pero esto no puede funcionar siempre, ya que de ser así las inversiones con mayor nivel de riesgo no lo tendrían al ganar siempre más dinero. Y cuando realizar inversiones más arriesgadas deja de producir retornos más altos, lo hace de verdad, recordándonos a todos lo que significa riesgo.

NO ES DIFERENTE ESTA VEZ[42], 17 DE DICIEMBRE DE 2007

---

42. NdT: Título original: *NO DIFFERENT THIS TIME*.

6

LO MÁS IMPORTANTE ES... RECONOCER EL RIESGO

Creo que ahora que el sistema es más estable, lo haremos menos estable mediante más apalancamiento y más asunción de riesgo.
MYRON SCHOLES[43]

El saber popular nos dice que el riesgo aumenta en las recesiones y cae en épocas de bonanza. Al contrario, sería más sensato pensar en que el riesgo aumenta en épocas de bonanza, porque se generan desequilibrios financieros que acaban en recesiones.
ANDREW CROCKETT[44]

No importa lo buenos que sean los fundamentales de un activo, cuando los humanos juntan su avaricia con su capacidad de cometer errores las posibilidades que todo se enrede son ilimitadas.

---

43. NdT: Myron Scholes economista canadiense que recibió el Nobel de Economía en 1997 por sus trabajos para calcular el precio de las opciones financieras. MBA y doctor por la Universidad de Chicago Booth School of Business, dio clases en la Universidad y es miembro de su claustro.
44. NdT: Fue presidente del Banco de pagos internacionales (el banco central de los bancos centrales).

Invertir excepcionalmente requiere generar retornos a la vez que controlar el riesgo. Y para poder controlar el riesgo es imprescindible ser capaz de reconocerlo.

Espero haber dejado claro lo que entiendo por riesgo (y lo que no). El riesgo supone incertidumbre sobre lo que ocurrirá en el futuro y sobre la posibilidad de incurrir en pérdidas cuando se da un escenario poco favorable. El siguiente paso importante es describir el proceso mediante el cual se puede reconocer el riesgo por lo que es.

A menudo, reconocer el riesgo comienza por entender cuándo los inversores le están prestando demasiada poca atención, son demasiado optimistas y por lo tanto pagan demasiado por un determinado activo. En otras palabras, un riesgo elevado suele venir acompañado también de unos precios elevados. Bien sea un título individual, u otro activo que esté sobrevalorado y por lo tanto esté caro, o un mercado entero que esté subiendo como la espuma debido a un sentimiento alcista y los precios estén por las nubes. Participar de estas tendencias, en vez de, simplemente, dejarlas pasar es la primera fuente de riesgo.

Mientras que los teóricos piensan que el rendimiento y el riesgo son dos aspectos independientes, aunque estén correlacionados, el inversor *value* piensa que un riesgo elevado y un posible bajo rendimiento no son sino dos caras de la misma moneda, cuya primera causa son unos precios demasiado elevados. Por lo tanto, ser consciente de la relación entre el precio y el valor —bien sea para un título individual o un mercado— es una componente esencial para gestionar adecuadamente el riesgo.

El riesgo surge cuando los mercados suben tanto que los precios a los que se cotizan implican pérdidas futuras en lugar de retornos, como deberían. Gestionar el riesgo empieza por reconocerlo.

> A medida que nos movemos por la CML[45], veremos una relación creciente y positiva entre riesgo y retorno, por lo que el incremento en el rendimiento esperado representa una compensación por el riesgo incremental que se ha asumido. Excepto para aquellos gesto-

---

45. NdT: *Capital market line* (CML) o "relación rentabilidad riesgo" es la recta que va desde la tangente de la frontera eficiente al punto donde se encuentra la tasa libre de riesgo en el eje de los retornos esperados.

res capaces de generar "alfa" o para aquellos que tienen acceso a estos gestores, los demás inversores no deberían intentar conseguir un mayor rendimiento sin saber que deben asumir un mayor riesgo. O bien si aceptan este mayor riesgo, deberían pedir una mayor rentabilidad.

Pero por algún motivo, las personas olvidan esta realidad y se lanzan a realizar inversiones que las expone a un riesgo excesivo. Dicho de otra forma, en los mercados alcistas —normalmente cuando todo ha ido bien durante un cierto tiempo— las personas tienden a decir: "Soy amigo del riesgo. Cuanto más riesgo asuma, mayores rendimientos obtendré. Quiero más riesgo, por favor".

La verdad, es que la tolerancia al riesgo es la antítesis de invertir de forma excelente. Cuando las personas no tienen miedo al riesgo, aceptan asumir un mayor riesgo sin recibir a cambio una adecuada compensación... y por lo tanto la compensación por asumir riesgo desaparece. Esta relación es sencilla y a la vez inevitable. Cuando a los inversores no les preocupa el riesgo y lo aceptan, suelen comprar acciones a un PER demasiado alto, compañías a un múltiplo de EBITDA demasiado grande (*cash flow* entendido como el beneficio antes de intereses, impuestos y amortizaciones) y se lanzan a comprar bonos a pesar de que tengan unos diferenciales estrechos o a comprar activos inmobiliarios a "*cap rates*" mínimos (ratio de beneficio operativo sobre el precio del inmueble).

No hay nada más arriesgado que el sentimiento generalizado de que no hay riesgo, ya que solo cuando los inversores son adecuadamente adversos al riesgo, los rendimientos esperados de una inversión reflejan primas de riesgo apropiadas. Espero que en el futuro, (a) los inversores recuerden que deben tener miedo al riesgo y pedir unas primas acordes y (b) permanezcan alerta para que no se les olvide.

TANTO QUE ES FALSO Y UNA LOCURA[46], 8 DE JULIO DE 2009

Un aspecto que favorece la generación de riesgo es el sentimiento de que el riesgo es bajo, o incluso inexistente. Este sentimiento hace que los precios suban y nos lleva a asumir situaciones complejas en

---

46. NdT: Título original: *SO MUCH THAT'S FALSE AND NUTTY.*

términos de riesgo, a pesar de que los rendimientos esperados sean bajos.

Entre el 2005 y el 2007, se tenía el sentimiento de que el riesgo había desaparecido y los precios subieron a niveles similares a los de una burbuja, haciendo que los inversores participaran en inversiones que posteriormente se convirtieron en actividades de alto riesgo. Este es uno de los procesos más arriesgados. Y su tendencia a repetirse es asombrosa.

> De mis cuentos de hadas preferidos de los últimos tiempos, uno de los más atractivos —y por lo tanto más peligrosos— fue el de la reducción global de riesgos. Y funcionaba así:
> - El riesgo de los ciclos económicos se ha relajado por una buena gestión de los bancos centrales.
> - Debido a la globalización, el riesgo se ha distribuido globalmente y ya no se concentra geográficamente.
> - La titulización[47] y sindicación de préstamos han conseguido distribuir el riesgo entre muchos actores del mercado y ya no está concentrado solo en unos pocos.
> - El riesgo se ha "troceado" para los inversores mejor preparados para poder soportarlo.
> - El apalancamiento tiene ahora menos riesgo porque los tipos de interés y las condiciones de los préstamos son ventajosas para el prestatario.
> - Los LBO[48] o compras apalancadas de empresas son más seguras porque las compañías son fundamentalmente más fuertes.
> - El riesgo se puede cubrir mediante inversiones en corto y en largo y de retorno absoluto[49] o bien con el uso de derivados diseñados para tal propósito.
> - El desarrollo de los sistemas informáticos, las matemáticas y la modelización ha hecho que los mercados sean más comprensibles y por lo tanto tengan menos riesgo.

---

47. NdT: Titulización: Proceso por el cual un bien o conjunto de bienes se transforma en un valor transferible y potencialmente negociable en un mercado organizado.

48. NdT: LBO: *Leveraged BuyOut*, adquisición apalancada de una empresa con la ayuda de un tercero.

49. NdT: Retorno Absoluto. Un fondo de retorno absoluto tiene por objetivo generar retornos positivos empleando técnicas de gestión de inversiones que son diferentes a las de los fondos tradicionales: ventas en corto, futuros, opciones, derivados, arbitrajes, operaciones apalancadas y activos no convencionales.

Pension & Investments[50] (20 de agosto de 2007) nos ofrece una buena metáfora: "Jill Fredston es experta en descenso extremo y reconocida en todo el país [...] Conoce las consecuencias de un tipo de riesgo, la "paradoja moral". Tener un mejor equipamiento de seguridad, puede incitar a que los escaladores asuman más riesgo, lo que, a la postre, les lleva a que tengan menos seguridad". Como en las oportunidades de ganar dinero, el grado de riesgo que está presente en un determinado mercado se deriva de las actuaciones de sus participantes, no de los títulos o acciones, de las estrategias o de las instituciones.

Independientemente de cómo estén diseñadas las estructuras del mercado, el riesgo será bajo solo si los inversores se comportan de forma prudente. Lo que sucede al final es que historias como esta, sobre el control del riesgo, raramente son ciertas. El riesgo no puede eliminarse, solo se transfiere y se reparte. Y los avances que hacen que el mundo tenga aparente menos riesgo, por lo general son meras ilusiones. Por lo tanto nos presentan una foto de "color se rosa" que finalmente consigue que el mundo sea un lugar mucho más arriesgado. Esta es una de las lecciones más importantes de 2007.

AHORA TODO ESTÁ MAL[51], 10 DE SEPTIEMBRE DE 2007

El mito de que el riesgo ha desaparecido es una de las fuentes de riesgo más significativas, y contribuye de forma importante a la creación de burbujas. En el momento álgido, el sentimiento de que el riesgo es bajo y por lo tanto las inversiones van a producir con certeza los rendimientos esperados, contamina a "hordas" de inversores y hace que estos se olviden de ser cautelosos, de preocuparse y de tener miedo a sufrir pérdidas, y por el contrario se obsesionen con el riesgo de perder oportunidades.

> La última crisis surgió, en primer lugar, porque los inversores invirtieron cantidades enormes y nunca vistas en cosas nuevas, complejas y peligrosas. Asumieron mucho más endeudamiento y comprometieron mucho más capital en inversiones ilíquidas. ¿Por qué lo hicieron? Todo sucedió porque los inversores se lo creyeron demasiado, se preocuparon demasiado poco y por lo tanto asumieron demasiado

---

50. NdT: Portal sobre mercados y finanzas. www.pionline.com.
51. NdT: Título original: *NOW IT'S ALL BAD*.

riesgo. En pocas palabras, creyeron que vivían en un mundo con poco riesgo...

La preocupación y todo lo que lleva aparejado, como la falta de confianza, escepticismo y aversión al riesgo son ingredientes esenciales para un sistema financiero seguro. La preocupación evita asumir préstamos de alto riesgo, lleva a las empresas a no asumir más deuda de la que pueden soportar, evita que las carteras estén demasiado concentradas, y a que estructuras que no han sido probadas no se conviertan en algo de moda.

Cuando la preocupación y la aversión al riesgo están presentes de forma adecuada, los inversores cuestionarán, investigarán y actuarán prudentemente. No se aceptarán, sin más, las inversiones con alto riesgo o bien pedirán que demuestren la capacidad que tienen para generar un retorno adecuado.

Pero el mercado solo ofrecerá una adecuada prima de riesgo cuando los inversores tengan una aversión al riesgo suficiente. Cuando la preocupación es mínima, entonces los que hacen préstamos de alto riesgo y estructuras de dudosa efectividad tienen fácil acceso al capital consiguiendo que el sistema financiero se convierta en precario. Demasiado dinero nos hace perseguir lo arriesgado y lo nuevo, elevando los precios de los activos y haciendo que bajen los rendimientos esperados y la seguridad.

Claramente en los meses y años previos que nos llevaron a la crisis, pocos participantes del mercado se preocupaban tanto como debían.

REFERENCIAS[52], 10 DE NOVIEMBRE DE 2009

El riesgo en las inversiones viene principalmente de precios demasiado altos, y los precios demasiado altos suelen darse debido a un excesivo optimismo y un inadecuado escepticismo y aversión al riesgo. Otros factores subyacentes que lo fomentan incluyen aspectos tales como una baja rentabilidad de las inversiones "sin riesgo", unos rendimientos elevados de inversiones de alto riesgo, altos flujos de entrada de capital, y fácil acceso al crédito. La clave está en comprender el impacto que tienen todas estas cosas en conjunto.

---

52. NdT: Título original: *TOUCHSTONES*.

El proceso mental en las inversiones es una cadena en la cual cada inversión fija las exigencias de la próxima. Así describía yo el proceso en 2004:

> Voy a usar un mercado "típico" de hace unos cuantos años, para ilustrar como funciona en la vida real: pongamos que el tipo de interés de las letras del tesoro a treinta días es del 4%. Por lo tanto los inversores piensan que "si voy a invertir durante cinco años tendré que pedir un 5%" y, "para comprar un título a diez años, entonces debería pedir un 6%". Los inversores van a pedir más remuneración cuanto mayor sea el plazo de vencimiento, porque están preocupados por el riesgo que supone para su poder adquisitivo, que se asume mayor según aumenta el plazo. Por este motivo la curva de rentabilidades de la renta fija, que en realidad es una parte del mercado de capitales (CML), por lo general crece al aumentar el vencimiento de un determinado activo.
>
> Ahora incorporemos el riesgo de crédito. "Si el bono del tesoro a diez años me da un 6%, no voy a comprar deuda corporativa con *rating* "A" a menos que me ofrezcan un 7%". Esto nos lleva al concepto de diferenciales de crédito. Nuestro inversor hipotético quiere cien puntos básicos (1%) para aceptar una deuda corporativa en vez de una deuda soberana. Si este fuera el consenso de los inversores, este sería el diferencial de crédito o "*spread*".
>
> Pero ¿qué pasaría si partimos de bonos IG[53]? "No voy a invertir en un bono basura (*High Yield Bond*) a menos que me dé 600 puntos básicos (6%) por encima de un bono del tesoro con un plazo similar". Por lo tanto se les va a pedir a los bonos basura que ofrezcan un 12%, es decir un diferencial del 6% sobre un pagaré del tesoro, si quieren atraer a los inversores.
>
> Dejemos por ahora la renta fija. Las cosas se complican, porque no hay una referencia en la que los inversores se puedan fijar para estimar los retornos esperados de inversiones como la renta variable (simplificando, esto se debe a que los rendimientos son "variables", no "fijos"). Pero los inversores tienen una forma de hacerse una idea en este tipo de situaciones. "Históricamente las acciones del S&P han tenido un rendimiento del 10%, y solo invertiré en ellas si pienso

---

[53]. NdT: Bonos *Investment Grade*: son los que las agencias de calificación estiman con una calidad suficiente y que por lo tanto van a cumplir las obligaciones de pago. A los bonos que no son IG, se les denomina *High Yield* o bono basura.

que se van a seguir comportando de la misma manera...Y las acciones con mayor nivel de riesgo tienen que ofrecer un mayor rendimiento. No voy a comprar acciones del NASDAQ a menos que piense que puedo conseguir un 13%."

Desde ahí los retornos requeridos serán mayores. "Si puedo conseguir un 10% de la renta variable, demandaré un 15% para aceptar la iliquidez y la incertidumbre que lleva aparejada la inversión inmobiliaria, y un 25% si voy a invertir en Private Equity,... y un 30% si decidiera apostar por el capital riesgo (*venture capital*), porque tiene una probabilidad de éxito muy baja".

Así se supone que debería ser, y de hecho creo que por lo general sí se comporta de esta manera (aunque los retornos requeridos varían en el tiempo). El resultado es una *Capital Market Line* que nos resulta familiar a muchos de nosotros, como la que se refleja en la figura 6.1

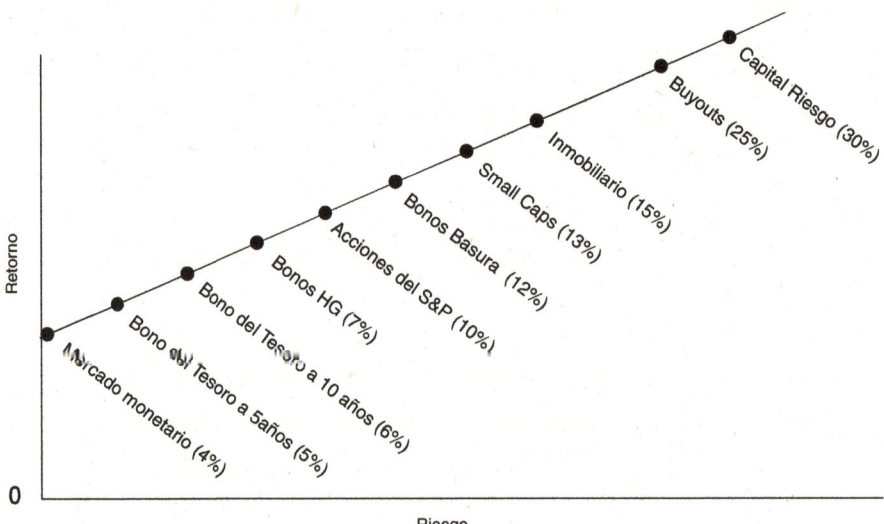

Figura 6.1

Uno de los mayores problemas de los retornos esperados de las inversiones hoy nace del punto de partida de este gráfico: la tasa libre de riesgo no es el 4%, sino que está más cerca del 1%...

Normalmente los inversores pedirán mayores rendimientos si van a aceptar un mayor riesgo derivado de un mayor plazo, pero con el punto de partida en +1%, ahora un 4% es el tipo adecuado para diez años (no un 6%). No entrarán en renta variable por menos de un 6% o 7%. Y los bonos basura no valdrán la pena si el rendimiento es inferior al 7%. La inversión inmobiliaria tiene que prometer un retorno del 8% más o menos. Para que el *private equity* sea atractivo tiene que prometer al menos un 15%, y así con el resto. Por lo tanto tendremos una *capital market line* como la que se muestra en la figura 6.2, que (a) está muy por debajo y (b) es más plana.

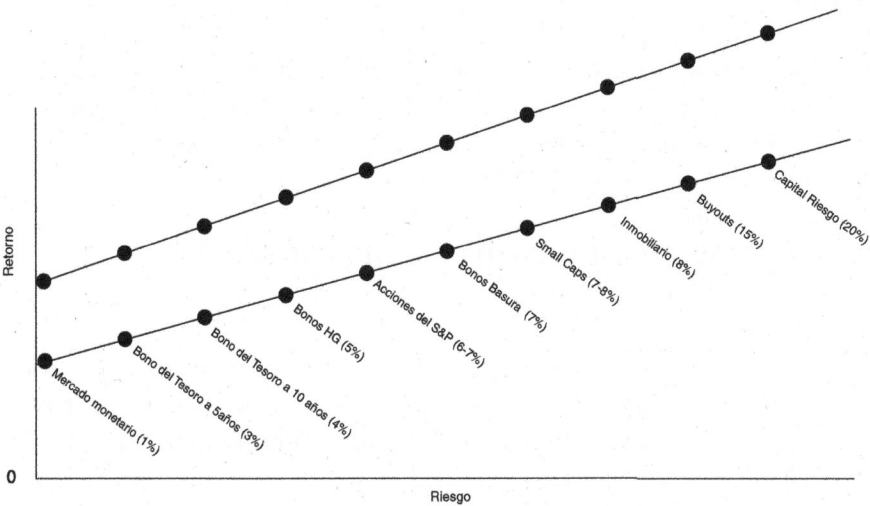

Figura 6.2

El nivel más bajo que tiene la gráfica, se explica por un menor tipo de interés, siendo el punto de inicio la tasa libre de riesgo. Después de todo, cada inversión tiene que competir por conseguir capital con todas las demás inversiones, pero este año, debido a que los tipos de interés están tan bajos, los retornos mínimos requeridos para cada inversión sucesiva de mayor riesgo están en los niveles más bajos que he visto en toda mi carrera.

Pero además de que la línea de capital está a unos niveles muy bajos en términos de retorno, hay otra serie de factores que parecen haberse aliado para aplanarla. (Esto tiene su importancia, porque la pendiente de la línea, o el punto en el que los rendimientos esperados comienzan a subir según aumenta el riesgo, cuantifica la prima de riesgo). En primer lugar, los inversores han ido reduciendo poco a poco su posición en inversiones de bajo riesgo y bajo rendimiento... En segundo lugar, los inversores que asumieron un nivel de riesgo alto han obtenido unos rendimientos interesantes durante más de veinte años y especialmente buenos en el 2003. Por lo tanto los inversores se sienten más atraídos (o menos temerosos) por las inversiones con más riesgo de lo que deberían y están dispuestos a aceptar una menor compensación por el riesgo que asumen para poder invertir en este tipo de inversiones... En tercer lugar los inversores tienen la percepción hoy en día de que el riesgo es limitado...

> En definitiva, parafraseando a los "*quants*" (analistas cuantitativos) la aversión al riesgo cotiza a la baja. De alguna forma, dentro de esa alquimia especial que tiene la psicología de los inversores, el "ni tocarlo sea cual sea el precio" se ha convertido en "parece una inversión sólida".
> *RIESGO Y RENDIMIENTO EN LA ACTUALIDAD*[54], 27 DE OCTUBRE DE 2004

Este proceso de "enriquecimiento" de vez en cuando nos lleva a enfrentarnos a PER elevados, diferenciales de crédito muy estrechos, a unos inversores que se comportan de manera indisciplinada, a niveles de apalancamiento elevados y a una demanda muy alta de cualquier tipo de vehículo de inversión. Todo esto hace que suban los precios, bajen los retornos esperados y por lo tanto hace que nos enfrentemos a una situación de alto riesgo.

El riesgo es algo extremadamente importante para los inversores. Es también algo efímero y que no se puede medir. Todo esto hace que sea muy difícil de identificar, especialmente cuando las emociones campan a sus anchas. Pero es absolutamente imprescindible que seamos capaces de reconocerlo. En el texto que sigue, escrito en el 2007, expongo cual es el proceso de estimación del riesgo que utilizamos en Oaktree para

---

54. ndT: Título original: *RISK AND RETURN TODAY*.

evaluar el riesgo de una determinada inversión. En situaciones distintas a la actual, es posible que algún aspecto concreto sea diferente al que expongo, pero espero que este ejemplo, sobre nuestro modo de pensar, le sea práctico.

¿Dónde nos encontramos hoy (mediados de 2007)?, a mi entender está bastante claro. Percibo unos bajos niveles de escepticismo, miedo y aversión al riesgo. Muchos inversores apuestan por inversiones con riesgo, probablemente porque los retornos esperados de las inversiones tradicionales y seguras parecen muy bajos. Esto es así incluso a pesar de que la falta de interés por las inversiones seguras y la mayor aceptación del riesgo han dejado la pendiente de la curva de riesgo/retorno muy plana. Las primas de riesgo, en general, son las más bajas que he visto en mi vida, y muy pocos se niegan a aceptar un incremento del riesgo...

Los mercados recientemente han mostrado capacidad para subir cuando ha habido noticias positivas y para recuperarse fácilmente después de situaciones negativas. Prácticamente no conozco a nadie que quiera deshacerse de algún activo, hay pocos vendedores forzosos; por el contrario, los inversores apuestan fuerte por todo tipo de activos. Y como resultado, no conozco ningún mercado relevante del que podamos decir que está infravalorado o falto de inversores...

Es lo que es. Hemos vivido tiempos optimistas. El ciclo ha sido tremendamente alcista. Los precios son altos y las primas de riesgo bajas. La confianza ha reemplazado al escepticismo, y el entusiasmo ha sustituido a la reticencia. ¿Está o no de acuerdo? Esa es la clave de la cuestión. Respóndala primero y verá que las consecuencias para las inversiones le resultarán lógicas.

En el primer trimestre del año, la morosidad en las hipotecas *subprime*[55] aumentó significativamente. Aquellos directamente involucrados perdieron mucho dinero, y los demás espectadores se preocuparon por el posible contagio a otros sectores de la economía y a otros mercados. En el segundo trimestre, el impacto alcanzó a los CDO[56] (obligaciones de deuda colateralizada) que habían invertido en carteras de créditos *subprime* y en *hedge funds* que había comprado

---

55. NdT: Modalidad crediticia del mercado financiero de Estados Unidos que se caracteriza por tener un nivel de riesgo de impago superior a la media del resto de créditos.
56. NdT: Una obligación de deuda colateralizada es cualquier inversión que esté respaldada por un cobro de varios activos diferentes.

deuda de CDO incluyendo dos fondos de Bear Sterns[57]. Aquellos que tuvieron que liquidar sus activos se vieron forzados —como suele pasar en tiempos difíciles— a vender lo que podían vender, no lo que querían vender que en definitiva no eran sino los activos que se habían visto contaminados por la crisis *subprime*. Empezamos a leer noticias sobre rebajas de *rating*, *margin calls*[58] y ventas a precio de saldo, en definitiva el combustible habitual para las caídas en picado de los mercados. Y en las últimas semanas, hemos empezado a ver que los inversores se están volviendo más reticentes, aumentando el número de emisiones de deuda de baja calidad que se han tenido que renegociar, posponer o abortar, dejando muchos créditos puente sin refinanciar.

Los últimos cuatro años y medio, los inversores han vivido un periodo idílico y despreocupado. Pero eso no quiere decir que vaya a permanecer igual. Dejaré a Warren Buffet que diga la última palabra, como habitualmente hago: "solo cuando baja la marea es cuando se ve quién estaba nadando desnudo". Que los eternos optimistas tomen nota, la marea no puede permanecer siempre alta.
TODO ES BUENO[59], 16 DE JULIO DE 2007

Quiero poner de manifiesto de forma enérgica que ninguno de los comentarios que realicé en mi memorando de 2007, y ninguno de mis otros avisos tuviera nada que ver con poder predecir el futuro. Todo lo que necesitaba saber de los años previos al *crash* se podía deducir de lo que estaba pasando en esos momentos.

En realidad el riesgo es mucho más complejo y directo que la percepción que se tiene de él. Las personas tienden a sobrestimar considerablemente su capacidad para reconocer el riesgo y a infravalorar lo que necesitan para evitarlo; por lo tanto, aceptan el riesgo sin saberlo y por ello contribuyen a su incremento. Por esto es fundamental aplicar el pensamiento de segundo nivel a este asunto.

---

57. NdT: Banco de inversiones americano que se fundó en 1923 y que quebró en 2008 como resultado de la crisis *subprime*. Fue uno de los principales actores en la emisión de ABS (*asset-backed securities*).
58. NdT: *Margin calls:* requerimientos para aumentar las garantías sobre una deuda.
59. NdT: Título original: *IT'S ALL GOOD*.

El riesgo aparece cuando los inversores se comportan de forma que modifican el funcionamiento normal del mercado. Los inversores pujan al alza sobre los activos, acelerando una apreciación que de otra forma hubiera tardado más tiempo en suceder, y por lo tanto reducen los posibles beneficios futuros. Y a medida que su psicología se afianza y disminuye su preocupación, los inversores dejan de exigir las primas de riesgo que en condiciones normales, deberían exigir. Lo irónico del tema es que la prima de riesgo se reduce a medida que más personas pujan por dichos activos.

Por lo tanto, el mercado no es un escenario estático donde operan los inversores. Es dinámico y se conforma de las actuaciones de los propios inversores. Cuanto más confiados se vuelven más razones tienen para preocuparse, igual que según aumenta su miedo y aversión al riesgo aumentan las primas de riesgo y este disminuye. Yo llamo a esto la "perversidad de riesgo".

> "No lo compraría a ningún precio —todos saben que es demasiado arriesgado—" es algo que he podido escuchar en muchas ocasiones a lo largo de mi carrera y me ha permitido realizar las mejores inversiones de mi vida...
>
> Lo cierto es que la "manada[60]" se equivoca al estimar el riesgo, tan a menudo como se equivoca al predecir los retornos. Un amplio consenso sobre que algo esta demasiado caliente como para poder gestionarlo es casi siempre incorrecto. Normalmente, es lo contrario lo que suele ser cierto.
>
> Estoy plenamente convencido de que hay más riesgo en las inversiones donde menos parece que lo hay y viceversa:
> - Cuando todo el mundo piensa que algo es muy arriesgado, su deseo de no comprar suele, normalmente, reducir el precio hasta un punto en el que desaparece el riesgo. Una opinión negativa y generalizada sobre un activo puede convertirlo en lo menos arriesgado del mundo, ya que todo el optimismo ha sido eliminado del precio.
> - Y, por supuesto, la experiencia de los inversores Nifty Fifty, nos ha demostrado que cuando todos piensan que, con una determinada inversión no se asume ningún riesgo, normalmente aumenta el

---

60. NdT: Hace referencia al colectivo de inversores en conjunto. Se ha mantenido el término original del autor por su significado adicional.

apetito por esa inversión hasta un punto en el que se convierten en tremendamente arriesgadas. Como no se presume ningún riesgo, no se demanda ni tampoco se concede ninguna compensación —prima de riesgo— por el riesgo que se asume. Esto puede convertir la inversión más demandada en la más arriesgada.

Esta paradoja se produce por el hecho de que muchos inversores piensan que la calidad y el precio son dos términos opuestos y que la calidad es el factor determinante del nivel de riesgo de una inversión. Pero los activos de alta calidad también pueden ser arriesgados y los de baja calidad pueden ser seguros. Tan solo es una cuestión del precio que se pague por ellos... Una opinión popular elevada, por lo tanto, no solo es una fuente de retornos potencialmente bajos, sino también de altos niveles de riesgo.

TODOS LO SABEN[61], 26 DE ABRIL DE 2007

---

61. NdT: Título original: *EVERYONE KNOWS*.

7

LO MÁS IMPORTANTE ES...
CONTROLAR EL RIESGO

> En resumidas cuentas, el trabajo de un inversor es asumir riesgos inteligentemente a cambio de un beneficio. Hacerlo bien es lo que diferencia al buen inversor del resto.

Los inversores más sobresalientes, en mi opinión, se distinguen tanto por su habilidad para controlar el riesgo como por su capacidad de generar beneficios.

Un alto retorno en términos absolutos es mucho más reconocible y llamativo que un excelente retorno, ajustado al riesgo asumido. Esta es la razón por la que solo los inversores que obtienen retornos muy altos salen en los periódicos. El hecho de que sea muy complicado el medir el riesgo y más aún la rentabilidad ajustada al riesgo (incluso una vez liquidada la inversión), y dado que la gestión del riesgo es algo normalmente poco valorado, no se suele reconocer públicamente a los inversores que realizan un gran trabajo en este sentido. Esto es especialmente cierto en épocas de bonanza.

Pero en mi opinión, los buenos inversores son los que asumen unos riesgos menores en proporción a los rendimientos que obtienen. Probablemente generen unos rendimientos moderados con un nivel muy bajo del riesgo o bien obtengan unos rendimientos elevados con unos riesgos moderados. Pero conseguir unos rendimientos elevados con un riesgo también elevado no significa gran cosa —a menos que sea capaz de hacerse durante mucho tiempo, en cuyo caso ese "riesgo" que se presumía "alto" puede que realmente no lo fuera o bien se gestionó de manera excepcional—.

Piense por un momento en los inversores a los que se les reconoce que han realizado un trabajo excepcional, personas como Warren Buffett, Peter Lynch, Bill Miller y Julian Robertson. En general su "*track record*" es excepcional por la consistencia de sus resultados durante décadas en las que no han cometido grandes errores, y no tanto por sus elevados retornos. Cada uno de ellos ha podido tener un año malo o tal vez dos, pero por lo general gestionan adecuadamente tanto los riesgos como los retornos.

Si existieran premios que se otorgaran por controlar adecuadamente el riesgo, no se concederían jamás en épocas de bonanza. La razón es que el riesgo es algo encubierto, invisible. El riesgo —la posibilidad de pérdida— no puede observarse. Lo que si se puede observar es la pérdida, y esta suele suceder cuando se materializan eventos negativos.

Este es un punto muy importante, por lo que me van a permitir que les proporcione una serie de ejemplos para asegurarme de que queda claro. Los gérmenes provocan enfermedades, pero los gérmenes en sí mismos no son una enfermedad. Podemos decir que la enfermedad es un resultado de la presencia de los gérmenes. Las casas de California puede que estén construidas, o no, de forma que se destruyan cuando haya un terremoto, solo podremos comprobarlo cuando suceda un terremoto.

De la misma forma, la pérdida sucede cuando el riesgo se encuentra con la adversidad. El riesgo es la posibilidad de sufrir pérdidas cuando algo va mal. Pero mientras las cosas vayan bien, la pérdida no aflorará. El riesgo hace aparecer la pérdida solo cuando suceden otros hechos negativos en el entorno.

Debemos tener muy presente que cuando el entorno es positivo, este es solo uno de los posibles entornos que podían haber ocurrido en ese momento (o en ese año). (Esta es la teoría de Nassim Nicholas Taleb sobre los escenarios alternativos que se describe con más profundidad en el capítulo 16). El hecho de que un entorno concreto no sea negativo no quiere decir que no hubiera podido serlo. Por lo tanto, el hecho de que el entorno no haya sido negativo, no quiere decir que no sea aconsejable tener un sistema de control del riesgo, incluso aunque no haya sido necesario usarlo en ese momento.

Lo importante aquí, es darse cuenta de que el riesgo está presente aunque la pérdida no se haya producido. Por lo tanto la ausencia de pérdidas no implica que la cartera de inversiones estuviera construida de una forma segura. Por ende, el control del riesgo puede también darse en tiempos de crecimiento, pero no se puede observar porque no se puede medir. Por consiguiente, no hay premios. En tiempos de crecimiento solamente un inversor muy experto y especializado puede discernir si se trata de una cartera de bajo o de alto riesgo.

Para que una cartera pueda resistir los momentos difíciles, por lo general, hay que controlar el riesgo adecuadamente. No obstante, si una cartera se comporta bien cuando las cosas van bien, no podemos asegurar si el control de riesgos (a) estaba presente aunque no fuera necesario en última instancia o (b) era inexistente. La conclusión: el control del riesgo es invisible cuando las cosas van bien, pero aun así es fundamental ya que los buenos tiempos pueden volverse malos fácilmente.

☙

¿Qué se entiende por un trabajo bien hecho?

> La mayoría de los analistas opinan que la ventaja de los mercados ineficientes reside en que un gestor puede asumir el mismo nivel de riesgo que el *benchmark* y obtener un mayor rendimiento. La figura 7.1 muestra este concepto y describe el "alfa" generado por el gestor o el valor añadido por su capacidad de gestión.

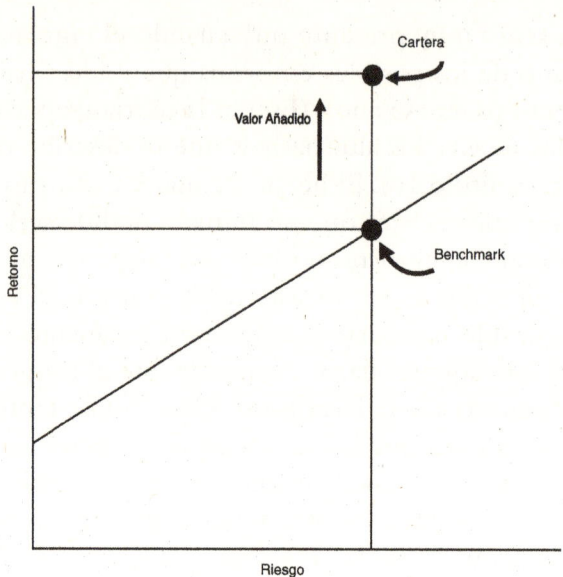

Figura 7.1

Este gestor ha realizado un buen trabajo, pero en mi opinión esto es solo la mitad de la historia —y a mi juicio la menos interesante—. Un mercado ineficiente también puede permitir a un inversor capacitado alcanzar el mismo resultado que el *benchmark* asumiendo menos riesgo, y eso para mi es algo extraordinario (figura 7.2).

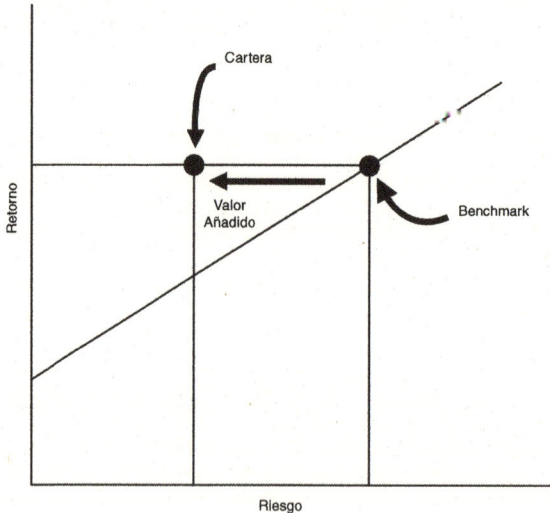

Figura 7.2

En este caso el valor añadido del gestor proviene no de un mayor retorno a un determinado nivel de riesgo, sino de un menor riesgo para un retorno determinado. Esto también es hacer un buen trabajo —incluso puede que mejor que el anterior—.

Es una cuestión semántica y depende de cómo se mire la figura. Debido a que yo creo que la reducción del riesgo fundamental puede ser la base para una experiencia inversora extraordinaria, creo que a este concepto se le debería prestar más atención de la que se le presta. ¿Cómo participar plenamente de los retornos que generan los mercados alcistas y a la vez posicionarse para lograr un buen retorno en mercados bajistas? Participando en las subidas del mercado asumiendo un riesgo menor que el del mercado... lo cual no es fácil.
RENDIMIENTOS, RETORNOS ABSOLUTOS Y RIESGO[62],
13 DE JUNIO DE 2006

Volvamos a hablar de los gérmenes que no han derivado en infección o de los terremotos que no han sucedido. Un buen constructor es capaz de evitar errores en la construcción, mientras que un constructor mediocre los comete. Cuando no hay terremotos no se puede ver la diferencia.

De la misma forma un inversor excelente tal vez pueda ser alguien que, más que conseguir unos rendimientos mayores que los de los demás, consigue el mismo rendimiento pero lo hace asumiendo un nivel menor de riesgo.(o incluso consigue un poco menos de retorno asumiendo mucho menos riesgo). Por supuesto cuando los mercados están estables o en crecimiento, nos es difícil llegar a visualizar el nivel de riesgo que una determinada cartera está asumiendo. Esto es lo que está detrás de la observación de Warren Buffett de que hasta que no baja la marea no se sabe quién lleva puesto el bañador y quién está desnudo.

Conseguir los mismos retornos que alcanzan los inversores que asumen más riesgo, pero con un nivel de riesgo mucho menor, es algo excepcional. En la mayoría de los casos, es un logro sutil, oculto a simple vista y que solo se puede apreciar haciendo juicios sofisticados.

El coste de controlar el riesgo —desde un punto de vista de dejar escapar retorno por asumir menos riesgo— puede parecer excesivo, dado que suele haber más años buenos que malos en los mercados, y que hace falta que se den años malos para apreciar el valor de un buen control de riesgos. En los años buenos, los inversores que se preocupan

---

62. NdT: Título original: *RETURNS, ABSOLUTE RETURNS AND RISK*.

por el riesgo tienen que poder conformarse sabiendo que disfrutaron de un adecuado sistema de control de riesgos, a pesar de no haberlo necesitado. Son como los propietarios prudentes que suscriben una póliza de seguros para su casa estando tranquilos de que tienen el riesgo cubierto, incluso si no se produce ningún percance.

Controlar el riesgo en una cartera es muy importante y que merece la pena hacer. Los frutos, sin embargo, se ven solo en forma de pérdidas que no suceden. Pero este tipo de cálculos de "qué pasaría si..." son difíciles de hacer en tiempos de bonanza.

Asumir un determinado nivel de riesgo sin ser consciente de ello puede convertirse en una gran equivocación, pero esto es algo que suelen hacer los que compran los títulos de moda y a precios por las nubes —a los que "nada malo les puede pasar"—. Por otro lado, el reconocer y aceptar de modo inteligente un riesgo determinado con el fin de obtener un beneficio es lo que subyace en algunas de las inversiones más sabias y exitosas —a pesar de que (o quizá porque) muchos inversores las desestiman por considerarlas muy especulativas y peligrosas.

Al final, el trabajo de un inversor es el de asumir riesgos de manera inteligente para obtener beneficios. Hacerlo de forma adecuada es lo que separa a los mejores del resto.

Pero ¿qué significa asumir riesgos de manera inteligente para obtener beneficios? Cojamos como ejemplo el de una empresa de seguros de vida. ¿Cómo es posible que las aseguradoras de vida —siendo unas de las compañías más conservadoras de Estados Unidos— aseguren la vida de las personas cuando saben con certeza que van a morir?

- Es un riesgo que conocen. Saben que todos vamos a morir. Por lo tanto integran esta realidad o factor en sus decisiones.
- Es un riesgo que pueden analizar. Por eso utilizan médicos que estiman la salud de los que solicitan hacerse una póliza.
- Es un riesgo que pueden diversificar. Mediante una adecuada combinación de pólizas de personas de distinta edad, sexo, ocupación y lugar de residencia, saben que no están expuestos a eventos puntuales y atípicos que les puedan causar pérdidas generalizadas.
- Y es un riesgo por el que saben que pueden recibir una compensación adecuada. Fijan las primas de las pólizas de forma que con-

sigan obtener beneficios si los beneficiarios de las pólizas fallecen, de media, de acuerdo a las estimaciones de sus tablas actuariales. Y si por algún motivo, el mercado de los seguros de vida fuera ineficiente —por ejemplo, si una aseguradora fuera capaz de venderle una póliza a una persona que es probable que fallezca a los 80 años, cobrándole una prima que asume que va a fallecer a los 70 años— las aseguradoras estarán mejor protegidas contra el riesgo y probablemente obtengan beneficios extraordinarios si todo sucede como se espera.

En Oaktree, hacemos exactamente lo mismo cuando invertimos en bonos *high yield*[63] y en el resto de nuestras estrategias. Tratamos de identificar y entender los riesgos, que es algo esencial en nuestro trabajo, ya que gran parte del mismo se realiza con activos que de una forma simplista se califican "de riesgo". Contamos con profesionales muy capacitados, con la habilidad de analizar las inversiones y estimar sus riesgos. Diversificamos nuestras carteras de forma adecuada. Y solo invertimos cuando estamos convencidos de que el rendimiento que esperamos obtener va a compensar holgadamente el riesgo que asumimos.

Durante años he dicho que los activos de riesgo pueden ser buenas inversiones siempre que se compren suficientemente baratos. El elemento esencial es saber cuándo se produce esa situación. En efecto: asumir de forma inteligente el riesgo para conseguir beneficios es la mejor forma de tener éxito de manera consistente durante un periodo de tiempo largo.

RIESGO[64], 19 DE ENERO DE 2006

Mientras que el control del riesgo es algo fundamental, asumir riesgo no es ni sensato ni insensato en sí mismo. Es inevitable en la mayoría de estrategias y nichos de inversión. Puede hacerse bien o mal, y en el momento adecuado o en el equivocado. Si tiene capacidades suficientes para invertir en los nichos más agresivos de inversión manteniendo el riesgo bajo control, esta es la mejor alternativa. Pero son muchas las

---

63. *Yield Bonds* son aquellos bonos que dan un alto interés y tienen un alto riesgo (calificación inferior a los IG-*investment grade*-, es decir menos que BBB de S&P, o menos que Baa de Moody's.). También conocidos como bonos basura.

64. NdT: Título original: *RISK*.

posibles dificultades con las que se puede encontrar y debe ser capaz de evitarlas.

Los gestores de riesgo más prudentes saben que no pueden adivinar el futuro. Son conscientes de que este puede incluir posibles escenarios negativos, pero no cómo de negativos pueden llegar a ser o cual es la probabilidad exacta de que ocurran. Por lo tanto el principal escollo proviene de la incapacidad de saber "cómo de malo puede llegar a ser lo malo" y evitar tomar pobres decisiones al respecto.

> La volatilidad extrema y las pérdidas surgen solo muy de vez en cuando. Y cuanto más tiempo pasa sin que se den estas dos circunstancias, más improbable parece el que puedan suceder —las hipótesis que se hicieron con respecto al riesgo se nos antojan entonces demasiado conservadoras—. Nos surge entonces la tentación de relajarlas y aumentar el apalancamiento. A menudo esto sucede justo antes de que el riesgo haga su aparición. Tal como Nassim Nicholas Taleb escribió en su libro *Fooled by randomness*:
>
>> La realidad es más despiadada que la ruleta rusa. En primer lugar solo efectúa un disparo mortal en contadas ocasiones, como si fuera un revólver que pudiera alojar cientos o incluso miles de balas en su cargador, en lugar de seis. Una vez hemos disparado unas cuantas decenas de veces nos olvidamos de que hay una bala en el cargador, y nos empezamos a nublar con una falsa sensación de seguridad...
>>
>> En segundo lugar es difícil observar la realidad del revólver que tenemos enfrente, a diferencia del juego de la ruleta rusa en el que el riesgo es claramente identificable para todo aquel capaz de multiplicar o dividir por seis... En consecuencia, somos capaces de, sin saberlo, estar jugando a la ruleta rusa —llamándolo con algún eufemismo que sugiera un riesgo bajo—.
>
> Las instituciones financieras, entre el 2004 y el 2007, jugaron a un juego de alto riesgo, pensando que era algo con poco riesgo, solo porque sus hipótesis sobre las posibles pérdidas y volatilidad eran muy bajas. Hubiéramos podido estar ante otra película totalmente diferente si, simplemente, hubieran dicho: "Esto posiblemente sea arriesgado. Dado que los precios de las viviendas han subido mucho y el acceso al crédito ha sido tan fácil, es posible que el precio sufra caídas importantes de aquí en adelante. Por tanto vamos a apalancarnos únicamente la mitad de lo que nos sugerirían los retornos que hemos obtenido".

Es muy fácil decir que deberían haber realizado unas hipótesis más conservadoras. Pero, conservadoras ¿hasta qué punto? No se puede gestionar una empresa basándose en la hipótesis del "peor escenario posible". No se podría hacer nada. Y de todas formas una "hipótesis de pérdidas en el peor escenario posible" es en realidad un término equivocado; el peor escenario posible es perderlo todo. Ahora sabemos que los *quants*[65] deberían haber asumido que los precios de las viviendas pueden bajar en todo el país al mismo tiempo, y que una vez que se asume que pueden bajar —por primera vez—, ¿cuál es la bajada para la que debemos prepararnos?, ¿2%?, ¿10%?, ¿50%?

Los titulares de prensa (de 2008) están llenos de compañías que sufren pérdidas enormes o incluso están en quiebra, porque compraron activos con apalancamiento... Los inversores utilizaron unos niveles de apalancamiento que podrían haber sido adecuados para unos activos con volatilidad moderada, pero se vieron inmersos en un entorno de alta volatilidad sin precedentes. Es fácil decir que han cometido un error. Pero ¿es razonable el que se les hubiera pedido estar preparados para escenarios tan catastróficos?

Si todas las carteras requirieran ser capaces de soportar caídas de precios como las que hemos visto este año (2008), es posible que nunca se usara endeudamiento. ¿Es esta una reacción razonable? (De hecho, es posible que nadie invirtiera jamás en esta clase de activos incluso sin apalancarse).

En todos los aspectos de nuestra vida, tomamos nuestras decisiones basándonos en lo que pensamos que es más probable que suceda. Y a su vez, para estimar lo que creemos que es más probable que suceda solemos basarnos en lo que ha ocurrido en el pasado. Esperamos que los resultados se acerquen a la media (A) en la mayoría de las ocasiones, pero sabemos que a veces obtenemos resultados mejores que la media (B) o peores (C). A pesar de que deberíamos tener en cuenta que, de vez en cuando, se produce algún resultado que está fuera del rango habitual (D), tendemos a olvidarnos de que pueden suceder cosas extremas. Y tal y como hemos podido ver recientemente, rara vez consideramos cosas que han sucedido una vez cada cien años o nunca antes (E).

---

65. NdT: *Quants*: nombre por el que se conocen a los analistas que realizan los análisis cuánticos.

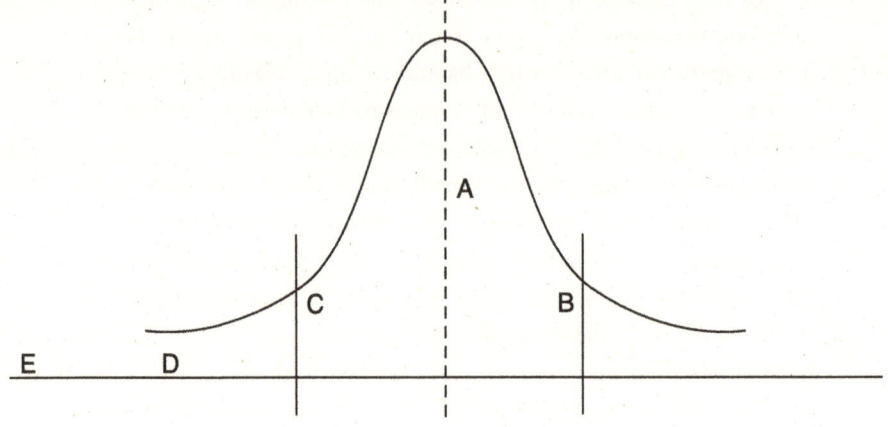

Figura 7.3

Incluso siendo conscientes de que pueden pasar cosas muy improbables e inciertas, para poder actuar, tomamos conscientemente la decisión de asumir ese riesgo, siempre y cuando se nos retribuya de manera adecuada por hacerlo. De vez en cuando surge un "cisne negro". Pero si decidiéramos "no hacer tal o cual cosa porque el resultado puede que sea peor de lo que nunca hayamos visto" nos encontraremos en una situación de parálisis en la que no tomaríamos ninguna decisión.

Por lo tanto, en la mayoría de los casos, no se puede estar preparado para lo peor. Debería ser suficiente estar preparados para eventos que solo ocurren una vez en una generación. Pero una generación no dura toda la vida, y se darán situaciones que superen ese horizonte temporal. ¿Qué hacer entonces? He dedicado mucho tiempo a pensar cuánto tiempo deberíamos emplear a estar preparados para un desastre improbable. Entre otras cosas, todo lo que ha ocurrido en el 2007 y el 2008 prueba que la respuesta no es fácil.

VOLATILIDAD + APALANCAMIENTO = DINAMITA[66], 17 DE DICIEMBRE DE 2008

---

66. NdT: Título original *VOLATILITY + LEVERAGE = DYNAMITE*.

Si tenemos en cuenta lo que se ha analizado en los capítulos anteriores, quiero dejar claro la distinción entre controlar el riesgo y evitarlo. El control del riesgo es el mejor camino para evitar pérdidas. Evitar el riesgo, por otro lado, nos va a llevar lamentablemente a evitar obtener retornos. De vez en cuando oigo a gente decir que Oaktree desea evitar asumir riesgos a toda costa y es algo que me tomo muy en serio.

> Evidentemente, Oaktree no sale corriendo para evitar el riesgo. Lo aceptamos a su debido tiempo, en la situación apropiada y al precio correcto. Podríamos evitar todo tipo de riesgo, al igual que usted también podría hacerlo, pero estaríamos renunciando a obtener unos retornos superiores a la tasa libre de riesgo. Will Rogers[67] dijo: "A veces hay que subirse a las ramas porque es ahí donde está la fruta". Ninguno de nosotros está en este negocio para obtener un 4%.
>
> Así que, a pesar de que el primer principio de la filosofía de inversión de Oaktree hace hincapié en "la importancia de controlar el riesgo", esto no tiene nada que ver con evitar el riesgo.
>
> Es por asumir riesgo, por lo que se nos paga bien por hacerlo —y especialmente por asumir un riesgo hacia el que otros muestran una aversión extrema— como nos esforzamos por añadir valor a nuestros clientes. Formulado de esta manera, es evidente la enorme importancia que el riesgo juega en nuestro proceso.
>
> Rick Funston de Deloitte & Touche dijo en el artículo que dio origen a este memorando (*Cuando el riesgo de la empresa se convierte en personal* Suplemento especial de la revista *Corporate Board Member* de 2005[68]): "Necesita estar seguro... de que los riesgos y su exposición se entienden, gestionan adecuadamente y comunican de forma transparente... Esto no significa aversión al riesgo; sino gestión inteligente del mismo". Eso lo que nos esforzamos en hacer todos los días en Oaktree.
> *RIESGO[69]*, 19 DE ENERO DE 2006

El camino para conseguir un éxito a largo plazo en las inversiones tiene que ver más con controlar el riesgo que con ser agresivo. Al final

---

67. NdT: Actor estadounidense, famoso por su humor expresivo y casero, 1879-1935.
68. Título original *When corporate risk becomes personal*.
69. NdT: Título original: *RISK*.

de su carrera, los resultados de la mayoría de los inversores se verán más determinados por sus malas inversiones y cómo de malas han sido, que por lo extraordinarias que han sido sus mejores inversiones. Un adecuado control del riesgo es la característica que define a los inversores excelentes.

8

LO MÁS IMPORTANTE ES...
ESTAR ATENTO A LOS CICLOS

> Es esencial recordar que casi todo es cíclico. Esta es una de las pocas cosas de las que estoy plenamente seguro: Al final, los ciclos siempre prevalecen. Nada continúa siempre en una misma dirección. Los árboles no crecen hasta el cielo. Pocas cosas llegan a cero. Y no hay nada más peligroso para un inversor que la insistencia en extrapolar al futuro lo que sucede hoy.

Cuanto más tiempo dedico al mundo de las inversiones, más aprecio el que, al final, todo es cíclico. En noviembre de 2001 dediqué un memorando completo a este tema. Lo titulé *No puede predecir, pero puede prepararse*[70] tomando prestado el eslogan publicitario de la compañía de seguros *MassMutual Life*, porque coincido plenamente con él: nunca sabemos lo que nos deparará el futuro, pero podemos preparnos para lo que pueda pasar y así, reducir su impacto.

---

70. NdT: Título original: *YOU CAN'T PREDICT. YOU CAN PREPARE.*

En el mundo de las inversiones, como en la vida, hay pocas cosas que se sepan con total seguridad. Las valoraciones se pueden evaporar, las estimaciones pueden estar equivocadas, las circunstancias del entorno pueden cambiar y todo lo que considerábamos "totalmente seguro" puede que no lo sea. Sin embargo, hay dos reglas en las que puede confiar con absoluta certeza:

- Regla numero uno: la mayoría de las cosas se comportan cíclicamente.

- Regla número dos: las mejores oportunidades de inversión se dan cuando los demás olvidan la regla número uno.

Hay muy pocas cosas que se muevan siempre en línea recta. Hay crecimiento y hay recesión, las cosas van bien durante un tiempo y luego empiezan a ir mal. El crecimiento puede ralentizarse. La recesión puede ir a más y llegar incluso a establecerse convirtiéndose en depresión. Pero el principio subyacente a todo esto es que las cosas aparecerán y desaparecerán, crecerán y caerán. Lo mismo le ocurre a la economía, los mercados y las empresas: crecen y desaparecen.

La principal razón de la existencia de estos movimientos cíclicos en nuestro mundo es que hay interacción entre personas humanas. Las máquinas pueden funcionar de forma lineal. El tiempo pasa de forma continua y una máquina puede comportarse siempre de la misma manera si tiene la energía adecuada. Pero los procesos en campos como la historia y la economía se basan en las personas, y cuando hay personas involucradas, los resultados son variables y cíclicos.

La principal razón es que los humanos somos emocionales e inconsistentes, no somos constantes y racionales. Sin lugar a dudas los factores objetivos juegan un gran papel en los ciclos —como las relaciones cuantitativas, los factores económicos, los eventos geopolíticos, los cambios en el entorno, los desarrollos tecnológicos y las decisiones de las empresas—. Pero los aspectos psicológicos son los que van a hacer que los inversores reaccionen de forma exagerada en un sentido u otro, determinando la amplitud de las fluctuaciones cíclicas.

Cuando las personas están contentas con cómo les van las cosas y son optimistas sobre el futuro, su comportamiento se ve tremendamente afectado. Gastan más y ahorran menos. Piden dinero prestado para vivir mejor o para incrementar sus potenciales beneficios, aunque al hacerlo, estén deteriorando su situación financiera. (Por supuesto, conceptos como la precariedad suelen olvidarse en tiempos de optimismo generalizado). Y no les importa pagar más por el valor presente de algo o un pedazo de su valor futuro.

Todas estas cosas pueden darse la vuelta en un segundo; en uno de mis programas de dibujos animados favoritos el comentarista decía: "Todo lo que para el mercado era bueno ayer, hoy ya no lo es". La amplitud de los ciclos se debe, en gran medida, a las personas, a sus emociones y fobias, a su inconsistencia y a su subjetividad.

> Los ciclos se autorregulan y su ajuste no necesariamente depende de factores exógenos. Cambian de sentido (en vez de continuar siempre en la misma dirección) porque los propios ciclos, dan lugar a las causas que originan un cambio de sentido. Por lo tanto, como se suele decir, el éxito lleva en sí mismo la semilla del fracaso, y el fracaso la semilla del éxito.

NO PUEDE PREDECIR, PERO PUEDE PREPARARSE[71], 20 DE NOVIEMBRE DE 2001

El ciclo del crédito merece una mención especial por ser algo inevitable, por su extrema volatilidad y por la capacidad que tiene de crear oportunidades para los inversores que mejor lo comprendan. De todos los ciclos, éste es mi favorito.

> Cuanto más me involucro en el mundo de las inversiones, más me impresiono por la fuerza que tiene el ciclo del crédito. Basta una mínima fluctuación en la economía para producir un cambio sustancial en la disponibilidad de crédito, lo que produce un gran impacto en el precio de los activos que acaba afectando a la economía misma.
>
> El proceso es simple:
> - La economía entra en un periodo de prosperidad.
> - Los proveedores de capital obtienen muy buenos resultados, aumentando el capital del que disponen.

---

71. Título original: *YOU CAN'T PREDICT. YOU CAN PREPARE.*

- Rara vez se escuchan malas noticias y los riesgos asociados a prestar e invertir parecen limitados.
- Desaparece la aversión al riesgo.
- Las instituciones financieras actúan para hacer crecer su negocio —es decir, conceden más capital vía prestamos e inversiones—.
- Las instituciones financieras compiten para ganar cuota de mercado rebajando sus exigencias de retorno (por ejemplo, rebajando los tipos de interés), relajando sus requisitos para conceder préstamos, concediendo más capital en cada operación y relajando las cláusulas de los préstamos que conceden.

Al final, lo que termina sucediendo es que las instituciones financieras acaban financiando proyectos que no merecen ser financiados. Como dijo *The Economist* a principios de año, "los peores préstamos se dan en los mejores tiempos". Y todo esto lleva a una destrucción del capital —es decir, a inversiones en proyectos donde el coste del capital es superior a los rendimientos que se obtienen, incluso llegándose a dar casos en los que se puede llegar a perder todo el capital invertido—.

Llegado a este punto —el punto álgido del ciclo—, se invierte la tendencia descrita anteriormente:

- Las pérdidas hacen que los prestamistas se desanimen y se retiren del mercado.
- Crece la aversión al riesgo, y junto a ella, los tipos de interés, aumentan las restricciones al crédito y se endurecen las condiciones para la concesión de préstamos.
- Hay menos capital disponible —y en el punto más bajo del ciclo solo se concede a los prestatarios mejor cualificados, y a veces, incluso ni a estos—.
- Las empresas son incapaces de obtener financiación. Los prestamistas no pueden hacer frente a sus compromisos y surgen los *defaults*[72] y las quiebras.
- Este proceso contribuye e impulsa la contracción económica.

Por supuesto, al final, el proceso acaba revertiéndose. Dado que hay poca competencia para conceder créditos o realizar inversiones, se pueden demandar unos rendimientos elevados y una gran calidad crediticia. Los inversores que van "a contracorriente" invierten y

---

72. NdT: Suspensión de pagos. Se diferencia de la quiebra en que el deudor tiene suficientes activos para hacer frente a sus deudas, pero sus activos no son lo suficientemente líquidos.

consiguen elevados retornos, y estos tentadores rendimientos potenciales provocan un efecto llamada sobre el resto de inversores y hacen que el capital fluya de nuevo. De este modo la recuperación coge impulso.

Ya expresé anteriormente que los ciclos tienen la capacidad de autocorregirse. El ciclo del crédito se autorregula a través del proceso que he detallado anteriormente y describe uno de los mecanismos que guían las fluctuaciones del ciclo económico. La prosperidad trae una expansión del crédito, lo que significa una mala concesión de préstamos, lo que produce grandes pérdidas, que a su vez hace que se contraiga el crédito acabando con la fase de prosperidad, etc.

... Mire a su alrededor durante la próxima crisis; seguro que encuentra a alguien que preste capital. Cuando alguien invierte su capital de forma demasiado permisiva normalmente está colaborando y fomentando la formación de burbujas financieras. Hay muchos casos recientes en los que la facilidad del crédito ha contribuido a fuertes crecimientos en la economía, seguidos de profundas crisis: El inmobiliario en 1989-1992; los mercados emergentes en 1994-1998; *Long Term Capital Management* [73] en 1998; la industria del cine en 1999-2000; *Private Equity* y compañías de telecomunicaciones en el 2000-2001. En cada caso, los inversores pusieron a su disposición demasiado capital demasiado barato y el resultado fue un crecimiento excesivo y unas pérdidas dramáticas. En la película *Fields of Dreams* (Campo de sueños), a Kevin Costner le dicen: "si lo construyes, vendrán; en el mundo financiero, si ofreces dinero barato, lo tomarán prestado, comprarán y construirán —a menudo sin ninguna disciplina y con consecuencias muy negativas—.

NO PUEDE PREDECIR, PERO PUEDE PREPARARSE[74], 20 DE NOVIEMBRE DE 2001

Tenga en cuenta que este memorando lo escribí hace más de diez años y describe de forma fidedigna el proceso por el que la crisis de 2007–2008 tuvo lugar. No es que tenga una especial capacidad para adivinar el futuro —simplemente estoy familiarizado con un ciclo que nunca acaba—.

---

73. NdT: Fondo de inversión libre de Estados Unidos de carácter especulativo que quebró a finales de la década de 1990 y tuvo que ser rescatado bajo la supervisión de la Reserva Federal.
74. NdT: Título original: *YOU CAN'T PREDICT. YOU CAN PREPARE.*

❧

Los ciclos nunca dejan de ocurrir. Si realmente existiera un mercado totalmente eficiente y si efectivamente los inversores tomaran decisiones de forma calculadora y objetiva, quizá los ciclos (o al menos sus extremos) se eliminarían. Pero eso no va a pasar nunca.

La economía crecerá y decrecerá según los consumidores aumenten o disminuyan su gasto, respondiendo de forma emocional a estímulos económicos o a eventos exógenos que sucedan de forma natural o por cuestiones geopolíticas.

Las empresas seguirán siendo optimistas sobre el futuro en los momentos altos del ciclo y en consecuencia expandiendo su capacidad productiva y sus inventarios; lo que acabará pasándoles factura cuando la economía se contraiga. Los proveedores de capital seguirán siendo demasiado generosos cuando la economía vaya bien, fomentando una sobreexpansión al ofrecer dinero barato, y apretarán demasiado el freno cuando las cosas dejen de ir bien. Los inversores tienden a sobrevalorar las empresas cuando lo están haciendo bien y a infravalorarlas cuando tienen dificultades.

Y aún así, cada diez años aproximadamente, la gente decide que los ciclos no se van a volver a producir. Piensan que o bien los buenos tiempos van a continuar para siempre o bien que las tendencias negativas no se pueden contrarrestar. Y llegado este momento, hablan de "círculos virtuosos" o "círculos viciosos" que se retroalimentan y continúan para siempre en un sentido u otro.

Caso en cuestión: 15 de noviembre de 1996. El *Wall Street Journal* informaba de un tema sobre el que cada vez existía más consenso: "hay un nuevo consenso que está surgiendo desde las salas de reuniones, hasta los salones de los hogares, desde las oficinas del gobierno hasta las delegaciones comerciales: el ciclo económico negativo ha pasado a la historia" ¿A alguien le parece que la situación económica desde entonces ha sido estable y sin ciclos?, ¿cómo explicar la crisis de 1998 o la recesión de 2002 y la crisis financiera de 2008 —la peor recesión desde la Segunda Guerra Mundial—?

La creencia de que los movimientos cíclicos ya no se van a producir pone de manifiesto una forma de pensar que se basa en una premisa muy peligrosa "esta vez es diferente". Estas cuatro palabras deberían producir pánico —aunque quizá sugiera una oportunidad para generar rendimientos positivos para todos los que comprendan el pasado y sepan que se va a volver a repetir—. Por lo tanto es muy importante que sea capaz de reconocer este tipo de error cuando se presente.

Uno de mis libros favoritos es un pequeño volumen titulado *Oh Yeah?*[75], una recopilación de declaraciones de políticos y empresarios antes de la crisis de 1932. Parece que incluso entonces, los entendidos ya predecían que la economía se desarrollaría sin ciclos:

- Nada interrumpirá nuestra situación actual de prosperidad. (Myron E. Forbes, presidente de Pierce Arrow Motor Car Co., 1 de enero de 1928).

- No puedo dejar de levantar una voz en contra de aquellos que dicen que la prosperidad en este país necesariamente disminuirá en el futuro. (E.H.H. Simmons, presidente de la New York Stock Exchange —Bolsa de Nueva York—, 12 de enero de 1928).

- Estamos solo al principio del periodo que se conocerá como la época dorada. (Irving T. Bush, presidente de Bush Terminal Co., 15 de noviembre de 1928).

- Las bases de la economía del país son sólidas y prósperas. (Herbert Hoover, presidente de los Estados Unidos, 25 de octubre de 1929).

De vez en cuando se da un ciclo alcista o bajista durante un periodo largo de tiempo o hasta unos niveles que hace que las personas empiecen a pensar que "esta vez es diferente". Aluden a cambios geopolíticos, de las instituciones, de la tecnología o el comportamiento que hacen que las "viejas reglas" sean obsoletas. Toman decisiones de inversión extrapolando las tendencias recientes. Pero entonces resulta que las viejas reglas efectivamente siguen vigentes, y el ciclo termina. Finalmente, los árboles no crecen hasta el cielo y hay pocas cosas que acaban valiendo cero. Por el contrario, la mayoría de los fenómenos tienden a ser cíclicos.
NO PUEDE PREDECIR, PERO PUEDE PREPARARSE[76], 20 DE NOVIEMBRE DE 2001

---

75. NdT: Edward Angly. New York, Viking Press, 1931.
76. NdT: Título original: *YOU CAN'T PREDICT. YOU CAN PREPARE.*

> La conclusión a la que llegamos es que en la mayoría de los casos el futuro va a parecerse mucho al pasado, con ciclos tanto al alza como a la baja. Hay un momento en el que se debe apostar porque el futuro será mejor y este debe ser cuando el mercado está a la baja y todo el mundo está vendiéndolo todo a precio de ganga. Cuando el mercado está en máximos, es peligroso tratar de racionalizar algo que nunca antes ha sido cierto. Pero ha ocurrido en el pasado y volverá a ocurrir.
>
> ¿*SERÁ DIFERENTE ESTA VEZ?*[77], 25 DE NOVIEMBRE DE 1996

Ignorar los ciclos y extrapolar tendencias es lo más peligroso que un inversor puede hacer. A menudo actuamos como si las empresas que lo hacen bien, lo van a seguir haciendo bien toda la vida y como si las inversiones que hoy son muy rentables lo van a seguir siendo para siempre y viceversa. Pero es lo contrario lo que tiene más posibilidades de ser cierto.

La primera vez que los inversores noveles ven ocurrir este fenómeno, es comprensible que puedan aceptar que algo que nunca antes ha ocurrido —la inexistencia de los ciclos— ocurra. Pero la segunda o tercera vez que estos inversores lo experimentan, teniendo ya experiencia, deberían darse cuenta de que la inexistencia de ciclos nunca va a suceder y deberían tratar de convertirlo en una ventaja. La próxima vez que alguien le proponga una inversión basada en que los ciclos económicos no se van a producir, recuerde que se trata con toda seguridad de una apuesta perdedora.

---

77. NdT: Título orginal *WILL IT BE DIFFERENT THIS TIME?*

9

LO MÁS IMPORTANTE ES... SER CONSCIENTE DE LA EXISTENCIA DEL PÉNDULO

> Cuando todo va bien y los precios son altos, los inversores se apresuran a comprar, olvidándose de la mínima prudencia. Cuando surge el caos y los activos cotizan a precio de ganga, los inversores no desean asumir el mínimo riesgo y entonces se vuelven a apresurar, pero esta vez para vender. Y esto será así siempre.

El segundo memorando sobre inversiones que escribí, allá por 1991, estaba dedicado casi por completo a un tema sobre el que pienso cada vez más según pasan los años: la oscilación pendular de las actitudes y comportamientos de los inversores.

El comportamiento del sentimiento de los mercados de valores se parece mucho al movimiento de un péndulo. Aunque el punto medio del arco del péndulo es el que mejor describe la localización de este en término medio, el problema es que casi nunca se encuentra en ese punto. Lo que suele ocurrir es que está casi siempre yendo y viniendo desde los extremos. Pero cuando el péndulo está cerca de algún extremo, es inevitable que antes o después se mueva hacia su punto medio. De hecho es el propio movimiento hacia uno de los extremos lo que le proporciona la energía para moverse hacia el extremo opuesto.

Los mercados de inversión siguen un patrón de movimientos pendulares.
- Entre la euforia y la depresión.
- Entre celebrar los desarrollos positivos u obsesionarse con los negativos.
- Y por lo tanto entre sobrevalorar o infravalorar.

Esta oscilación es una de las características más incuestionables de los mercados de inversiones, y lo más llamativo es que la psicología del inversor le hace estar mucho más tiempo en los extremos que en un "feliz término medio".

RENDIMIENTOS DEL PRIMER TRIMESTRE[78], 11 DE ABRIL DE 1991

Trece años más tarde, hice una revisión en profundidad del tema en otro memorando. En él, describí como, además de los elementos que he mencionado anteriormente, el movimiento pendular de los inversores también se realiza entre la codicia y el pánico; la voluntad de ver la situación de forma optimista o pesimista; la fe en los progresos que están por llegar; la credulidad frente al escepticismo; y la tolerancia al riesgo frente a la aversión al riesgo.

El movimiento entre estos últimos —actitudes frente al riesgo— es un hilo conductor y una de las principales causas de las fluctuaciones del mercado.

La aversión al riesgo es, como ya he mencionado, uno de los ingredientes esenciales de los mercados racionales, y la posición en la que se encuentre el péndulo respecto a este aspecto es particularmente importante. Una inadecuada aversión al riesgo es lo que contribuye principalmente a que se den excesos en el mercado formándose burbujas y su posterior estallido.

---

78. NdT: Título original: *FIRST QUARTER PERFORMANCE*.

Es una simplificación, quizá excesiva, pero no demasiado grave, decir que la característica inevitable de las burbujas es una escasez de aversión al riesgo.

En las crisis, por otra parte, los inversores tienen demasiado pánico. Una excesiva aversión al riesgo les hace evitar invertir incluso cuando los precios recogen expectativas pesimistas y las valoraciones son absurdamente bajas.

> En mi opinión, el ciclo de codicia/pánico tiene sus causas en un cambio en las actitudes frente al riesgo. Cuando la codicia prevalece, hay muchos inversores que están muy cómodos con el riesgo y con la idea de asumirlo en aras de conseguir un mayor rendimiento. A la inversa, cuando el pánico se apodera de los inversores, hay una gran aversión al riesgo. Los académicos consideran las actitudes de los inversores una constante, pero de hecho, fluctúan de forma considerable.
>
> La teoría financiera está basada, esencialmente, en la hipótesis de que los inversores tienen aversión al riesgo. Es decir, no quieren asumir riesgos y para que lo hagan hay que "sobornarles" mediante la promesa de unos rendimientos elevados.
>
> Conseguir en inversiones de riesgo, de forma segura, un elevado rendimiento es un oxímoron[79]. Pero hay veces en las que se ignora esta advertencia, cuando las personas están muy cómodas con el riesgo y por lo tanto los precios de los títulos incorporan una prima que no es la adecuada para compensar el riesgo que efectivamente se está asumiendo...
>
> Cuando los inversores, en general, son demasiado tolerantes con el riesgo, los precios de los activos pueden ofrecer más riesgo que retorno. Cuando los inversores tienen una gran aversión al riesgo, los precios pueden reflejar más rendimiento que riesgo.
>
> *EL FELIZ TERMINO MEDIO[80], 21 DE JULIO DE 2004*

El movimiento pendular con respecto a las actitudes ante el riesgo es uno de los más importantes. Hace poco he resumido los principales riesgos a la hora de invertir y los he concentrado en dos: el riesgo de

---

79. NdT: Oxímoron: combinación en una misma estructura sintáctica de dos palabras o expresiones de significado opuesto, que originan un nuevo sentido; p. ej., un silencio atronador.
80. NdT: Título original: *THE HAPPY MEDIUM*.

perder la inversión y el riesgo de perder la oportunidad. Se puede eliminar en gran medida uno de los dos, pero no los dos. En un mundo ideal, los inversores mantendrían un cierto equilibrio entre los dos. Pero de vez en cuando, en los extremos del péndulo, uno de ellos predomina. Por ejemplo:

- En 2005, 2006 y principios de 2007 cuando todo iba de perlas y los mercados de capital estaban abiertos, casi nadie se imaginaba las pérdidas que acechaban a la vuelta de la esquina. Muchos pensaban que el riesgo había desaparecido. Su única preocupación era que podían perder la oportunidad; si Wall Street venía con un nuevo milagro financiero y ellos no lo aprovechaban mientras que otros inversores sí lo hacían —y el milagro se producía— podían parecer demasiado conservadores y perder terreno. Como no estaban preocupados por perder dinero, no insistieron en comprar a precios bajos, en pagar unas primas de riesgo que fueran adecuadas, o en proteger su inversión. En pocas palabras, se comportaban de una forma demasiado agresiva.

- Entonces a finales de 2007 y 2008, con la crisis del crédito en su apogeo, los inversores empezaron a temer un colapso completo del sistema financiero. A nadie le preocupaba perderse una oportunidad; el péndulo se había desplazado hasta un punto donde los inversores solo estaban preocupados por la posibilidad de perder su dinero.

Por lo tanto huían de cualquier inversión que tuviera un mínimo destello de riesgo —independientemente del retorno potencial— y optaban por opciones más seguras como deuda del estado, con rentabilidades cercanas a cero. Llegados a este punto, los inversores tuvieron demasiado miedo, vendieron con demasiada impaciencia y posicionaron sus carteras demasiado defensivas. Por lo tanto los últimos años nos han brindado una oportunidad única para ser testigos de un cambio en el movimiento del péndulo... y de cómo la mayoría de la gente hace lo incorrecto en el momento equivocado continuamente. Cuando las cosas van bien y los precios son altos los inversores se apresuran para comprar, olvidándose de todo tipo de prudencia. Entonces, cuando el caos se apodera de todo a su alrededor y los activos están a precios de saldo, los inversores pierden toda disposición a asumir riesgos y se apresuran a vender. Y siempre será así.

En los comienzos de mi carrera, un inversor veterano me comentó las tres fases de un mercado alcista y ahora me gustaría compartirlas con usted:

- La primera, cuando solo unos pocos son capaces de anticipar que las cosas van a ir mejor.

- La segunda, cuando la mayoría de los inversores se dan cuenta de que efectivamente esa mejoría está teniendo lugar.

- La tercera, cuando todo el mundo concluye que las cosas siempre irán a mejor.

¿Por qué perder el tiempo tratando de encontrar una descripción mejor? Esta lo dice todo. Es muy importante que aprovechemos su significado.

> El mercado tiene un alma propia, y los cambios en los parámetros que se utilizan para valorar los activos, causados principalmente por los cambios en la psicología de los inversores (no por cambios en los fundamentales de la inversión), son los principales causantes de los cambios que se producen en los precios a corto plazo. La psicología de los inversores, también se mueve como un péndulo.
> Las acciones están muy baratas cuando el futuro parece desalentador. Esas expectativas deprimentes hacen que se mantengan baratas y solo unos pocos buscadores de gangas astutos se atreven a comprarlas. Tal vez estas compras llaman la atención de otros, o quizá las expectativas de futuro empiezan a ser menos deprimentes, pero por la razón que sea, el mercado empieza a subir.
> Poco a poco, las expectativas empiezan a mejorar. Las personas empiezan a apreciar que se producen ciertas mejorías y cada vez es más sencillo encontrar razones para ser compradores. De hecho cuando la economía y los mercados se recuperan y salen de la situación de crisis, se comienzan a pagar precios que reflejan mejor el valor razonable de los títulos. Al cabo de un tiempo el vértigo vuelve a los mercados.

Entusiasmados por la mejora de la economía y los resultados empresariales, la gente empieza a querer extrapolarlos al futuro. La gran mayoría del mercado se anima (y de forma envidiosa) con la rentabilidad que han obtenido los inversores que se animaron a invertir al principio, y se incorporan al mercado. E ignoran la naturaleza cíclica de las cosas y piensan que las ganancias van a durar toda la vida. Por eso me gusta tanto ese viejo proverbio que dice: "Lo que el sabio hace al principio, el tonto lo hace al final". Y lo que es más importante, en los momentos culmen de los mercados alcistas, los inversores están dispuestos a pagar precios asumiendo que los buenos tiempos van a durar hasta el infinito.
NO PUEDE PREDECIR, PERO PUEDE PREPARARSE[81], 20 DE NOVIEMBRE DE 2001

Treinta y cinco años después de que aprendiera cuáles eran las etapas de un mercado alcista, después de la crisis del mercado de hipotecas *subprime* (y de los que las tenían), y de cómo la gente se preocupaba de que el contagio causara una crisis global, se me ocurrió describir la otra cara de la moneda, las tres etapas de un mercado bajista:

- La primera, cuando solo unos pocos inversores atentos reconocen que a pesar de que la tendencia alcista parece no tener fin, las cosas no siempre serán de color de rosa.
- La segunda, cuando la mayoría de los inversores reconocen que la situación se está deteriorando.
- La tercera, cuanto todos están convencidos de que las cosas solo pueden ir a peor.

Ciertamente nos encontramos en la segunda de estas tres fases. Se han producido muchas malas noticias y hechos nefastos. Cada vez más personas reconocen el peligro de cosas como la innovación, el apalancamiento, los derivados, los riesgos de contrapartida y de contabilizar los activos a precios de mercado *(mark to market accounting)*. Y cada vez más, los problemas parecen no tener solución.

Uno de estos días, llegaremos a la tercera fase, y todos renunciarán a que haya una solución. Y, a no ser que el mundo financiero realmente termine por desaparecer, probablemente encontraremos las mejores oportunidades de inversión de nuestra vida. Los mayores

---

81. NdT: Título original: *YOU CAN'T PREDICT. YOU CAN PREPARE.*

cambios de tendencia se dan cuando la gente olvida que la marea también sube. Esos son los momentos por los que estamos pasando.
BAJA LA MAREA[82], 18 DE MARZO DE 2008

Solo seis meses después de que escribiera estas palabras, el desarrollo de los acontecimientos nos ha llevado de lleno a la tercera etapa. Se ha llegado a considerar como posible el colapso del sistema financiero; de hecho las primeras etapas ya se habían producido —la bancarrota de Lehman Brothers y el rescate de Bear Stearns, Merrill Lynch, AIG, Fannie Mae, Freddie Mac, Wachovia y WaMu—. Dado que esta es la mayor crisis que hemos vivido nunca, los inversores se instalaron en la tercera fase, durante la cual "todo el mundo está convencido de que las cosas solo podían ir a peor", y en mayor medida que de costumbre. Por lo tanto y según las leyes del movimiento pendular, en muchas clases de activos los precios bajaron tanto en el momento de máximo estrés en 2008, que aparecieron las mejores oportunidades de inversión que nunca he visto ejemplificadas por las ganancias de 2009.

La relevancia de todo lo que acabo de explicar es la oportunidad que genera para los que son capaces de reconocer lo que está sucediendo y entender sus implicaciones. En un extremo del péndulo —cuando todo se ve oscuro— se necesita una habilidad analítica, objetividad, capacidad resolutiva, incluso imaginación para pensar que la situación puede mejorar. Solo aquellos pocos inversores que tengan esas cualidades podrán conseguir unos resultados espectaculares con un nivel muy bajo de riesgo. Pero en el otro extremo, cuando todo el mundo asume que unos precios imposibles solo pueden mejorar siempre, se prepara la escena para la fase en la que se dan las pérdidas dolorosas. Son las dos caras de una misma moneda.

Ninguna de estas cosas son un hecho aislado o una casualidad. Más bien son una serie de elementos de un patrón recurrente que puede entender y del que es posible sacar provecho.

꩜

El movimiento pendular de los inversores es de naturaleza muy similar a las fluctuaciones al alza o a la baja de los ciclos económicos y de los mercados descritos en el capítulo 8. Por alguna razón acabo haciendo

---

82. NdT: Título original: *THE TIDE GOES OUT*.

una distinción entre ambos y hablando de ellos en distintos términos, pero ambos son sumamente importantes y las lecciones clave son las mismas. Con la ventaja que me otorga los casi veinte años de experiencia, desde que escribí mi primer memorando sobre el péndulo en 1991, voy a resumir mis principales observaciones:

- En teoría, el péndulo debería permanecer en el punto medio entre los extremos, el miedo y la codicia. Pero no permanece ahí por mucho tiempo.

- Principalmente por la forma en la que funciona la psicología de los inversores, tiende a estar moviéndose permanentemente de un extremo al otro.

- El péndulo no puede moverse permanentemente hacia un único extremo o quedarse quieto en uno de ellos para siempre (aunque cuando se sitúe en un extremo, todo el mundo piense que permanecerá allí).

- Como en el péndulo, el movimiento de la psicología de los inversores hacia uno de los extremos genera las condiciones para que eventualmente el péndulo se mueva en la dirección contraria. A veces la energía acumulada en un trayecto es la que genera el movimiento contrario, es decir que el movimiento del péndulo hacia un extremo se corrige por su propio peso.

- El movimiento de vuelta desde un extremo habitualmente es más rápido —y por lo tanto necesita mucho menos tiempo— que lo que ha necesitado para llegar a ese extremo. (O como a mi socio Sheldon Stone le gusta decir: "El aire sale del globo mucho más rápido de lo que entró").

Este patrón de movimientos pendulares se suele dar con gran fiabilidad en la mayoría de los mercados. Pero como sucede con el movimiento de oscilación de los ciclos, nunca se sabrá:

- Lo lejos que llegará el péndulo en su movimiento.

- La causa que origina que el péndulo se detenga e inicie el movimiento de vuelta.

- Cuando tendrá lugar este movimiento.

- O lo lejos que llegará el péndulo en la dirección contraria.

> Para que se dé una fase alcista... el escenario tiene que estar caracterizado por la codicia, el optimismo, la euforia, la confianza, la credulidad, la audacia, la tolerancia al riesgo y la agresividad. Pero estas características no pueden dominar el mercado de forma continua y en algún momento darán paso al miedo, al pesimismo, a la cautela, a la incertidumbre, al escepticismo, a la prudencia, a la aversión a al riesgo y a la reticencia... Las crisis son el producto de los *booms*, y estoy convencido que lo más correcto es atribuir las crisis a los excesos de los *booms* que las preceden, en lugar de atribuirlo a eventos especificos que hacen que empiecen.
> ¿*Y AHORA QUÉ?*[83], 10 DE ENERO DE 2008

Hay muy pocas cosas de las que podemos estar seguros, y esta es una de esas: el comportamiento extremo de los mercados siempre cambia de signo. Aquellos que piensan que el péndulo se va a mover en una única dirección siempre —o va a permanecer en un extremo para siempre— sufrirán grandes pérdidas antes o después. Aquellos capaces de entender la mecánica del movimiento pendular pueden obtener grandes beneficios.

---

83. NdT: Título original: *NOW WHAT?*.

10

LO MÁS IMPORTANTE ES...
LUCHAR CONTRA LAS
INFLUENCIAS NEGATIVAS

> El querer siempre más, el miedo de perderse la fiesta, el compararse con otros, la influencia del consenso, y el sueño de poder obtener una ganancia segura son factores prácticamente universales. Tienen un impacto importante en la mayoría de los inversores y de los mercados. El resultado es que provocan errores y esos errores son, generalizados, frecuentes y recurrentes.

Las ineficiencias —errores en la fijación de precios, percepciones erróneas, errores que cometen otras personas— son una gran oportunidad para obtener unos rendimientos por encima de la media. Aprovecharse de ellos es, de hecho, la única forma de obtener unos rendimientos extraordinarios de forma consistente. Para diferenciarse de los demás hay que aprovecharse adecuadamente de esos errores.

¿Por qué se cometen errores? Porque invertir es algo que hacen los humanos, la mayoría de los cuales están a merced de sus emociones y sus subconscientes. Muchos tienen la capacidad intelectual que se necesita para analizar datos, pero solo unos pocos son capaces de profundizar y resistir el magnetismo y las influencias del subconsciente.

Por decirlo de otra forma, muchas personas alcanzarán unas conclusiones racionales similares a partir de sus análisis, pero lo que hagan a partir de esas conclusiones, variará de forma significativa, porque los aspectos psicológicos les afectan de forma distinta. Los mayores errores en las inversiones no provienen de factores derivados de la información o del análisis, sino más bien de los factores psicológicos. Los aspectos psicológicos de los inversores que repasaremos en este capítulo, incluyen muchos elementos diferentes, pero lo que es fundamental recordar es que siempre provocan errores. La mayoría se catalogan dentro de lo que se denomina "naturaleza humana".

La primera emoción que socava a los inversores es el deseo de ganar dinero, especialmente cuando este se transforma en codicia.

La mayoría de las personas invierten para ganar dinero. (Algunos lo hacen como un ejercicio intelectual o porque es un terreno donde dar rienda suelta a su competitividad, pero incluso en estos casos el éxito se define en términos económicos. Puede que el dinero no sea el objetivo de todos ellos, pero es su unidad de medida. Las personas a las que no les preocupa el dinero, no suelen dedicarse a invertir).

No hay nada malo en intentar ganar dinero. De hecho el deseo de ganar dinero es uno de los elementos más importantes del funcionamiento de los mercados y de la economía en general. El peligro viene cuando se torna en codicia, que Merriam-Webster define como: "consumismo desmesurado, y especialmente reprobable, encaminado a obtener riqueza o provecho".

La codicia es una fuerza extremadamente poderosa. Es suficientemente fuerte como para anular el sentido común, la aversión al riesgo, la prudencia, la cautela, la lógica, la memoria sobre las lecciones amargas del pasado, la determinación, el miedo y cualquier otro elemento que, de alguna forma, mantiene a los inversores alejados de los problemas. En su lugar, de vez en cuando, la codicia lleva a los inversores a lanzarse con la multitud en búsqueda de beneficio, y al final siempre acaban pagando el precio.

La combinación de codicia y optimismo lleva, constantemente, a las personas a seguir estrategias que, piensan, les van a generar unos rendimientos elevados sin asumir ningún tipo de riesgo; pagan precios astronómicos por valores que están de moda, y los mantienen incluso cuando ya están sobrevalorados con la esperanza de que todavía les quede algo de recorrido. Al final, la retrospectiva siempre deja claro a todo el mundo en qué se equivocaron: las expectativas no eran realistas y los riesgos se ignoraron.
PRIMERO FIJENSE EN EL PASADO, POR FAVOR (O ¿EN QUE PENSABAN?[84], 17 DE OCTUBRE DE 2005

La contrapartida de la codicia es el miedo —el segundo factor psicológico que debemos considerar—. En el mundo de las inversiones, el término en cuestión no significa una lógica y sensata aversión al riesgo. Más bien, el miedo —como la codicia— denota exceso. El miedo, entonces, se asemeja más al pánico. El miedo es un sentimiento de preocupación desmesurado que impide a los inversores tomar decisiones constructivas en los momentos en los que deberían hacerlo.

A lo largo de mi carrera, siempre me ha llamado la atención la facilidad que tienen las personas para dejar a un lado su incredulidad. Por lo tanto, el tercer factor que me gustaría comentar es la tendencia de las personas a no tener en cuenta la lógica, la historia y ciertas normas que han demostrado su validez a lo largo del tiempo. Esta tendencia hace que la gente acepte propuestas cuya probabilidad de éxito es muy pequeña, pero que tienen el potencial de hacerles ricos... sin demasiado esfuerzo. Charlie Munger me proporcionó una cita fantástica sobre este tema, es de Demóstenes: "No hay nada más fácil que el autoengaño. Ya que aquello que desea el hombre es lo primero que cree". El creer que alguna de las restricciones fundamentales que han probado ser válidas a lo largo del tiempo ya no lo es —y por lo tanto que las nociones históricas de lo que suele ser un valor razonable no tienen ninguna importancia— está íntimamente ligado a las burbujas y sus posteriores crisis económicas.

En la ficción, el suspender incredulidad lo hace más divertido. Cuando vemos Peter Pan, no queremos que la persona que está sentada a

---

84. NdT: Título original: *HINDSIGHT FIRST, PLEASE (OR, WHAT WERE THEY THINKING?)*.

nuestro lado nos diga, "puedo ver los cables" (aunque sepamos que están ahí). Aunque sepamos que los niños no pueden volar, no nos importa, estamos viéndolo para divertirnos.

Pero el objetivo de invertir es serio, no diversión. Debemos estar constantemente alerta para identificar las cosas que no pueden suceder en la vida real. Dicho en pocas palabras, el proceso de inversión requiere unas grandes dosis de incredulidad... Un escepticismo inadecuado contribuye a obtener pérdidas. Una y otra vez los titulares de las debacles financieras incluyen dos frases clásicas: "era demasiado bueno para ser cierto" y "¿en qué estaban pensando?".

PRIMERO FÍJENSE EN EL PASADO, POR FAVOR (O ¿EN QUE PENSABAN?[85], 17 DE OCTUBRE DE 2005

¿Qué hace que los inversores cometan estos errores? La respuesta habitualmente la encontramos en la facilidad con la que —a menudo llevados por la codicia— descartan u olvidan las lecciones del pasado. Parafraseando a John Kenneth Galbraith, "la memoria financiera es tremendamente olvidadiza" y no permite a los integrantes del mercado darse cuenta de la recurrencia de estos patrones y su inevitabilidad:

> "Cuando las mismas circunstancias, u otras muy parecidas vuelven a ocurrir, a veces en intervalos cortos de tiempo, suelen ser bendecidas por una nueva generación, generalmente joven, segura de sí misma, como un brillante e innovador descubrimiento en el mundo financiero y económico. Hay pocos campos del comportamiento humano en los que la historia juegue un papel tan poco relevante como en el mundo financiero. Las experiencias pasadas en la medida que son parte de la memoria, se desechan como si fueran un refugio primitivo de aquellos que no son capaces de ver las fabulosas maravillas del presente" (John Kenneth Galbraith, *A Short History of Financial Euphoria* [New York: Viking, 1990]).

Merece la pena que nos paremos un momento para comentar el hecho de que haya personas que quieran creer que hay inversiones infalibles que les van a generar unos rendimientos elevados y sin riesgo.

---

85. NdT: Título original: *HINDSIGHT FIRST, PLEASE (OR, WHAT WERE THEY THINKING?)*.

Cuando un mercado, una persona o una estrategia de inversión generan rendimientos impresionantes durante un cierto tiempo, generalmente atraen una excesiva (y poco crítica) devoción. Yo llamo a esta solución del momento "la bala infalible"[86].

Los inversores siempre la están buscando. Llámese el Santo Grial o el todo gratis, todo el mundo quiere encontrar la forma de hacerse rico sin correr riesgos. Hay pocas personas que se preguntan si realmente puede existir esta inversión o cómo es posible que esté a su disposición. Al final, la esperanza es eterna o lo último que se pierde.

Pero la "bala infalible" no existe. No hay estrategia que pueda generar unos rendimientos elevados sin riesgo. Y nadie tiene todas las respuestas; todos somos simplemente humanos. Los mercados son enormemente dinámicos y entre otras cosas, tienden a funcionar de manera que no es posible generar resultados extraordinarios. La creencia ciega de que la "la bala infalible" está a nuestro alcance acaba por llevarnos al castigo de sufrir pérdidas.

EL CREDO DE LOS REALISTAS[87], 31 DE MAYO DE 2002

¿Qué es lo que nos hace creer en la existencia de una "bala infalible"? En primer lugar, ésta suele tener un mínimo de verdad. Se suele envolver con una teoría aparentemente inteligente y a la que se le van añadiendo más y más argumentos que sirven para convencer a otros. Durante un periodo de tiempo genera beneficios, bien sea porque efectivamente lo merece o bien porque unos cuantos "conversos" se dedican a comprar, haciendo que el precio del activo en cuestión suba. Con el tiempo, da la sensación de que (a) la inversión es una ruta segura para obtener el éxito y (b) se convierte en una moda. Como Warren Buffet expuso en el Congreso de los Estados Unidos el 2 de junio de 2010, "unos precios en alza son un narcótico que afecta a la capacidad de razonamiento en todos los sentidos". Pero una vez ha concluido —después de pinchar— a la moda se le llama burbuja.

El cuarto factor psicológico que contribuye a que el inversor cometa errores es la tendencia a rendirse a la opinión del consenso en vez de

---

86. NdT: Término original *Silver Bullet*, en el folclore americano se utiliza para referirse a una acción simple y que proporciona una solución milagrosa e inmediata a un problema.
87. NdT: Título original: *THE REALIST'S CREED*.

resistirse —incluso cuando la opinión del consenso es ridícula—. En *How Markets Fail*[88], John Cassidy describe los clásicos experimentos que en los años 50 llevó a cabo Solomon Asch en la Swartthmore Collegue of Psichology. Asch pidió a varios grupos de personas que dieran su opinión sobre elementos gráficos, pero todos los miembros del grupo, excepto uno, eran colaboradores suyos que él había "infiltrado". Estos colaboradores infiltrados, conscientemente emitían un dictamen claramente equivocado sobre el objeto en cuestión. Cassidy explica "que este entorno sitúa al sujeto real, objeto del estudio, en una posición incómoda (de hecho es en la que le había situado Asch)", "hemos hecho que se enfrente a dos fuerzas opuestas: por un lado la evidencia de lo que le transmiten sus sentidos y por otro lado la opinión unánime de su grupo de colegas en el experimento".

Un gran porcentaje de las personas objeto del estudio preferían ignorar lo que veían y alinearse con el resto de los miembros del grupo, aunque evidentemente estaban equivocados. Esto nos muestra el poder de influencia que tiene el grupo sobre el individuo y por lo tanto pone en duda la validez de las decisiones de consenso.

"Al igual que sucede con las personas que participaron en los experimentos visuales de Solomon Asch en los años 50", escribe Cassidy, "muchas personas que no comparten la visión del consenso del mercado se sienten marginadas. Llega un punto donde parece que los que están locos son aquellos que no están en el mercado".

Una y otra vez, la combinación de la presión para formar parte del consenso y el deseo de hacerse rico hace que las personas dejen de lado su independencia y escepticismo, su innata aversión al riesgo y sean capaces de creerse cosas que no tienen sentido. Pasa tan a menudo que no puede ser algo que suceda de forma aleatoria, tiene que haber algo permanente que cause su recurrencia.

El quinto factor psicológico es la envidia. A pesar de lo negativa que puede llegar a ser la codicia, siempre empujando a la gente a querer más, su impacto es aún mayor cuando se compara con otros. Este es uno de los aspectos más perniciosos de lo que llamamos naturaleza humana.

Las personas pueden ser perfectamente felices cuando se aíslan del resto y ser totalmente desdichadas cuando se comparan con otros que tienen más éxito. En el mundo de las inversiones hay mucha gente a la

---

88. NdT: Publicado por Macmillan - fsg books en el 2009.

que se le hace muy duro permanecer sentada viendo como otros obtienen mejores resultados.

Conozco una organización sin ánimo de lucro, cuyos fondos obtuvieron un 16% de rentabilidad anual entre junio de 1994 y junio de 1999, pero estaban desanimados porque algunos de sus iguales habían obtenido un 23% anual de media durante el mismo periodo. Por no tener en cartera títulos *growth*, acciones de compañías tecnológicas, *private equity* o capital riesgo, el fondo estuvo obteniendo unos resultados peores a los de sus iguales durante casi la mitad de la década. Pero entonces estalló la burbuja tecnológica y entre junio de 2000 y junio de 2003, la institución obtuvo un 3% anual, mientras que los fondos de las demás instituciones sufrieron grandes pérdidas. Los responsables y beneficiarios de la organización estaban encantados.

Hay algo que no está bien en esta historia. ¿Cómo es posible que las personas no estén satisfechas con un 16% anual y lo estén con un 3%? La respuesta la encontramos en la tendencia que tenemos a compararnos con otros y el impacto nocivo que puede tener en lo que debería ser un proceso constructivo y analítico.

El sexto factor clave es la influencia del ego. Puede hacer que mantener la objetividad y el rigor sea una tarea muy complicada, cuando nos enfrentamos a factores como estos:

- Los resultados de las inversiones se evalúan y comparan a corto plazo.

- Tomar la decisión incorrecta, incluso imprudente, de asumir cada vez mayor riesgo generalmente lleva a obtener los mejores retornos cuando las cosas bien (y la mayoría de las veces las cosas suelen ir bien).

- Obtener los mejores resultados trae consigo los galardones que más ansia el ego. Cuando las cosas salen bien es muy agradable ser el centro de atención, sentirse listo y que la gente reconozca tu enorme inteligencia.

Por el contrario, los inversores sensatos suelen hacer un trabajo duro pero en silencio, consiguiendo resultados sólidos en los años buenos y perdiendo menos en los años malos. Evitan caer en comportamientos arriesgados porque son muy conscientes de lo que no saben y mantienen su ego en jaque. En mi opinión es una fórmula perfecta para la creación de riqueza a largo plazo —pero no genera a corto plazo grandes alegrías para el ego—. Simplemente no es muy glamuroso el tomar un camino que pone énfasis en la humildad, la prudencia y el control de riesgos. Por supuesto uno no debería invertir por el *glamour*, pero ocurre a menudo.

Finalmente, quiero destacar un fenómeno que llamo "capitulación". Una característica típica de los inversores al final de los ciclos. Los inversores mantienen sus convicciones mientras pueden, pero cuando la presión económica y psicológica se hace irresistible, claudican y se suben al carro.

En general las personas que optan por el mundo de las inversiones suelen ser inteligentes, tener una buena educación, estar bien informados y tener buenos conocimientos. Dominan las complejidades de los negocios y la economía y entienden teorías complejas. Muchas son capaces de llegar a conclusiones razonables sobre el valor de algo y sus expectativas.

Pero hay un momento en el que las influencias de la multitud y los factores psicológicos entran en juego. En muchas ocasiones, los activos están sobrevalorados y continúan subiendo o están infravalorados y continúan bajando. Y a menudo estas tendencias tienen efectos corrosivos en las mentes de los inversores, sus convicciones y su determinación. Las acciones que un inversor decide vender generan rendimientos para otro, las que se ha decidido comprar cada día bajan más y conceptos que se desecharon como arriesgados o imprudentes —las inversiones de moda, las acciones tecnológicas sobrevaloradas, las titulizaciones de hipotecas altamente apalancadas...— copan todos los días los titulares de artículos que describen los enormes beneficios que están generando a otros inversores.

A medida que una acción sobrevalorada sigue subiendo o una infravalorada continúa bajando, debería ser más fácil tomar la decisión correcta: vender la primera y comprar la segunda. Pero no sucede de esta forma. La tendencia a dudar de nosotros mismos unida a las noticias sobre el éxito de los demás forman una fuerza tremendamente poderosa que empuja a los inversores a hacer lo equivocado y gana fuerza a medida que esta tendencia continúa. Esta es otra influencia negativa contra la que hay que luchar.

El deseo de obtener más, el miedo a perder la oportunidad, la tendencia a compararse con otros, la influencia del consenso y el deseo de encontrar la "bala infalible" son factores casi universales. Por lo tanto, tienen un impacto muy profundo en la mayoría de los inversores y mercados. Esto es especialmente cierto cuando los mercados se encuentran en situaciones extremas. El resultado es que se cometen errores —frecuentes, generalizados, recurrentes y caros—.

ツ

¿Le parece que todo esto es demasiado teórico y no aplicable a usted? Espero, de corazón, que tenga razón. Pero por si acaso duda de que las personas racionales puedan sucumbir a las perniciosas fuerzas de las emociones humanas, déjeme que le recuerde dos simples palabras: burbuja tecnológica. Anteriormente me he referido a este momento de locura como una evidencia de lo que ocurre cuando los inversores ignoran la necesaria relación entre valor y precio. ¿Qué les lleva a perder el sentido común? Algo de las emociones de las que ya hemos hablado: el miedo, la envidia, el autoengaño y el ego. Recordemos esta época y veamos los aspectos psicológicos en funcionamiento.

Los 90 fueron un periodo muy positivo para la renta variable. Por supuesto había días malos y meses malos, incluso momentos traumáticos como el aumento de los tipos de interés de 1994. Pero el índice de Standard & Poor's 500 creció todos los años entre 1991 y 1999 y su retorno medio llego a ser del 20,8% anual. Estos resultados bastaron para crear un sentimiento de optimismo en los inversores y haciéndoles más receptivos a las historias alcistas.

Los títulos *growth* se comportaron algo mejor que los *value* en la primera parte de la década —puede que debido a los buenos rendimientos que obtuvieron estos en la década de los ochenta—. Esto también hizo que los inversores valoraran más las compañías que tenían un alto potencial de crecimiento.

Los inversores estaban cautivados con la innovación tecnológica. Los desarrollos como la banda ancha, Internet, el comercio electrónico, parecía que iban a cambiar el mundo, y a los emprendedores del sector tecnológico y de telecomunicaciones se les trataba como a celebridades.

Los títulos tecnológicos subieron mucho, lo que atrajo a más compradores, y esto provocó una nueva subida, creando un proceso que parecía un círculo virtuoso sin fin.

Los argumentos aparentemente racionales tienen un papel decisivo en la mayoría de los mercados alcistas, y este caso no fue distinto: los valores tecnológicos se comportarán mejor que el resto por la excelencia de las compañías. Más y más empresas tecnológicas entrarán a formar parte de los índices, reflejando que su importancia en la economía está creciendo. Esto obligará a los fondos indexados así como a los *closet indexers*[89], que de forma encubierta emulan los índices, a comprar títulos de estas empresas, y los inversores activos también los comprarán para estar al día. Cada vez más personas crearán planes de pensiones 401(k)[90] y los inversores de estos planes de pensiones comprarán valores tecnológicos para sus carteras y aumentarán el peso de la asignación de activos hacia este tipo de valores en detrimento de otros. Por todas estas razones los valores tecnológicos, (a) seguirán subiendo y (b) acabarán haciéndolo mejor que otros títulos. Y por lo tanto atraerán aún más compras. El hecho de que esta dinámica ocurriera durante un tiempo otorgó credibilidad a esta teoría.

Las primeras salidas a bolsas de valores tecnológicos se apreciaron por decenas o incluso centenas de puntos porcentuales en el mismo día de su salida a bolsa y aparentaron ser una forma segura para ganar dinero. Acceder a las salidas a bolsa se había convertido en una moda muy popular.

Desde el punto de vista psicológico, ¿qué es lo que hacía que las salidas a bolsa fueran tan fascinantes? Pasó algo como lo que les voy a describir: su vecino de oficina le hace unos comentarios sobre una salida a bolsa en la que él está invirtiendo. Usted pregunta a qué se dedica la compañía. Él responde que no lo sabe, pero que su bróker le ha dicho que va a duplicar el precio el primer día de cotización. Usted le dice que eso es ridículo. Una semana más tarde su amigo le dice que efectivamente no ha duplicado, sino que ha triplicado. Y sigue sin saber a qué se dedica la compañía. Resistirse, después de unos cuantos casos como éste, es una tarea ciertamente hercúlea. Usted sabe que no tiene ninguna lógica, pero también quiere protegerse contra la sensación

---

89. NdT: *Closet indexing*, es una estrategia de inversión que usan algunos gestores para conseguir rendimientos similares a los del índice *benchmark* sin replicarlo exactamente.

90. NdT: *401(k) retirement plan*, es un tipo de fondo de pensiones americano cuya principal ventaja es el diferimiento de impuestos.

permanente de que es un idiota. En un ejemplo claro de capitulación, acaba optando por comprar unos cuantos cientos de acciones en la siguiente salida a bolsa... y la hoguera crece todavía más y se hace más alta, ya que conversos como usted siguen comprando.

Los fondos de capital riesgo que habían invertido en *start-ups* con gran éxito consiguieron atraer una gran atención y unas elevadas sumas de capital. El año en que Google salió a bolsa, el fondo que financió su salida a bolsa, se apreció un 350%, debido exclusivamente al éxito de ese título.

Los medios alababan la inteligencia de los inversores que invertían en valores tecnológicos. Los que invertían en estos valores —y por lo tanto eran los que más ganaban— tenían treinta y tantos o a veces incluso veintitantos años y su experiencia o su escepticismo no les ponían demasiadas restricciones. Nunca nadie les dijo que sus resultados podían deberse a un mercado totalmente irracional en lugar de a su increíble inteligencia.

¿Recuerde mi primer comentario de que todas las burbujas comienzan con un atisbo de verdad? La semilla de la verdad en este caso descansaba sobre algo que es cierto, el indiscutible potencial que tiene la tecnología. El fertilizante lo pusieron los argumentos que daban los que participaban de este mercado alcista. Y el empuje definitivo vino de que la apreciación que estaba teniendo lugar parecía no tener fin.

> Por supuesto el furor con los valores tecnológicos, de comercio electrónico y de telecomunicaciones viene del potencial que tienen estas compañías para cambiar el mundo. No tengo ninguna duda de que estos temas están cambiando nuestra vida tal y como hoy la conocemos, o dicho de otra forma, que no vamos a ser capaces de reconocer nuestro mundo dentro de unos pocos años. El reto reside en tratar de adivinar quienes serán los ganadores y cuál es el valor que tienen...
>
> Para ser francos, decir que los títulos tecnológicos y de telecomunicaciones están demasiado altos y próximos a la caída es como poner el pie delante de un tren de mercancías. Me siento en la obligación de decirle que ha sacado provecho de un *boom* de proporciones colosales y que debería examinarlos con escepticismo.
>
> *BURBUJA.COM*[91], 3 DE ENERO DE 2000

---

91. NdT: Título original: *BUBBLE.COM*.

Poco después de que escribiera el memorando de enero de 2000, las acciones tecnológicas comenzaron a caer por su propio peso, ya que no hubo ni un solo argumento objetivo que propiciara esta caída. De repente todo pareció estar muy claro. El precio de las acciones había subido demasiado y tenía que corregirse. Cuando una inversión de moda va mal, el *Wall Street Journal* suele incluir un cuadro comparativo que muestra las pérdidas que han tenido lugar, con los títulos más representativos reflejando caídas de más del 90%. Cuando la burbuja tecnológica explotó, la tabla mostraba pérdidas por encima del 99%. Todos los índices experimentaron pérdidas en un periodo de tres años por primera vez desde la gran depresión, y entonces las acciones tecnológicas —y la bolsa en general— dejaron de parecer algo especial.

Cuando nos fijamos en la pasada década, vemos que los desarrollos tecnológicos tan pregonados efectivamente cambiaron el mundo, las compañías que han conseguido liderar el mercado tienen un valor enorme y cosas como los periódicos y los CD se han visto profundamente afectados. Pero es igualmente cierto que los inversores permitieron que la burbuja anulara su sentido común. No tuvieron en cuenta el hecho de que no todas las compañías podían ser las ganadoras, que se tenía que producir un periodo en el que muchas de las empresas no tuvieran éxito, que obtener beneficios ofreciendo servicios gratis no es algo fácil de conseguir y que comprar acciones de compañías que generan pérdidas y pagando varios múltiplos sobre sus ventas (ya que no hay beneficios) es muy peligroso.

La codicia, el entusiasmo, la falta de lógica, la credulidad, el ignorar el valor de las cosas causaron grandes pérdidas a muchas personas durante la burbuja tecnológica. Y, dicho de paso, muchos inversores *value*, brillantes y disciplinados parecían estúpidos en los meses, e incluso años, previos al estallido de la burbuja —que tarde o temprano tenía que ocurrir—.

Para evitar perder dinero en las burbujas, la clave está en no "subirse al carro" cuando la codicia y los errores humanos hacen que los argumentos positivos se potencien y los negativos se ignoren. Hacerlo no es nada fácil y por lo tanto solo unas cuantas personas son capaces de evitar "subirse al carro". Por el contrario, es igualmente importante que los inversores no vendan —y preferiblemente compren— cuando el pánico es generalizado durante una crisis. (Esto me recuerda que debo señalar que las burbujas pueden generarse por sí solas sin necesidad de una crisis previa, pero las crisis en los mercados necesitan necesariamente que haya una burbuja previa).

Al igual que resultó muy difícil para la mayoría de la gente resistirse a comprar durante la burbuja tecnológica, fue todavía más difícil resistirse a vender —y aún más difícil fue comprar— durante las fases más profundas de la crisis de crédito de 2008. Y lo peor es que no comprar en un mercado alcista te hace parecer que estás remolón y que incurres en costes de oportunidad. Pero en la crisis de 2008, el no vender parecía que te exponía a sufrir pérdidas ilimitadas. El Apocalipsis parecía posible.

¿Pero en el fondo qué es lo que deben hacer los inversores frente a estos impulsos psicológicos que les empujan a hacer tonterías? Aprender a verlos como lo que son; es el primer paso para conseguir el coraje suficiente para resistir. Y ser realista. Los inversores que creen que son inmunes a las fuerzas que hemos descrito en este capítulo, lo hacen por su cuenta y riesgo. Si la psicología es capaz de influenciar a otros lo suficiente como para mover a todo el mercado, ¿por qué cree que no le va a afectar a usted? Si un mercado alcista tiene tanta influencia como para hacer que personas bien formadas pasen por alto el hecho de que los precios son demasiado elevados y nieguen lo evidente, ¿por qué no debería tener la misma influencia sobre usted? Si una historia de terror sobre pérdidas ilimitadas es capaz de hacer que otros inversores huyan y sean capaces de deshacerse de sus activos a precio de saldo, ¿qué es lo que hará que usted no repita este comportamiento?

Créame, es muy difícil resistirse a comprar en lo más alto (y mucho más duro aún es vender) cuando todos están comprando, los expertos se muestran positivos, los argumentos que avalan la inversión son ampliamente aceptados, los precios están subiendo como la espuma y se escuchan historias de cómo los más temerarios se están haciendo de oro. También es muy difícil resistirse a vender (y muy duro comprar) cuando sucede lo contrario y da la sensación de que mantenerse firme supone un riesgo claro de pérdida total de nuestras inversiones.

Como en muchas otras cosas que se han descrito en este libro, no hay una solución sencilla: no hay ninguna fórmula que diga cuándo el mercado está en un punto de extrema irracionalidad, no hay ninguna herramienta a prueba de tontos que le haga tomar las decisiones correctas, no hay ninguna medicina mágica que consiga protegerle de las emociones destructivas. Como decía Charlie Munger, "nadie dijo que fuera fácil".

¿Con qué armas cuenta para hacer frente a estos problemas y aumentar su probabilidad de éxito? Estas son las que a Oaktree le funcionan:

- Una convicción firme sobre el valor intrínseco de los activos.

- Insistir en actuar como se debe cuando los precios se desvían del valor.

- Estar suficientemente versado en los ciclos pasados —obtenido en primer lugar mediante la lectura y conversaciones con inversores veteranos, y en segundo a base de la experiencia que se va adquiriendo— como para saber que en última instancia, los excesos del mercado siempre se pagan y nunca tienen recompensa.

- Una profunda comprensión de los efectos perniciosos que la psicología produce en las decisiones de inversión en situaciones extremas de mercado.

- La promesa de nunca olvidar que si algo es "demasiado bueno para ser cierto", normalmente lo es.

- Voluntad para aguantar cuando parezca que estamos equivocados, cuando el mercado pasa de cotizar de precios equivocados a ridículos (como seguro que pasará).

- Y tener amigos y colegas que compartan esta filosofía en quien poder apoyarnos (y a quien poder apoyar).

Esto no es la panacea para solucionar el problema, pero le proporcionará algo con lo que poder enfrentarse a él.

11

LO MÁS IMPORTANTE ES...
IR A CONTRACORRIENTE

> Se necesita mucho coraje para comprar cuando los demás están desesperados por vender y vender cuando otros están eufóricos por comprar, pero es lo que proporciona los mayores rendimientos.
> Sir John Templeton[92]

Solo hay una forma de describir a la mayoría de los inversores: seguidores de tendencias. Los mejores inversores son exactamente lo opuesto. Invertir de forma extraordinaria, como espero haberle convencido hasta ahora, requiere un pensamiento de segundo nivel —una forma de pensar que es diferente a la de los demás, más compleja, y más intuitiva—. Por definición, la mayoría de la gente no puede poseer esta capacidad. Por lo tanto, las opiniones del consenso no pueden ser la clave para el éxito. Más bien, la tendencia, el consenso es algo contra lo que

---

[92].NdT: Multimillonario y filántropo inglés nacido en Estados Unidos y fundador en 1954 de *Templeton Funds*.

deberíamos apostar y deberíamos desviarnos de la cartera de consenso. A medida que el péndulo comienza a moverse y el mercado atraviesa sus habituales ciclos, el éxito reside en hacer justamente lo contrario.

Esta es la esencia de la habitual cita de Warren Buffet: "Cuanto menos prudentes sean los demás al gestionar sus asuntos, más prudentes deberemos ser nosotros para gestionar los nuestros". Nos está pidiendo que hagamos lo contrario de lo que hacen los demás, que vayamos a contracorriente.

> Hacer lo mismo que hacen los demás le expone a sufrir las fluctuaciones exageradas que causan otros con sus acciones y con las suyas mismas. Ciertamente no es deseable seguir a la "manada" cuando inicia una estampida hacia el precipicio, pero se necesitan unas raras habilidades, una gran dosis de perspicacia y disciplina, para evitarlo.
> *EL CREDO DE LOS REALISTAS[93], 31 DE MAYO DE 2002*

La lógica del error de la multitud está muy clara y casi se puede demostrar matemáticamente:

- Los mercados se mueven pendularmente desde alcistas a bajistas y desde sobrevalorados a infravalorados.

- Sus movimientos están provocados por las acciones "de la multitud", de "la manada" o de "la mayoría de la gente". Los mercados alcistas suceden porque hay más gente que quiere comprar de la que desea vender, dicho de otra forma, los compradores están más motivados que los vendedores. El mercado sube a medida que los vendedores pasan a ser compradores, y a medida en que la motivación de los compradores aumenta y la de los vendedores disminuye. (Si no predominaran los compradores, el mercado no subiría).

- Los extremos de los mercados representan puntos de inflexión. Esto sucede cuando la tendencia alcista llega a su máximo, o la bajista a su mínimo. En sentido figurado, un mercado alcista llega a su máximo cuando aparece el último comprador. Dado que todos los compradores se han apuntado al carro de las subidas y se ha llegado ya al punto más alto, no se puede seguir subiendo y el mer-

---

93. NdT: Título original *THE REALIST'S CREED*.

cado está en su máximo. Comprar o mantener en esta situación es peligroso.

- Llegado a este punto, como no hay ningún comprador más, el mercado deja de subir. Y si al día siguiente alguien vende, el mercado empezará a bajar.

- De modo que en los extremos, que se han creado en base a lo que "la mayoría" cree, es cuando se hace evidente que "la mayoría" está equivocada.

- Por lo tanto, la clave para tener éxito en las inversiones reside en hacer lo contrario: en discrepar de la multitud. Los que son capaces de reconocer los errores que cometen otros pueden obtener grandes beneficios yendo a contracorriente.

De vez en cuando hay compradores frenéticos o vendedores aterrados; con prisas para entrar o para salir; mercados sobrecalentados o congelados; y precios insosteniblemente altos o ridículamente bajos. La verdad es que en los mercados, las actitudes y comportamientos de los inversores, solo están durante muy poco tiempo en el "feliz término medio".

¿Qué nos sugiere esto con respecto a cómo deberíamos actuar? Unirse a la "mayoría" y ser cómplice de los extremos de estos ciclos puede resultar evidentemente peligroso para su salud financiera. Los máximos del mercado se generan cuando los compradores codiciosos toman el control, haciendo que los precios suban a niveles que puede que nunca se vuelvan a ver. Los mínimos de mercado suceden cuando predominan los vendedores que se dejan llevar por el pánico, y están dispuestos a deshacerse de los activos a precios ridículamente bajos.

"Comprar barato; vender caro" es la regla de toda la vida, pero los inversores que se ven arrastrados por los ciclos de mercado hacen demasiadas veces justamente lo contrario. La respuesta adecuada descansa en ir a contracorriente. Compra cuando los demás lo odien y vende cuando los demás lo amen. Los extremos que se ven "una vez en la vida", parecen ocurrir una vez cada diez años, más o menos —no lo suficientemente a menudo como para que un inversor pueda construir su carrera únicamente sacando provecho de ellos—.

Pero el intentar hacerlo es un componente importante en la estrategia de cualquier inversor.

No piense que va a ser fácil. Necesita la habilidad para identificar las situaciones en las que los precios se han desviado significativamente de su valor intrínseco. Hay que tener un estómago a prueba de bombas para desafiar a la "sabiduría popular" *(convetional wisdom)* (un oxímoron evidente) y resistir al mito de que el mercado siempre es eficiente y por lo tanto nunca se equivoca. Necesita experiencia en la que basar su determinación. Y tiene que tener el apoyo de "socios" que lo entiendan y sean pacientes. Si no dispone del tiempo suficiente para aguantar en los extremos hasta que vuelva a reinar la cordura, se convertirá en la típica víctima del mercado: como aquel hombre de un metro noventa que se ahogó cruzando un río que, de media, solo tenía un metro y medio de profundidad. Pero si está alerta ante las oscilaciones pendulares del mercado, posiblemente reconocerá las oportunidades que, ocasionalmente, suelen presentarse.

EL FELIZ TÉRMINO MEDIO[94], 21 DE JULIO DE 2004

Pero una cosa es aceptar el principio de ir a contracorriente y otra muy distinta el ponerlo en práctica. Por un lado nunca vamos a poder saber hasta dónde va a llegar la oscilación del péndulo, cuándo cambiará de sentido y lo lejos que va a llegar en la dirección contraria.

Por otro lado, podemos estar seguros de que, una vez que haya alcanzado uno de los extremos, el mercado finalmente volverá a un punto medio (o incluso más allá). Los inversores que pensaron que el péndulo continuaría en la misma dirección para siempre —o bien, que una vez que alcanzara uno de los extremos, iba a permanecer ahí— están obviamente defraudados.

Y por último, no hay ninguna herramienta —ni siquiera el ir a contracorriente— en la que se pueda confiar ciegamente, debido a que hay muchos factores de gran volatilidad que influyen en el comportamiento del mercado.

- Ir a contracorriente no es una práctica que le hará ganar dinero en cualquier circunstancia. La mayoría de las veces no se dan grandes excesos en los mercados contra los que poder apostar.

---

94. NdT: Título original: *THE HAPPY MEDIUM*.

- Incluso en el caso de que se estén produciendo estas situaciones en el mercado, es muy importante tener presente que "sobrevalorado" es totalmente distinto a "mañana va a bajar de precio".

- Los mercados pueden estar sobrevalorados o infravalorados y permanecer así —o incluso seguir aumentado sus excesos— durante años.

- Puede resultar tremendamente duro y doloroso cuando la tendencia va en tu contra.

- A veces puede parecer que "todo el mundo" ha llegado a la conclusión de que la mayoría está equivocada. Lo que quiero decir es que el ir a contracorriente puede parecer que se ha puesto de moda y por lo tanto se confunda con el comportamiento de seguir a la manada.

- Finalmente, no basta con apostar contra la multitud. Debido a las dificultades asociadas a ir a contracorriente que acabo de mencionar, reconocer divergencias con el pensamiento de consenso que puedan tener la capacidad de generar beneficios debe surgir de un buen razonamiento y análisis. Las cosas deben hacerse, no simplemente porque sean lo contrario de lo que la multitud esté haciendo, sino porque se conoce el motivo por el que la multitud está equivocada. Solo entonces podrá ser capaz de mantenerse firme con sus convicciones e incluso seguir comprando, aunque parezca que cada vez está más equivocado y se le acumulen pérdidas en vez de beneficios.

David Swensen es el director del fondo de la Universidad de Yale. El retorno del fondo ha sido extraordinario, y Swensen ha sido una de las figuras más influyentes de las últimas dos décadas en el mundo de las inversiones. Su manera de pensar se apartaba mucho de lo habitual cuando Yale comenzó a aplicar su estrategia de inversión en los años ochenta, pero ha acabado por convertirse en un estándar. Swensen tiene una forma muy elegante de describir la dificultad que supone el ir a contracorriente.

El éxito en las inversiones requiere mantener posiciones que resultan incómodas porque difieren de las del consenso. Compromisos faltos de convicción invitan a cambios repentinos de criterio, exponiendo a los gestores de carteras a la dañina dinámica de comprar caro y vender barato. Solo con la confianza que se crea a través de un proceso de toma de decisiones robusto, pueden los inversores vender a precios creados por excesos especulativos y comprar valor a precios de ganga producidos por vendedores desesperados.

... Las estrategias de gestión activa de inversiones requieren un comportamiento no institucional a las instituciones, creándose una paradoja que pocos son capaces de gestionar. El establecer y mantener un perfil inversor no convencional requiere ser capaz de soportar el carácter incómodo de algunas carteras que, a los ojos del consenso, son claramente imprudentes.

PIONEERING PORTFOLIO MANAGEMENT[95], 2000

En última instancia, las inversiones más rentables, por definición, son las que van a contracorriente: comprar cuando todos venden (y por lo tanto el precio es bajo) y vender cuando todos compran (y por lo tanto el precio es alto). Como diría Swensen, estas inversiones son incómodas y solitarias. ¿Cómo podemos saber que lo contrario, la decisión de consenso, es la cómoda? Porque es lo que está haciendo la mayoría.

Lo que me parece más interesante del mundo de las inversiones es lo paradójico que es: cuántas veces lo que parece más evidente —en lo que todo el mundo está de acuerdo— acaba siendo falso.

No estoy diciendo que el conocimiento sobre invertir generalmente aceptado resulte válido unas veces y otras no. La realidad es más simple y más metódica: la mayoría de la gente no entiende el proceso por el que un activo puede llegar a tener la capacidad de generar un retorno extraordinario.

Lo que resulta obvio para la mayoría de los inversores del consenso, casi siempre es erróneo... Una opinión demasiado extendida sobre una inversión tiende a eliminar su capacidad para generar beneficios. Piense en una inversión en la que "todo el mundo" piensa

---

95. NdT: Publicado por *The Free Press* (2000).

que es una gran idea. En mi opinión, esto simplemente no es posible por definición.
- Si le gusta a todo el mundo, probablemente sea por que ha funcionado bien en el pasado. La mayoría de las personas tienden a pensar que el hecho de haber conseguido unos excelentes resultados hasta la fecha es la mejor garantía de que se vayan a repetir en el futuro. De hecho es probable que el haber obtenido unos rendimientos elevados se deba a que los ha "adelantado" de los beneficios futuros y que de ahora en adelante los resultados estén por debajo de la media.
- Si a todo el mundo le gusta, es posible que sea debido a que el precio ha subido por el interés mostrado por los inversores hasta un nivel donde probablemente ya no haya más recorrido. (Es cierto que es posible que algo pase de "sobrevalorado" a "más sobrevalorado", pero yo prefiero no contar con que esto puede ocurrir).
- Si a todo el mundo le gusta, probablemente la idea se haya explotado a conciencia —y haya entrado demasiado capital como para que pueda quedar alguna oportunidad interesante—.
- Si a todo el mundo le gusta, hay un riesgo importante de que los precios bajen si la multitud cambia de opinión y decide salirse.

Los mejores inversores saben —y compran— cuando el precio de un activo es menor del que debería ser. Y el precio de una inversión puede ser más bajo de lo que debería si la mayoría de la gente no es capaz de apreciar sus méritos. Yogi Berra tiene una cita famosa: "Nadie va ya a ese restaurante; está demasiado lleno". Es tan absurdo como decir que "todo el mundo sabe que esa inversión es una ganga", si todos lo saben, entonces la comprarían, haciendo que el precio dejara de ser una ganga. No se puede obtener resultados extraordinarios comprando lo que le gusta a todo el mundo, se consiguen resultados extraordinarios comprando lo que todo el mundo subestima...

En resumen hay dos elementos clave para invertir de forma extraordinaria:
- Ser capaz de ver algo que otros no son capaces de ver o de apreciar (y que por lo tanto no está reflejado en el precio).
- Y que ese algo sea cierto (o por lo menos el mercado lo acabe aceptando).

Debería parecer claro por el primer elemento que el proceso tiene que empezar con inversores que son especialmente perceptivos, no convencionales, iconoclastas o precoces. Por eso se dice que los inversores con éxito pasan solos la mayor parte de su tiempo.
TODO EL MUNDO LO SABE[96], 26 DE ABRIL DE 2007

La crisis global del crédito de 2007-2008 representa el mayor colapso financiero que he visto en mi vida. Hay muchas lecciones que deberíamos aprender, y por eso la comento desde diversos puntos de vista en varios capítulos de este libro. Para mi una de las lecciones que aprendí consistió en llegar a una nueva comprensión sobre el escepticismo que se requiere para pensar a contracorriente. No soy dado a sufrir momentos de epifanía, pero tuve uno en lo que se refiere al escepticismo.

Cada vez que una burbuja estalla, se colapsa un mercado alcista o lo que es lo mismo la "bala infalible" deja de funcionar y se escucha a la gente lamentar sus errores. El escéptico, consciente de ello, trata de identificar los errores antes de que ocurran y de no alinearse con el resto de la gente que los aceptan. Normalmente el escepticismo inversor se asocia con el rechazo a las modas pasajeras, la locura de los mercados alcistas, o los esquemas Ponzi[97].

Mi momento de epifanía sucedió a mediados de octubre de 2008, cuando la crisis financiera estaba en el extremo. Por entonces oíamos y veíamos cosas que nunca habíamos imaginado que podían ser posibles:

- La desaparición o rescate de Lehman Brothers, Bear Stearns, Freddie Mac, Fannie Mae y AIG.
- Preocupación por la viabilidad de Goldman Sachs y Morgan Stanley, y enormes caídas en el precio de sus acciones.
- Aumento de los precios de los *credit-default-swap*[98] sobre los bonos del tesoro americano.
- Intereses de la deuda del Tesoro a corto plazo cercanos a cero debido al pánico y la búsqueda de seguridad.

---

96. NdT: Título original: *EVERYONE KNOWS*.
97. NdT: Ponzi fue un famoso delincuente americano de origen italiano que en los años veinte protagonizó la mayor estafa piramidal hasta la fecha.
98. NdT: Operación financiera de cobertura de riesgos, incluida dentro de los derivados de crédito.

- Consciencia por primera vez, por lo menos yo así lo creo, de que los recursos financieros del Gobierno americano son finitos y que hay limitaciones en su capacidad de darle a la máquina de imprimir dólares y resolver cualquier problema.

Tras la bancarrota de Lehman Brothers, parecía muy claro que se estaba preparando una "tormenta" que nadie sabía cuándo o cómo terminaría. De hecho ese era el problema, ningún escenario, por negativo que fuera, resultaba creíble y se descartaba cualquier escenario que incorporara algún elemento de optimismo, por considerarse *Pollyannaish*[99] (optimismo patológico).

Por supuesto, había algo de verdad en esta lógica: nada era imposible. Pero cuando se trata del futuro, tenemos que pensar en dos aspectos: (a) qué es lo que podría pasar y (b) qué probabilidad tiene de que ocurra.

Durante la crisis, un montón de cosas malas parecían posibles, pero eso no quería decir que fueran a ocurrir. En momentos de crisis, la gente no suele ser capaz de distinguir estas dos cosas...

Durante cuarenta años he visto el péndulo de la psicología maníaco-depresiva de los inversores moverse alocadamente: entre la avaricia y el pánico —todos nos conocemos el estribillo—, pero también entre el optimismo y el pesimismo y entre la credulidad y el escepticismo. En general, seguir los dictados de la multitud —y dejarse llevar por el movimiento del péndulo— hará que obtenga unos resultados medios a largo plazo y puede que le arruine en los extremos...

Si se cree la historia en la que todos los demás creen, hará lo que ellos hagan. Y normalmente comprará cuando los precios están altos y venderá cuando están bajos. Se dejará seducir por los cantos de sirena de los que dicen haber encontrado "la bala infalible" que le proporcionará enormes rendimientos sin ningún riesgo. Comprará lo que ha funcionado bien y venderá lo que no ha funcionado bien. Sufrirá pérdidas cuando los mercados se colapsen y se perderá las subidas cuando los mercados se recuperen. En otras palabras, será un resignado, no un inconformista; será un seguidor, no alguien que va a contracorriente.

---

99. NdT: Novela de gran éxito de Eleanor H. Porter (1913) que describe a una persona que es optimista de manera exagerada.

Cuando analizamos un balance, el último prodigio de la ingeniería financiera, o esa inversión que no te puedes perder necesitamos ser escépticos... Solo alguien escéptico es capaz de distinguir entre lo que suena bien y es acertado y lo que suena bien pero no es correcto. Los mejores inversores que yo conozco, tienen esta característica. Es algo absolutamente necesario.

Ocurrieron muchas cosas negativas que se consideraban poco probables (o incluso imposibles) y que dieron el pistoletazo de salida de la crisis crediticia, y se produjeron todas a la vez afectando a inversores que estaban muy apalancados. Entonces, la explicación sencilla es que los inversores que se vieron más afectados por la crisis no fueron suficientemente escépticos —o pesimistas—.

Pero esto detonó el momento de epifanía: escepticismo y pesimismo no son sinónimos. El escepticismo invoca al pesimismo cuando el optimismo es excesivo. Pero también invoca al optimismo cuando el pesimismo es excesivo.

La semana pasada la crisis crediticia alcanzó un nuevo máximo..., y no pude encontrar a muchas personas optimistas; la mayoría, en mayor o menor medida, eran pesimistas. Nadie aplicó el escepticismo, o bien dijo que "esta historia de terror no es probable que sea cierta". Si algo no estaba pasando la semana pasada en el mercado era que hubiera alguien haciendo ofertas de compra agresivas. Y los precios, bajaban y bajaban varios puntos porcentuales al día.

La clave —como siempre— era haber sido escéptico sobre lo que todo el mundo decía y hacía. La historia negativa puede parecer razonable, pero es la historia positiva —en la que pocos creyeron— la que tuvo y aún tiene un enorme potencial para generar beneficios.
LOS LIMITES DEL NEGATIVISMO[100], 15 DE OCTUBRE DE 2008

El error está claro. La multitud es optimista en los puntos más álgidos del mercado y pesimista es los más bajos. Por lo tanto, para sacar provecho, hay que ser escéptico acerca del optimismo que se respira

---

100. NdT: Título original *THE LIMITS TO NEGATIVISM*.

en la cumbre, y escéptico sobre el pesimismo que impera en el momento de pánico.

REFERENCIAS[101], 10 DE NOVIEMBRE DE 2009

A menudo se piensa que el escepticismo consiste en decir "no, es demasiado bueno para ser cierto" en el momento adecuado. Pero en el 2008 me di cuenta —y cuando miramos atrás parece evidente— que a veces el escepticismo también requiere que digamos "no, es demasiado malo para ser cierto".

La mayoría de las compras de deuda *distress*[102] que se realizaron en el cuarto trimestre de 2008 obtuvieron retornos entre el 50% y el 100% o incluso por encima en los siguientes dieciocho meses. Comprar en esas circunstancias tan complejas era muy difícil, pero se hizo más sencillo cuando nos dimos cuenta de que nadie más pensaba "no, las cosas no pueden estar tan mal". En ese momento, mostrarse optimista y comprar era la máxima expresión de ir a contracorriente.

Hay algunos aspectos que se repiten en las mejores inversiones de las que he sido testigo. Habitualmente suponen ir a contracorriente, son un reto y suelen situar al inversor en una posición incómoda —aunque los inversores contrarios más expertos encuentran la comodidad en estar posicionados fuera del consenso—. Cuando el mercado de deuda se colapsó, por ejemplo, la mayoría de las personas decían "no voy a intentar coger el cuchillo cuando está cayendo, es demasiado peligroso". Y normalmente añadían "vamos a esperar a que las cosas se tranquilicen y se resuelva la incertidumbre." Lo que quieren decir, en el fondo, es que tienen miedo y no están seguros de lo que deben hacer.

Algo de lo que estoy seguro es que cuando el cuchillo ha dejado de estar en el aire, cuando todo se haya tranquilizado y la incertidumbre se haya resuelto, ya no quedará ninguna ganga. Cuando resulte cómodo comprar algo, su precio no será tan bajo como para que resulte ser una ganga. Por eso, una inversión extraordinariamente rentable que no comience con una cierta incomodidad es un oxímoron.

---

101. NdT: Título original *TOUCHSTONES*.
102. NdT: Compra de títulos de entidades en quiebra o suspensión de pagos.

Es nuestro trabajo como inversores contrarios el coger el cuchillo mientras está cayendo, con suerte haciéndolo con el máximo cuidado y habilidad. Por eso el concepto de valor intrínseco es tan importante. Si tenemos una opinión sobre el valor que nos permite comprar cuando todos los demás están vendiendo —y al final nuestras estimaciones son correctas—, esta es la mejor forma de conseguir unos retornos extraordinarios con el mínimo riesgo.

12

LO MÁS IMPORTANTE ES...
ENCONTRAR GANGAS

Las mejores oportunidades normalmente se encuentran entre lo que los demás no están dispuestos a hacer.

El proceso inteligente para construir una cartera consiste en comprar las mejores inversiones, hacerles hueco vendiendo aquellas que son menos buenas y mantenerse alejado de las peores. Los elementos del proceso consisten en (a) lista de posibles inversiones, (b) estimación de su valor intrínseco, (c) una cierta noción de la relación entre el precio y el valor y (d) entender los riesgos de cada una de las inversiones y cómo afectaría al conjunto de la cartera que se está construyendo.

Normalmente, el primer paso es comprobar si los activos que estamos considerando cumplen unas características generales. Incluso los mejores inversores probablemente nunca digan "compraré cualquier cosa que esté suficientemente barata". Lo que suelen hacer es crear una lista de posibles inversiones que cumplan sus criterios mínimos para considerarlas, y de esa lista escogen las mejores gangas. Sobre esto es sobre lo que va a tratar este capítulo.

Por ejemplo, un inversor puede empezar por reducir la lista de posibles inversiones centrándose solo en aquellas que estén dentro de unos niveles de riesgo específicos, ya que puede haber inversores que no se sientan cómodos asumiendo ciertos riesgos. Ejemplos de riesgos que un inversor puede decidir descartar podrían ser, el riesgo de obsolescencia en un nicho muy dinámico del sector tecnológico; o el riesgo de que un producto de moda pierda su popularidad; algunos inversores pueden considerar que estos riesgos no están al alcance de sus capacidades. O puede que ciertos inversores consideren totalmente inaceptable invertir en algunas compañías porque son demasiado impredecibles o porque sus estados financieros no son lo suficientemente transparentes.

Es perfectamente razonable querer centrarse en activos que estén dentro del rango de riesgos que un inversor considere aceptables. Puede que haya títulos que para el mercado sean ultraseguros, pero que no ofrezcan la rentabilidad deseada, y habrá otros que estén en el extremo opuesto y ofrezcan retornos esperados elevados, pero superen los niveles de tolerancia al riesgo del inversor. En otras palabras, es posible que haya activos que los inversores no vayan a considerar, independientemente del precio.

No solo puede haber riesgos que un inversor no desee asumir, sino que también puede que haya riesgos que sus clientes no quieran que asuma. Especialmente en el mundo institucional, rara vez se les dice a los gestores, "aquí tiene el dinero, haga con él lo que considere oportuno". El trabajo de un gestor de inversiones no se limita a hacer inversiones que tengan potencial de generar beneficios, sino que también debe dar a sus clientes lo que quieren, dado que a la mayoría de los inversores institucionales se les contrata para que ejecuten una estrategia de inversión específica que define el estilo de inversión y las clases de activos en las que pueden invertir. Si el cliente te contrata para que inviertas en una clase de activos concreta, no hay mucho que ganar invirtiendo en otras, independientemente de lo atractivas que puedan ser. Por ejemplo, si el cliente te pide que inviertas en acciones de alta calidad y gran capitalización, estás poniendo tu empleo en riesgo si inviertes en unas cuantas empresas tecnológicas recién creadas.

Por lo tanto, es improbable que el punto de partida al construir una cartera sea un universo de inversión ilimitado. Algunas inversiones tendrán muchas probabilidades de ser incluidas en la cartera y otras no.

❧

Una vez definido el conjunto de "activos factibles", el siguiente paso consiste en elegir en cuáles de ellos invertir. Y esto se hace identificando los que ofrecen la mejor relación entre rentabilidad esperada y riesgo, o dicho de otra forma los que le pueden dar el mayor valor por su dinero. Eso es a lo que se refería Sid Cottle, el editor del libro de Graham y Dodd, *Security Analisys*, cuando me dijo que desde esta perspectiva "invertir es una disciplina de selección relativa". Esta expresión me ha acompañado durante treinta y cinco años.

Esta simple frase de Sid, contiene dos mensajes importantes. El primero que el proceso de inversión tiene que ser riguroso y disciplinado. Y segundo, que por definición, es comparativo. Aunque los precios sean bajos o altos y por lo tanto los retornos esperados sean altos o bajos, tenemos que encontrar las mejores inversiones posibles. Ya que no podemos cambiar el mercado, si queremos participar, nuestra única opción es seleccionar lo mejor entre las opciones existentes. Estas son decisiones relativas.

❧

¿Qué es lo que hace que un activo sea esa inversión óptima que buscamos? Como decía en el capítulo cuatro, en gran medida tiene que ver con su precio. Nuestro objetivo no es encontrar buenos activos sino buenas compras. Por lo tanto, no se trata de qué es lo que compra; sino de lo que se pague por ello. Un activo de gran calidad puede ser una buena o mala compra, y un activo de poca calidad puede ser una buena o mala compra. La tendencia a confundir la calidad del activo con una buena oportunidad de inversión, y el ser incapaz de distinguir entre buenos activos y buenas compras mete en problemas a la mayoría de los inversores.

Dado que lo que estamos buscando son buenas compras, mi primer objetivo en este capítulo es explicar qué es lo que hace que una compra sea buena. Por lo general significa que el precio es inferior al valor y los retornos potenciales son altos en comparación con su riesgo. ¿Qué hace que una ganga lo sea?

En el capítulo diez, utilicé el caso de la moda por el mercado tecnológico como un ejemplo del proceso por el que una buena idea con fundamentales sólidos puede convertirse en una burbuja sobrevalorada.

Suele dar comienzo con un activo sobre el que objetivamente se puede decir que es atractivo. A medida que mejora la percepción que la gente tiene sobre el activo, hay cada vez más inversores que quieren comprarlo; lo que hace que el dinero fluya hacia ese activo y los precios suban. Las personas ven el aumento de los precios como una validación de lo buena que es la inversión por lo que continúan comprando. Otros inversores oyen hablar de él por primera vez y deciden unirse, de forma que la tendencia al alza parece tomar la forma de un círculo virtuoso sin fin. En gran medida se trata de un concurso de popularidad en el que el ganador es el activo en cuestión.

Si tienen el recorrido necesario y cogen la fuerza suficiente, los estilos de inversión se transforman en burbujas. Y las burbujas pueden generar muchas oportunidades a inversores sensatos para vender y vender en corto.

El proceso mediante el cual se generan las gangas es principalmente lo contrario. Por lo tanto para ser capaces de identificarlas es fundamental que entendamos los motivos por los que un activo no está de moda o la gente lo ignora. Esto no es necesariamente el resultado de un proceso analítico. De hecho en gran medida el proceso es antianalítico, queriendo decir que es importante pensar en los aspectos psicológicos y factores que están detrás de su impopularidad.

Entonces, ¿qué hace que el precio esté barato en relación con su valor y que el retorno sea alto en comparación con su riesgo?, o dicho de otra forma ¿qué es lo que hace que algo se venda más barato de lo que debería?

- Al contrario que los activos que se convierten en el objeto de deseo de todos, los activos que tienen el potencial de ser una ganga, siempre suelen tener algún defecto objetivo. Por ejemplo, una clase de activo puede mostrar flaquezas, una compañía puede ser de las menos rentables en su industria, un balance puede estar demasiado endeudado, o que un activo otorgue a sus dueños un nivel de protección poco adecuado.

- Dado que para que un mercado fije precios de forma eficiente, es necesario que los inversores sean analíticos y objetivos, las gangas normalmente surgen por la irracionalidad o una comprensión incompleta de las mismas. Por lo tanto, las gangas se generan cuando o bien los inversores no analizan un activo de forma justa o bien no son capaces de mirar más allá de la superficie para llegar a entenderlas, o son incapaces de evitar aplicar juicios subjetivos o dejarse llevar por sus sesgos o la lógica generalmente aceptada.

- Al contrario que los activos preferidos por el mercado, se ignora y menosprecia a los activos "huérfanos". Si se habla de ellos en los medios de comunicación, en cócteles o en reuniones sociales, se hace en términos despectivos.

- Lo que suele pasar es que el precio ha estado cayendo, haciendo que los inversores de pensamiento de primer nivel se pregunten ¿a quién le gustaría ser dueño de ese activo? (Merece la pena repetir que la mayoría de los inversores extrapolan los resultados históricos a futuro, esperando que las tendencias continúen en lugar de pensar que tiene más lógica que la tendencia revierta a su media. Los pensadores de primer nivel tienden a ver la debilidad de los precios como algo en lo que preocuparse, no como una señal de que el activo está más barato). Como resultado, una ganga de activo tiende a ser altamente impopular. El capital huye de él y nadie encuentra motivos para comprarlo.

A continuación expongo un ejemplo de cómo se pueden crear gangas cuando toda una clase de activo deja de estar de moda.

> La historia de los bonos en los últimos sesenta años es justamente lo contrario a la creciente popularidad de la que ha disfrutado la renta variable. En los años cincuenta y sesenta los bonos comenzaron a languidecer al mismo tiempo que las acciones pasaban a ser el centro de atención, hasta que al final de 1969 el informe semanal sobre el mercado de bonos que hacia el First National City Bank cerró su última edición con un elocuente titular: "El último número", impreso sobre un fondo negro. Los bonos fueron diezmados durante el periodo de subidas de tipos de interés de los años setenta, y aunque los tipos de interés bajaron progresivamente durante los ochenta y noventa, los bonos ni se acercaron a los enormes rendimientos que obtuvo la renta variable.
>
> Durante la segunda mitad de los noventa, invertir en bonos en vez de en renta variable se veía como un lastre para la rentabilidad de las carteras. En aquella época presidía el comité de inversiones de

una fundación y pude ver cómo su organización hermana —que durante años había sufrido una baja rentabilidad invirtiendo un 80% en bonos y un 20% en renta variable—, cambió su cartera para invertir el 100% en renta variable. Me imaginaba al típico gestor institucional diciendo:

En nuestra asignación de activos tenemos una pequeña parte en renta fija. No les puedo decir por qué. Es un accidente histórico. Mi antecesor diseñó la asignación de activos y las razones se han perdido en el tiempo. Ahora nos estamos replanteando reducir nuestra inversión en bonos.

A pesar de todo, el interés por aumentar la exposición a renta variable permaneció bajo durante esa década y se destinó poco dinero a los bonos de alta calidad crediticia. El declive constante de la popularidad de los bonos se originó, entre otras cosas, por la decisión de la FED de Greenspan de mantener los tipos de interés bajos para estimular la economía y luchar contra los *shocks* externos (como el miedo al efecto Y2K). Con la rentabilidad de los bonos del tesoro y los de alta calidad crediticia en el 3-4%, estos no tenían mucho que aportar a inversores institucionales con objetivos de retorno del 8%.

HEMLINES[103], 10 DE SEPTIEMBRE DE 2010

Cuando el proceso descrito arriba continuó lo suficiente, y los inversores habían reducido sus exposiciones lo suficiente, los bonos estaban posicionados para obtener rentabilidades excepcionales. Bastó con un cambio en el entorno que provocó que los inversores primaran la seguridad frente a la rentabilidad. Y como suele suceder cuando un cierto activo se ha estado apreciando durante un tiempo, los inversores reconocieron el atractivo que tienen los bonos y decidieron que no tenían los suficientes. Este es un patrón que genera rendimientos constantemente para aquellos que son capaces de anticiparlo.

---

103. NdT: El "*Hemline Index*" es una teoría del economista George Taylor (1926) por la que los tamaños de las faldas de las mujeres (*hemlines*) suben a la vez que la bolsa. En la época de bonanza de cómo en los sesenta se llega a la minifalda y en momentos económicos difíciles como en 1929 las faldas eran largas hasta el suelo.

Los activos que tienen un precio razonable nunca son nuestro objetivo, ya que solo reportan resultados razonables para los riesgos asumidos. Y por supuesto, los activos sobrevalorados no nos hacen ningún bien.

Nuestro objetivo es encontrar activos que estén infravalorados. ¿Y dónde podemos encontrarlos? Un buen sitio para empezar es buscar entre cosas que:

- Se conocen poco y no se acaban de comprender bien.

- A simple vista parezcan fundamentalmente cuestionables.

- Sean controvertidas, improcedentes o que den miedo.

- Se consideren inapropiadas para incluir en carteras "respetables".

- Sean despreciadas, impopulares y que no gusten.

- Tengan un historial de mala rentabilidad.

- Hayan sido sujeto de desinversiones, no de acumulación de inversión.

Para resumirlo en una sola frase, diría que la condición necesaria para que existan gangas es que la percepción sea considerablemente peor que la realidad. Esto quiere decir que las mejores oportunidades las encontraremos entre lo que los demás no están dispuestos a hacer. Después de todo, si alguien está cómodo con algo y está dispuesto a participar, el precio no será una ganga.

Cuando me trasladé del Departamento de Análisis de Renta Variable al de Gestión de Carteras en Citibank en 1978, tuve la fortuna de que me pidieran trabajar en una clase de activos que reunía todas o casi todas estas características. Mi primer proyecto fue en títulos convertibles en acciones. Este era un mercado más pequeño e irrelevante de lo que es hoy. Dado que estos títulos otorgaban a los inversores tanto las ventajas de los bonos como de las acciones suponían la última opción de financiación para las compañías débiles que no tenían otra alternativa, como los grandes conglomerados industriales, compañías de ferrocarril y aerolíneas. Los principales inversores pensaban que tenían un grado de complejidad innecesario: si tenían las características de los bonos y de las acciones, ¿por qué no comprar entonces bonos y acciones? Y si te atrae la compañía, ¿por qué no invertir solo en acciones y recoger todos lo beneficios en vez de invertir en un vehículo híbrido y defensivo? Pues bien, cuando "todo el mundo" piensa que no hay mérito en algo, es razonable pensar que nadie lo quiere, que nadie desea comprarlo y que por lo tanto probablemente esté infravalorado. Tal vez por eso en 1984 la revista *Business Week* publicó un artículo sobre mí titulado "Los hombres de verdad no invierten en convertibles, por eso los gallinas como yo podemos comprarlos baratos".

Más adelante en 1978 me pidieron que creara y gestionara un fondo de bonos *high yield*. Estos títulos de baja calificación tenían el poco agraciado sobrenombre de Bonos Basura, y no cumplían los requisitos de inversión de la mayoría de instituciones que demandaban una mínima calidad crediticia o de *rating* "grado inversión o mejor" o de *rating* "A o mejor"[104]. Los bonos basura podían hacer *default* (suspender pagos), por lo que ¿cómo podían ser activos apropiados para un fondo de pensiones o un fondo de inversión de una universidad? Y si un fondo compraba un bono basura de una compañía que finalmente quebraba, ¿cómo podrían los responsables del fondo evitar las críticas por haber comprado un activo que a priori, ya se sabía que tenía un alto riesgo? Una pista muy clara sobre el potencial que tiene este tipo de activos nos la da la propia definición que hace de los bonos de *rating* "B" una de las agencias de *rating* como: "generalmente carentes de las características deseables en una inversión". A estas alturas ya debería preguntarse cómo puede alguien hacer desechar completamente una clase de activos sin hacer una referencia a su precio. La historia que siguió a estos bonos demuestra que (a) si nadie los tiene en su cartera, su demanda (y por lo tanto el precio) solo puede subir y (b) con que pasen de ser una inversión "tabú" a ser una "al menos tolerable", pueden generar rendimientos significativos.

Al final, en 1987 mis socios Bruce Karsh y Sheldon Stone vinieron a verme con la gran idea de crear un fondo para invertir en deuda *distress* (deuda de emisores con problemas financieros). ¿Qué podía ser más indecoroso y menos respetable que invertir en títulos de compañías que están en quiebra o a un paso de estarlo? ¿Quién invertiría en compañías que han demostrado no ser económicamente viables y mal

---

104. NdT: *Rating* otorgado por las agencias de calificación Moody's, Standard & Poor's, and Fitch Ratings que implica una alta capacidad para hacer frente a las obligaciones financieras contraídas.

gestionadas? ¿Cómo podría alguien, de manera consciente, invertir en compañías que están en caída libre? Claro que viendo cómo se comportan los inversores, todo activo que sea considerado como el peor en un momento dado, también tiene una gran probabilidad de ser el más barato. Las oportunidades en la inversión a precio de ganga no tienen nada que ver con la calidad. De hecho las cosas tienden a ser más baratas si la mala calidad ha ahuyentado a la gente.

Cada una de estas clases de activos cumplían todos o casi todos los criterios descritos al principio de este capítulo. Eran poco conocidos, no se entendían y eran despreciados. Nadie decía nada bueno sobre ellos. Todos gozaban de esa incómoda idiosincrasia y apariencia de ser una inversión imprudente de la que hablaba David Swensen en el capítulo 11..., y por lo tanto se convirtieron en un gran sitio en el que pasar los siguientes veinte o treinta años. Espero que estos ejemplos le hayan dado una clara noción acerca de dónde se pueden encontrar las gangas.

🙵

Las gangas son el Santo Grial de los inversores porque proporcionan valor a precios irracionalmente bajos y por lo tanto una relación rentabilidad-riesgo inusual. Estas oportunidades de inversión no deberían existir en un mercado eficiente por las razones descritas en el capítulo 2. Sin embargo, mi experiencia me dice que aunque las gangas no son la norma, las fuerzas que en teoría deberían neutralizarlas, a menudo fallan en hacerlo.

Somos inversores activos porque creemos que podemos batir al mercado identificando las mejores oportunidades. Por el contrario muchas de las "oportunidades especiales" que se nos ofrecen son demasiado buenas para ser verdad y hay que ser capaz de evitarlas para tener éxito en las inversiones. Por lo tanto, como con tantas cosas, tenemos que mantener un equilibrio entre el optimismo que nos lleva a ser inversores activos y el escepticismo inherente en la creencia de que los mercados suelen ser eficientes.

Es evidente que los inversores pueden cometer errores debido a su debilidad psicológica, a errores de análisis o por no ser lo suficientemente prudentes frente a la incertidumbre. Esos errores crean oportunidades para los pensadores de segundo nivel que sean capaces de identificar los errores que cometen los demás.

13

LO MÁS IMPORTANTE ES... ESPERAR LA OPORTUNIDAD PACIENTEMENTE

El mercado no es algo especialmente complaciente, no va a generar rendimientos altos solo porque los necesites.
PETER BERNSTEIN[105]

Los altibajos asociados a la crisis financiera mundial nos dieron la oportunidad de vender a precios elevados entre el 2005 y principios de 2007 y después, la de comprar a precios de derribo entre finales de 2007 y el 2008. Esto fue, en gran medida, la oportunidad de nuestras vidas. Los inversores contrarios y que luchan por no dejarse llevar por los ciclos tuvieron una oportunidad de oro para destacar. Pero lo que quiero destacar en este capítulo es que no siempre hay demasiado por hacer, y que a veces la forma de maximizar nuestro retorno es teniendo criterio y

---

105. NdT: Peter Bernstein. Historiador y economista americano, desarrollador de la teoría del mercado eficiente y reconocido por su forma de hacer accesible la economía para el público.

permaneciendo relativamente inactivo. Ser oportunista y paciente —esperar a que haya gangas— es a menudo la mejor estrategia.

Aquí va una pista: tendrá mejores resultados si espera a que las inversiones vengan a buscarle en vez de ir usted a buscarlas. Se suelen conseguir mejores compras eligiendo entre una lista de activos que los vendedores están motivados por vender, en vez de partiendo de una idea fija y preconcebida de lo que le gustaría comprar. Un oportunista compra porque el precio es una ganga. No hay nada de especial en comprar cuando los precios no son bajos.

En Oaktree, uno de nuestros lemas es que "nosotros no buscamos a nuestras inversiones; ellas nos encuentran". Procuramos quedarnos sentados. No tenemos una lista de la compra, en vez de eso, esperamos a que el teléfono suene. Si llamásemos al propietario y le dijéramos: "buenos días, señor propietario, queremos comprar", el precio subiría. Pero si el propietario en cuestión nos llama y nos dice: "tenemos un problema y necesitamos que nos ayuden", el precio bajará. Por lo tanto, en lugar de iniciar nosotros las operaciones preferimos reaccionar de forma oportunista.

El escenario en el que invertimos en cada momento es algo sobre lo que no podemos influir y no tenemos más remedio que aceptarlo e invertir dentro de sus márgenes. No siempre estaremos en el extremo de un ciclo contra el que poder apostar. A veces la codicia y el miedo, el optimismo y el pesimismo, la credulidad y el escepticismo están equilibrados y por lo tanto no se producen errores claros. La mayoría de los activos no suelen cotizar a precios que estén claramente sobrevalorados o infravalorados, sino que suelen estar razonablemente bien valorados. En estos casos, puede que no haya gangas que comprar ni ventas obvias que hacer.

Para tener éxito, es esencial que seamos capaces de reconocer las condiciones en las que se encuentra el mercado y tomar nuestras decisiones teniéndolas en cuenta. Las demás posibilidades pasan por (a) actuar sin saber cuál es la situación del mercado, (b) actuar sin que nos importe cuál es la situación del mercado y (c) creer que podemos ser capaces de cambiar de alguna manera la situación del mercado. Todas estas alternativas son poco prudentes. Tiene todo el sentido que tratemos de invertir de forma adecuada en función de las circunstancias que nos rodean. De hecho, ninguna otra alternativa tiene sentido.

Llego a esta conclusión por una cuestión filosófica:

A mediados de los años sesenta los estudiantes de Wharton tenían que cursar una asignatura optativa que no estuviera relacionada con los negocios y yo opté por cursar cinco cursos de japonés. Curiosamente se convirtió en el elemento diferenciador de mi educación universitaria y más adelante contribuyó de forma muy relevante en el desarrollo de mi filosofía de inversión.

Entre los valores más preciados de la cultura primitiva japonesa estaba el *anitya*[106]. El *anitya* se definía tradicionalmente como el reconocimiento de "el giro de la rueda de la ley" cuya implicación es la aceptación inevitable del cambio, del auge y la caída... en otras palabras, *anitya* significa que habrá ciclos de auge y de caída, que las cosas vendrán y se irán y que el entorno siempre cambiará en formas que se escapan a nuestro control. Por lo tanto debemos reconocerlo, aceptarlo, soportarlo y responder a él. ¿No es esta la esencia de la inversión?

... Lo pasado, pasado está y no puede cambiarse. Nos ha llevado a las circunstancias con las que ahora nos toca enfrentarnos. Todo lo que podemos hacer es reconocer nuestras circunstancias por lo que son y tomar las mejores decisiones que podamos, dadas las circunstancias.

ES LO QUE ES[107], 27 DE MARZO DE 2006

La filosofía de Warren Buffett tiene una base algo menos espiritual que la mía. En vez de basarse en *anitya* la suya se basa en el béisbol. En el informe anual de Berkshire Hathaway de 1997 Buffett hacía referencia a Ted Williams —el *"Splendid Splinter"*— uno de los mejores bateadores de la historia. Uno de los factores que más contribuyó a su éxito fue su capacidad de analizar exhaustivamente su propio juego. Dividió la zona de *strike,* la zona donde se le lanzan las bolas al bateador, en setenta y siete celdas del tamaño de una bola de béisbol. Al hacer un gráfico del resultado que obtenía en función de en qué zonas le lanzaban las bolas, se dio cuenta de que su media de bateo era mucho mayor cuando únicamente trataba de golpear la bola cuando se la lanzaban en su "celda idónea". Por supuesto, a pesar de conocer esto, no podía

---

106. NdT: *Anitya* es una de las tres características de la existencia, una doctrina esencial del budismo. El término expresa la idea budista de que toda existencia condicionada, sin excepción, está sujeta al cambio; la palabra significa literalmente 'transitoriedad', 'cambio' o 'no permanencia'.

107. NdT: Título original: *IT IS WHAT IT IS*.

esperar eternamente a que le llegara la bola perfecta; si dejaba pasar tres bolas de *strike* sin golpearlas, quedaría eliminado.

Yendo atrás en el tiempo hasta el 1 de noviembre de 1974, Buffet señalaba en un número de la revista *Forbes*, que los inversores tenían una ventaja en este sentido, siempre que fueran capaces de aprovecharse de ella. Dado que los inversores no se eliminan si dejan pasar demasiadas oportunidades sin invertir, no tendrían por qué sentirse presionados para invertir. Pueden dejar pasar innumerables oportunidades hasta que vean una excepcional.

> Invertir es el mejor negocio del mundo porque no tienes que batear. Te quedas en el terreno de juego y el lanzador te va lanzando oportunidades, ¡General Motors a 47!; ¡U. S. Steel a 39!, y nunca te pitan un *strike*. No hay sanciones, solo oportunidades. Puedes esperar todo el día a que llegue el lanzador que más te guste; y entonces, cuando el resto de jugadores están dormidos, le encajas un buen golpe y haces un *home run*.
>
> ¿A QUÉ VAS A JUGAR?[108], 5 DE SEPTIEMBRE DE 2003

Uno de los aspectos positivos de invertir es que la única penalización real es la hacer inversiones en las que se incurra en pérdidas. No hay sanciones por no aceptar malas inversiones, solo recompensas. Incluso si dejamos pasar algunas buenas oportunidades la sanción es soportable.

¿Dónde está la penalización por no aceptar buenas inversiones? Veamos, en general los inversores son muy competitivos y están en el mercado por dinero. Por lo tanto, a nadie le gusta perderse una buena oportunidad.

En el caso de los inversores profesionales que gestionan el dinero de terceros a cambio de una remuneración, lo que está en juego es mucho más. Si dejan pasar demasiadas buenas oportunidades de inversión y los rendimientos que obtienen cuando las cosas van bien son demasiado bajos, puede que los clientes les presionen e incluso lleguen a perder clientes. En gran medida, depende de cómo se informe a los clientes. Oaktree siempre ha sido muy explícita sobre la creencia de que perderse una buena oportunidad es menos importante que realizar una mala inversión. Por lo tanto nuestros clientes se sienten cómodos con una

---

108. NdT: Título original: *WHAT'S YOUR GAME PLAN?*

estrategia que pone el control de riesgos por delante de participar por completo en los mercados alcistas.

La forma que tiene Buffet de ilustrar el esperar pacientemente a que llegue la oportunidad es la de permanecer en el terreno de juego tranquilamente con el bate sobre el hombro. Debemos poner el bate en posición, solamente cuando aparezcan oportunidades rentables con un riesgo controlado.

Una forma de ser selectivo en este sentido es esforzarse por entender si se está en un entorno de bajos o de altos rendimientos. Hace unos años utilicé una metáfora para describir los entornos de bajos rendimientos. La llamé: "El gato, el árbol, la zanahoria y el palo". El gato es un inversor cuyo trabajo consiste en arreglárselas en el mundo de las inversiones, dentro del cual está el árbol. La zanahoria es el incentivo para aceptar más riesgo y se puede obtener de los rendimientos más altos que aparentemente proporcionan las inversiones con más riesgo. Y el palo es la motivación para renunciar a la seguridad y proviene de los bajos retornos que ofrecen las inversiones más seguras.

La zanahoria atrae al gato hacia las ramas más altas —estrategias con más riesgo— para conseguir su comida (su rendimiento objetivo), y el palo empuja al gato hacia arriba ya que no puede obtener su comida cuando está cerca del suelo.

La zanahoria y el palo, juntos, pueden hacer que el gato suba a las ramas más altas poniéndose en una posición peligrosa. La conclusión importante es que el gato quiere obtener unos rendimientos más altos, incluso en un entorno de bajos retornos, aunque tenga que soportar unas consecuencias que a menudo desconoce —mayor riesgo—.

Los inversores en bonos llaman a este proceso *"reaching for yield"* o "perseguir el retorno". Tradicionalmente ha consistido en invertir en títulos con más riesgo a medida que disminuyen los retornos esperados de los títulos más seguros, y así poder alcanzar un nivel de retorno esperado similar al que los inversores estaban acostumbrados antes de que el mercado subiera. Ese proceso de asumir nuevos y mayores riesgos para mantener el mismo nivel de retorno se repite a menudo siguiendo un patrón cíclico. La motivación de los que buscan el rendimiento se puede explicar con esta frase: "Si no se puede conseguir el rendimiento necesario con inversiones seguras, habrá que intentar conseguirlo invirtiendo con mayor riesgo".

Hemos podido ver cómo este comportamiento estaba muy presente a mediados de la pasada década:

(En los días previos a la crisis crediticia) los inversores sucumbían a los cantos de sirena del apalancamiento. Tomaban prestados fondos baratos a corto plazo —cuanto más a corto plazo, más barato (se pueden obtener préstamos muy baratos si hay una promesa de pago mensual). Y usaban este dinero para comprar activos que ofrecían unos rendimientos elevados porque implicaban iliquidez o riesgo.

Y los inversores institucionales de todo el mundo vieron en Wall Street la promesa de un nuevo "el dorado" con dos alternativas que les proporcionarían altos rendimientos asumiendo un riesgo muy bajo: la titulación[109] y las inversiones estructuradas[110].

En la superficie, estas inversiones tenían sentido. Presentaban unos retornos absolutos satisfactorios, ya que los activos que se compraban apalancándose generaban más rentabilidad que el coste del capital. Los resultados serían fantásticos... mientras no pasase nada malo.

Pero como de costumbre, la búsqueda del rendimiento llevó a que se cometieran errores. Los resultados esperados parecían adecuados, pero en el rango de los posibles resultados que podían obtener estas inversiones había algunos que eran realmente desagradables. El éxito de muchas de estas técnicas y estructuras funcionaba bajo la hipótesis de que el futuro se comportaría como el pasado. Y muchos de estos nuevos "milagros financieros" en los que estaban basados, no se habían sometido a prueba.
ESTA VEZ NO ES DIFERENTE[111], 17 DE DICIEMBRE DE 2007

Es remarcable como muchos de nuestros competidores punteros cuando empezamos en el mundo de las inversiones, hoy han dejado de ser líderes (o incluso ni siquiera son competidores). Unos cayeron por errores en su organización o en su modelo de negocio, otros desaparecieron por insistir en perseguir retornos elevados en entornos de retornos bajos.

---

109. NdT: Titulación es el proceso por el cual un bien o conjunto de bienes se transforma en un valor transferible y negociable en un mercado organizado. De esta manera, activos no líquidos pueden generar liquidez.

110. NdT: Los estructurados son productos formados por una combinación de dos o más instrumentos financieros tradicionales y derivados,

111. NdT: Título original: *NO DIFFERENT THIS TIME*.

Hay que ser conscientes de que no se pueden crear oportunidades de inversión cuando no las hay. Lo peor que se puede hacer es insistir en obtener rendimientos elevados —y perderlo todo en el camino—. Si las oportunidades no están ahí, desear que estuvieran no va cambiar este hecho.

Cuando los precios están altos es inevitable que los rendimientos esperados sean bajos (y los riesgos altos). Esta simple frase es de gran ayuda a la hora de orientar las acciones que tomemos en nuestras carteras. ¿Cómo debemos integrar esta observación en nuestro proceso de decisión?

En el 2004 escribí un memorando titulado *Riesgo y rendimiento hoy*[112]. En él, como explico en el capítulo 6, puse de manifiesto mi visión de que (a) la línea del mercado de capitales (*Capital Market Line*) por aquel entonces era "plana y con retornos esperados bajos", lo que quería decir que los rendimientos que se podían esperar en la mayoría de los mercados estaban en los niveles más bajos que habíamos visto y que las primas de riesgo eran también muy pequeñas, y (b) que si los retornos esperados subían en el futuro, seguramente lo harían por una bajada de precios.

Pero la pregunta es ¿qué podemos hacer al respecto? Unas semanas después, sugerí estas posibilidades:

¿Qué podemos hacer cuando el mercado ofrece unos rendimientos muy bajos?
- Invertir como si no fuera cierto. El problema si actuamos de esta forma es que "por desearlo, no se va a convertir en realidad". En definitiva no tiene sentido esperar poder conseguir los rendimientos habituales cuando los altos precios de los activos indican que no es posible. Fue un placer recibir, como respuesta a mi memorando, una carta de Peter Bernstein en la que me decía algo maravilloso:"El mercado no es algo especialmente complaciente, no va a generar rendimientos altos solo porque los necesites".
- Invertir de todas maneras. Intentando obtener retornos relativos aceptables, aunque sean poco atractivos en términos absolutos.
- Invertir de todas maneras. Sin tener en cuenta el riesgo a corto plazo y enfocándose en el largo plazo. Esto sin duda no es

---

112. Título original *Risk and return today.*

irracional, especialmente si se está de acuerdo con la idea de que el *market timming*[113] y un *asset allocation* táctico son cosas difíciles de hacer bien. Pero antes de que siga por esta vía, le sugiero que obtenga el compromiso de su comité de inversiones o de sus miembros, para que ignoren las pérdidas a corto plazo.

- Mantener posiciones líquidas. Pero esto es difícil para aquellos que tienen que cumplir con unas hipótesis actuariales o financiar un nivel de gasto; para quien desea que sus fondos estén "trabajando plenamente" en todo momento; o para quienes puedan verse en un aprieto (o incluso perder su trabajo) si deciden ser pacientes mientras que otros obtienen grandes resultados.
- Concentrar las inversiones en "nichos especiales y en gestores especiales", como he puesto de manifiesto durante los últimos años. Pero esto es más difícil cuanto más grande es la cartera. Identificar gestores que realmente tengan un talento especial, sean disciplinados y con la capacidad real de ser pacientes, no es nada fácil.

Lo cierto es que los inversores no lo tienen fácil cuando tienen que trabajar en un entorno de bajos rendimientos y primas de riesgo pequeñas. Pero sí hay una forma de actuar —un error clásico— que cada vez estoy más convencido que es incorrecta: perseguir el rendimiento.

Teniendo en cuenta los rendimientos tan bajos que podemos esperar al invertir en los activos con riesgos bajos y la enorme presión publicitaria para invertir inversiones con más riesgo, mucha gente está optando por inversiones con mayor nivel de riesgo (o menos tradicionales). Pero (a) asumen más riesgo con estas inversiones en un momento en el que los rendimientos de dichos activos están más bajos que nunca; (b) aceptan unos mayores niveles de riesgo a cambio de unos aumentos mínimos en los retornos esperados; y (c) están aceptando invertir en operaciones que rechazaron en el pasado (o que realizaron en menor medida), cuando los retornos esperados eran muy superiores. Probablemente este sea el peor momento en el que se deba asumir más

---

113. NdT: *Market timing* es una estrategia de inversión que toma decisiones de venta o compra de activos financieros (normalmente renta variable) intentando predecir cuál será el precio en el futuro inmediato.

riesgo por intentar conseguir algo más de rentabilidad. Lo que debería hacer es asumir más riesgo cuando todo el mundo quiere reducirlo, en lugar de cuando está compitiendo con los demás por asumirlo.
ALLÁ VAN DE NUEVO[114], 6 DE MAYO DE 2005

Claramente lo escribí demasiado pronto. Mayo de 2005 no fue el momento más adecuado para bajarse de la noria; pero mayo de 2007 si lo fue. El haber sido tan previsor te hace recordar el dolor que implica el adelantarse tanto a los acontecimientos. Pero dicho esto, fue mucho mejor haberse salido demasiado pronto, en mayo de 2005 que haberse quedado demasiado tiempo hasta después de mayo de 2007.

❧

He tratado de dejar lo más claro posible que el entorno donde invertimos tiene una enorme influencia en los resultados que obtengamos. Para obtener unos retornos altos en un entorno de retornos bajos hay que tener la habilidad para nadar a contracorriente y encontrar los relativamente escasos "caballos ganadores" que puedan existir. Esto por fuerza tiene que basarse en una combinación de habilidad excepcional, asumir altos riesgos y tener buena suerte.

Por el contrario, en entornos de rendimientos elevados, se pueden encontrar oportunidades para obtener retornos generosos comprando a precios bajos que habitualmente también llevan implícitos bajos niveles de riesgo. En las crisis de 1990, 2002 y 2008, por ejemplo, nuestros fondos, no solo obtuvieron unos retornos inusualmente elevados, sino que además nos daba la sensación de que lo conseguíamos realizando inversiones en las que era muy improbable perder dinero.

Las mejores oportunidades para comprar se dan cuando los que tienen un determinado activo se ven forzados a vender, y durante las anteriores crisis se podía encontrar a muchos de ellos. De vez en cuando los gestores se ven forzados a vender por razones como estas:

- Se produce la retirada de dinero por parte de los clientes en los fondos que gestionan.

---

114. NdT: Título original: *THERE THEY GO AGAIN.*

- Los activos que tienen en cartera dejan de cumplir lo requisitos mínimos definidos en sus políticas de inversión, como por ejemplo por su calidad crediticia o sus niveles de concentración.

- Necesitan aumentar las garantías aportadas a sus acreedores porque el valor de sus activos deja de cumplir los requisitos mínimos pactados contractualmente.

Como ya he dicho en numerosas ocasiones, el objetivo real de una gestión activa es comprar activos por menos de lo que valen. Aunque la teoría del mercado eficiente niegue el que sea posible. Lo que sugiere esta teoría parece razonable: ¿por qué vamos a poder comprar algo a precio de ganga, especialmente si el vendedor es racional y está bien informado?

Normalmente los vendedores equilibran el deseo por obtener el máximo precio con el de realizar la venta lo antes posible. La ventaja de los vendedores forzados a vender es que no tienen opción. Tienen la pistola en el pecho y tienen que vender a cualquier precio. Estas tres últimas palabras —*a cualquier precio*— son las más bellas del mundo si estás al otro lado de la transacción.

Si solo hay un vendedor en esta situación, habrá cientos de compradores listos para hacer una oferta y por lo tanto la transacción se cerrará a un precio no muy reducido. Pero si hay un caos generalizado, habrá muchas personas que se verán forzadas a vender al mismo tiempo y a la vez habrá pocos inversores con la liquidez necesaria para poder comprar. Las dificultades que obligan a vender —caída de precios en picado, falta de crédito, el pánico de los clientes— afectan por igual a la mayoría de inversores. Y en estos casos el precio puede caer muy por debajo de su valor razonable.

El último trimestre de 2008 fue un claro ejemplo de lo que supone la necesidad de liquidez en momentos de caos. Fijémonos en las entidades de inversión apalancadas titulares de deuda bancaria senior (la primera en el orden de prelación). Dado que esta deuda tenía un *rating* elevado y era muy sencillo obtener préstamos en los años previos a la crisis, se podía obtener deuda para apalancar carteras de préstamos bancarios, lo que aumentaba el retorno esperado. Normalmente en estos casos, el inversor que se endeudaba, se comprometía a aportar más garantías si el precio de la garantía bajaba del 85% de su valor nominal, sabedor de que en el pasado, este tipo de títulos nunca habían cotizado por debajo de esos precios.

Cuando llegó la crisis, todo se complicó para los inversores apalancados que habían comprado deuda bancaria (y como la rentabilidad de estos créditos, aparentemente seguros, había sido tan baja, la gran mayoría de inversores se había apalancado para mejorar los rendimientos esperados). Los precios de los préstamos cayeron. Se secó la liquidez. Ya que muchas de las compras se habían hecho con dinero prestado, la contracción del crédito afectó a un gran número de personas. A medida que el número de potenciales vendedores aumentaba, los compradores con liquidez disponible desaparecían. Y sin poder acceder a más crédito, ningún nuevo comprador apalancado podía aparecer para absorber el volumen de venta.

Los precios cayeron al 95%, luego al 90%, después al 85%. Y como poco a poco todas las carteras fueron alcanzando su nivel crítico, los bancos empezaron a solicitarles que se aumentaran las garantías o aportaran capital *(margin calls)* para cumplir los *covenants*[115]. En esta situación, pocos inversores tenían los recursos y el temple necesarios para aportar el capital requerido, por lo que los bancos se quedaron con las carteras y las liquidaron. BWIC (pronunciado *"biwick"- Bid Wanted In Competition* corresponde al acrónimo en inglés de "puja en competencia") pareció ser, de pronto, un término muy normal. Los inversores recibían una invitación para participar en una subasta por la tarde y se les requería que hiciesen su oferta a la mañana siguiente. Los pocos compradores que podían hacer una oferta, generalmente la hacían a la baja, esperando conseguir una ganga (a nadie le preocupaba hacer una oferta demasiado a la baja pues estaban seguros de que recibirían otra BWIC después de esta). Y los bancos tampoco se preocupaban demasiado en conseguir precios razonables; lo único que les importaba era obtener lo suficiente para recuperar sus préstamos (puede que entre un 75% o un 80% del valor nominal). Todo lo que obtuvieran por encima, iría a parar al deudor, pero las entidades financieras no se preocupaban por conseguir lo máximo para sus deudores. Por lo tanto las BWIC se cerraban a precios increíblemente bajos.

En un momento dado, los precios de los préstamos bajaron hasta el 60%, y cualquier inversor que no pudiera aportar el capital adicional

---

[115]. NdT: *Coventants* son una serie de obligaciones legales asumidas por ejemplo en el marco de contratos de financiación por el que se establecen unas determinadas conductas o actuaciones (como un determinado nivel de garantía...).

necesario era barrido del sistema. Los precios de venta eran ridículos. Las bajadas en los precios de los índices de deuda senior bancaria en el 2008 excedieron a las de los bonos subordinados *high yield*, poniendo de manifiesto, sin lugar a dudas, una clara ineficiencia. Se podía comprar deuda con garantía real (o prenda) a precios en los que se alcanzaría el *break even*[116] incluso si la compañía emisora llegase a valer entre un 20% y 40% de lo que un fondo de inversión hubiera pagado por ella uno o dos años antes. Los retornos esperados eran increíbles y de hecho muchos de estos títulos se apreciaron enormemente en el 2009.

Esta fue sin duda la gran oportunidad de los inversores oportunistas con paciencia. Los que más lo pudieron aprovechar fueron principalmente aquellos que se dieron cuenta de los riesgos que existían en el 2006 y 2007 y que habían mantenido suficiente liquidez —esperando una oportunidad—.

La clave durante una crisis es (a) estar aislado de las fuerzas que te pueden obligar a vender y (b) tener una posición que te permita ser un comprador. Para cumplir estos requisitos, un inversor necesita lo siguiente: convicción sobre el valor del activo, muy bajo o nulo nivel de endeudamiento, tener capital a largo plazo y un estómago a prueba de bombas. El ser pacientemente oportunista, tener una actitud contraria a la corriente y disponer de un balance sólido pueden reportar retornos increíbles en momentos de crisis.

---

116. NdT: *Break even point* es el umbral de rentabilidad, es el número mínimo de unidades que una empresa necesita producir y vender para que el beneficio en ese momento sea cero. Es decir, cuando los costes totales igualan a los ingresos totales por venta.

14

LO MÁS IMPORTANTE ES... SABER LO QUE NO SE SABE

Hay dos tipos de personas que hacen predicciones del futuro: Los que no lo saben y los que no saben que no lo saben.
JOHN KENNETH GALBRAITH

Es aterrador pensar que puede que no sepas algo, pero es mucho más aterrador pensar que el mundo está dirigido por gente que cree que sabe perfectamente lo que está pasando.
AMOS TVERSKY[117]

Hay dos tipos de personas que pierden dinero: los que no tienen ni idea y los que lo saben todo.
HENRY KAUFMAN[118]

---

117. NdT: Amos Tversky fue un psicólogo y matemático, pionero de la ciencia cognitiva. Sus trabajos dieron lugar a la denominada economía conductual.
118. NdT: Henry Kaufman es economista y consultor financiero. Fue miembro del Consejo de Lehman.

He escogido tres citas con las que dar comienzo a este capítulo, pero tenía muchísimas más. Un componente esencial de mi filosofía de inversión es ser consciente de las limitaciones de nuestra capacidad para predecir el futuro.

Estoy plenamente convencido de que (a) es difícil saber qué nos deparará la situación macroeconómica en el futuro y (b) muy pocas personas poseen un conocimiento privilegiado sobre estos temas que les otorgue una ventaja competitiva a la hora de invertir de forma consistente. No obstante hay dos salvedades:

- Cuanto más nos centremos en aspectos concretos, más probable es obtener una ventaja competitiva a través de tener un mejor conocimiento que los demás. Con trabajo duro y una cierta habilidad, podemos saber más que los demás de forma continuada sobre una compañía concreta o un título determinado, pero esto es mucho más difícil de conseguir sobre los mercados y las economías. Por lo tanto, yo sugiero que la gente se centre en intentar "conocer lo que se puede conocer".

- Hay una excepción a mi sugerencia, y a ella le dedico el siguiente capítulo, y es que los inversores deberían hacer un esfuerzo para saber dónde se encuentran, en términos de etapas de los ciclos y de los movimientos pendulares. Esto no les permitirá saber en qué momento se producirán cambios en el ciclo, pero les puede ayudar a prepararse para posibles eventos futuros.

No voy a intentar probar mi conclusión de que el futuro es impredecible. No se puede probar que algo no existe, y desde luego esta no es una excepción. Sin embargo, aún no he encontrado a nadie que consistentemente sea capaz de predecir lo que va a pasar en términos macroeconómicos. Piense en todos los economistas y estrategas a los que habitualmente siga, ¿hay alguno que acierte la mayoría de las veces?

Mi "investigación" en este tema (y lo entrecomillo porque mis esfuerzos en esta área han sido muy limitados y esporádicos como para poder considerarlos una investigación seria) ha consistido, principalmente, en leer predicciones y observar la falta de utilidad que tienen. Y como consecuencia, escribí dos memorandos. *El valor de las predicciones, o ¿de dónde ha salido toda esta lluvia?* (5 de febrero de 1993)[119] y *El valor de las predicciones II, o ¡te mereces un premio!*[120] (22 de agosto de 1996). En el segundo memorando, utilicé los datos de tres informes económicos del *Wall Street Journal* para demostrar la inutilidad de sus predicciones.

En primer lugar ¿eran precisas? La respuesta claramente era que no. De media, las predicciones para el tipo de interés de las letras del tesoro, los bonos a treinta años y el tipo de cambio dólar/yen para los próximos seis y doce meses se equivocaron en más de un 15%. La predicción para los tipos de interés de los bonos a largo plazo seis meses después fue 96 puntos básicos (0,96%) errónea (una divergencia suficientemente grande como para hacer cambiar en 120 dólares un bono de 1 000 dólares).

En segundo lugar, ¿tenían utilidad? En términos generales las predicciones resultan útiles cuando son capaces de anticipar cambios correctamente. Si predices que algo no va a cambiar y efectivamente no cambia, lo más seguro es que no ganes demasiado dinero gracias a ella. Pero predecir correctamente los cambios puede ser muy rentable. En las encuestas de los periódicos, pude observar que los que hacían predicciones fueron totalmente incapaces de predecir varios cambios importantes (lo que hubiese sido útil a mucha gente para ganar dinero o evitar perderlo): las subidas de los tipos de interés entre 1994 y 1996, la caída de los tipos de interés en 1995 y los enormes cambios en la cotización del dólar frente al yen. En resumen, no había demasiada correlación entre los cambios que se predecían y lo que acababa ocurriendo.

En tercer lugar, ¿cuál era la fuente de las predicciones? La respuesta en este caso es muy sencilla: la mayoría de las predicciones se basaban en extrapolaciones. De media, las predicciones no eran ni superiores ni inferiores al punto de partida en más de un 5%. Como muchos de los que hacen predicciones, los economistas estaban conduciendo con los ojos fijos en el espejo retrovisor, lo que les permitía decirnos dónde estábamos pero no hacia dónde íbamos. Esto recuerda al viejo dicho de que "es difícil hacer predicciones precisas, especialmente si se refieren al futuro" y su corolario también es cierto: "predecir el pasado es muy fácil".

---

119. NdT: Título original: THE VALUE OF PREDICTIONS , OR WHERE'D ALL THIS RAIN COME FROM.

120. NdT: Título original: THE VALUE OF PREDICTIONS II, OR GIVE THAT MEN A CIGAR.

En cuarto lugar, los que hacían las predicciones ¿acertaban alguna? La respuesta es que sí. Por ejemplo, en cada predicción semestral, siempre había alguien que clavaba el tipo de interés del bono a treinta años con un margen de 10 o 20 puntos básicos (0,1% o 0,2%), incluso cuando los tipos de interés cambiaban de forma radical. La predicción acertada era mucho más precisa que la predicción del consenso que se equivocaba por más de 70 o 130 puntos básicos (0,7% o 1,3%).

En quinto lugar, si acertaban a veces — y con tanta precisión— entonces ¿por qué sigo siendo tan negativo sobre las predicciones? Porque lo importante al hacer predicciones no es acertar una vez. Lo importante es acertar sistemáticamente.

En el memorando que escribí en 1996 proseguía mostrando "dos aspectos que le pueden hacer pensárselo dos veces antes de prestar atención a lo que han acertado en sus predicciones". En primer lugar, generalmente se equivocaron en el resto de predicciones en las que participaron quitando aquella en la que acertaron. Y en segundo lugar que en las predicciones en las que se equivocaron, sus estimaciones fueron peores que las del consenso en más de la mitad de las veces. Lo más importante, por supuesto, no es el dato en sí mismo, sino las conclusiones (asumiendo que son correctas y que se pueden generalizar) y sus implicaciones.

> Una manera de acertar es ceñirse siempre a una única tendencia (ser siempre optimista o pesimista); si nos aferramos a una visión y la mantenemos a largo plazo, tarde o temprano acertaremos. Y si siempre predice situaciones extremas, en algún momento le aplaudirán por haber sido capaz de hacer una predicción tan poco convencional y haber sido capaz de ver lo que nadie pudo anticipar. Pero eso no significa que sus predicciones tengan algún valor de forma consistente...
>
> Es posible acertar sobre el futuro macroeconómico de vez en cuando, pero no de forma sistemática. No es de ninguna utilidad el poseer un informe con sesenta y cuatro predicciones de las cuales algunas son correctas; hay que saber cuáles son las correctas. Y si las predicciones semestrales correctas las hacen economistas distintos cada seis meses, es difícil pensar que hay valor añadido en el conjunto de las predicciones.
>
> *EL VALOR DE LAS PREDICCIONES II, O ¡TE MERECES UN PREMIO!*[121]*, 22 DE AGOSTO DE 1996.*

---

121. NdT: Título original: *THE VALUE OF PREDICTIONS II, OR GIVE THAT MAN A CIGAR.*

Este debate sobre las predicciones sugiere que nos enfrentamos a un dilema: los resultados de cualquier inversión dependerán por completo de lo que pase en el futuro, y aunque puede que seamos capaces de saber lo que va a pasar la mayoría del tiempo, cuando el entorno es "normal", no hay mucho que podamos saber sobre lo que va a pasar en los momentos en lo que saberlo marca la diferencia.

- La mayoría de las veces, la gente predice un futuro que se parece mucho al pasado reciente.

- Esto no es necesariamente erróneo: la mayoría de las veces el futuro es una repetición del pasado reciente.

- Basándose en estos dos últimos puntos, es posible concluir que las predicciones acertarán en muchas ocasiones: normalmente extrapolarán el pasado más reciente y acertarán.

- Sin embargo, las predicciones que extrapolan el pasado reciente tienen poca utilidad. Tal y como las predicciones normalmente asumen que el futuro se va a parecer mucho al pasado, lo mismo hacen los mercados, los cuales suelen cotizar a precios que asumen que la tendencia reciente va a seguir sucediendo. Por lo tanto si el futuro acaba siendo como el pasado, es improbable poder obtener retornos excepcionales, incluso para aquellos que sean capaces de predecirlo.

- Pero de vez en cuando el futuro acaba siendo muy distinto del pasado.

- En estas ocasiones es cuando disponer de predicciones acertadas tendría un gran valor.

- Pero también es en estas ocasiones cuando es más improbable que las predicciones sean correctas.

- Es posible que alguien acierte en sus predicciones, sugiriendo que es posible predecir estos momentos clave, pero es improbable que los que acierten sean los mismos de manera sistemática.

- En resumen, por todo lo anterior, las predicciones suelen ser muy poco útiles.

Si necesita una prueba, pregúntese cuantos acertaron sobre el problema de las hipotecas *subprime*, la crisis del crédito, y la gran hecatombe de 2007-2008. Tal vez conozca alguno, e incluso puede que piense que sus predicciones fueron valiosas. Pero entonces pregúntese cuántos de ellos previeron la recuperación que empezó lentamente en 2009 y el tremendo rebote del mercado en ese mismo año. Creo que la respuesta es "muy pocos".

Esto no es un accidente. Aquellos que acertaron sobre lo que ocurrió en el 2007-2008 probablemente lo hicieron por su propensión a ser pesimistas. Y por lo tanto seguramente mantuvieron una visión negativa para el 2009. En definitiva, la utilidad global de los que hicieron estas predicciones no fue tan alta... a pesar de que acertaron parcialmente sobre uno de los eventos financieros más convulsos de los últimos ochenta años.

Por lo tanto la pregunta no es si a veces aciertan, si no más bien si las predicciones en general —o las de alguien en concreto— son consistentemente útiles y aprovechables. Nadie debería apostar demasiado a que la respuesta es afirmativa.

En el 2007-2008, una predicción de la crisis global habría tenido un gran valor. Pero si hubiera visto que esta predicción venía de alguien que no siempre acierta — y que suele ser pesimista— ¿la habría tenido en cuenta?, ¿habría actuado en base a ella? Ese es el problema cuando los que hacen las predicciones son inconsistentes: no es que nunca acierten, sino que su historial de aciertos no es lo suficientemente bueno como para inspirar confianza para actuar en base a sus predicciones.

No es ningún secreto que no tengo una opinión demasiado buena sobre los que hacen predicciones y sobre los que creen en ellos. De hecho tengo una manera de llamarlos.

La mayoría de los inversores con los que he coincidido a lo largo de los años pertenecen a la escuela del "lo sé". Es fácil saber identificarlos.

- Creen que es esencial conocer la dirección que van a tomar las economías, los tipos de interés, los mercados y las acciones de las principales empresas más seguidas para tener éxito en el mundo de las inversiones.

- Están seguros de que eso se puede conseguir.

- Además saben que ellos pueden hacerlo.

- Son conocedores de que hay mucha más gente que también intenta hacerlo, pero creen que (a) todos pueden tener éxito a la vez, o (b) solo unos pocos pueden conseguirlo, pero ellos forman parte de ese grupo.

- Se sienten cómodos invirtiendo en base a sus estimaciones sobre el futuro.

- Les encanta compartir sus puntos de vista con los demás, a pesar de que las predicciones acertadas es algo tan valioso que nadie debería estar dispuesto a ofrecerlo gratis.

- Rara vez analizan de forma rigurosa si sus predicciones se han cumplido a lo largo del tiempo.

Confianza es la palabra clave para describir a los que pertenecen a esta escuela. Por el contrario, para los miembros de la escuela del "no lo sé", la palabra clave es *cautela* —especialmente cuando se trata de hacer previsiones macroeconómicas sobre el futuro—. Los miembros de este club por lo general creen que no se puede conocer el futuro; que no hace falta conocerlo; y que el objetivo adecuado es tratar de hacerlo lo mejor posible a la hora de invertir sin saber qué nos deparará el futuro.

Los miembros del club del "lo sé", opinan sobre el futuro (e incluso puede que haya gente que tome nota de lo que dicen). Puede que se les busque para que den sus opiniones y se les considere un invitado perfecto para una cena…, especialmente cuando la bolsa está subiendo.

Si se une al grupo de los "no lo sé", el resultado será más variado. Pronto se cansará de decir que no lo sabe a amigos y a desconocidos. Más adelante, incluso sus familiares dejarán de preguntarle su opinión sobre el mercado. Nunca llegará a disfrutar de ese momento, entre un millón en el que sus previsiones se acaben cumpliendo y el *Wall Street Journal* ponga su foto en la portada. Por otra parte, estará protegido de todas esas veces en las que las predicciones no se cumplen, y de las pérdidas que resultan al invertir en base a una sobrevalorada predicción sobre el futuro.

NOSOTROS Y ELLOS[122], 7 DE MAYO DE 2004

A nadie le gusta tener que invertir para el futuro en base a la premisa de que el futuro es en gran medida imposible de conocer. Pero por otra parte, si efectivamente es así, será mejor que lo aceptemos cuanto antes y tratemos de encontrar otra forma de abordar el problema que no sea basarnos en predicciones. Cualesquiera que sean las limitaciones que se nos imponen a la hora de invertir, es infinitamente mejor conocerlas y asumirlas que negar convenientemente que existan y seguir adelante.

Ah sí, una cosa más, los mayores problemas surgen cuando los inversores olvidan la diferencia entre probabilidad y resultado —es decir, cuando olvidan las limitaciones de la capacidad de anticipar lo que va a suceder—:

- Cuando están seguros de que se puede saber cuál es la forma de la distribución de probabilidad (y que además saben cual es).

- Cuando asumen que el escenario más probable es el que va a suceder.

- Cuando asumen que el resultado esperado es una representación fiel del que se obtendrá.

- Lo que es más importante, cuando ignoran la posibilidad de que puedan suceder escenarios improbables.

Los inversores imprudentes que pasan por alto estas limitaciones, tienden a equivocarse con sus inversiones y en algún momento sufren pérdidas importantes. Esto fue lo que sucedió entre el 2004 y el 2007, dado que mucha gente sobrestimó hasta qué punto los resultados esperados eran previsibles y controlables, subestimando los riesgos de lo que estaban haciendo.

---

122. NdT: Título original *US AND THEM*.

❧

El hecho de tratar de analizar si el hacer predicciones sobre el futuro puede funcionar no es una cuestión de simple curiosidad o inquietud académica. Tiene —o debería tener— consecuencias relevantes en la forma en que se comportan los inversores. Si está involucrado en una actividad cuyas decisiones tendrán consecuencias en el futuro, es evidente que actuará de una forma si piensa que el futuro puede predecirse y de otra totalmente distinta si piensa que el futuro no es predecible.

> Una de las principales preguntas a las que deben dar respuesta los inversores es si piensan que el futuro es algo que se puede conocer. Aquellos inversores que piensen que son capaces de conocer lo que el futuro les depara, actuarán con firmeza y seguridad de sí mismos: no diversificarán, concentrarán sus carteras, utilizarán apalancamiento y contarán con que en el futuro habrá crecimiento —o dicho de otra forma harán cosas que aumentan el riesgo si el futuro no es predecible—. Por otra parte, aquellos inversores que piensan que no conocen lo que les va a deparar el futuro actuarán de forma muy diferente: diversificarán, harán inversiones para cubrir riesgos, se endeudarán poco (o nada), primando el valor hoy frente al crecimiento futuro, se mantendrán en la zona alta de la estructura de capital (orden de prelación), y se prepararán para lo que pueda ocurrir en distintos escenarios.
>
> Al primer grupo de inversores les fue mejor en los años previos a la crisis. Pero el segundo estaba mejor preparado cuando empezó la crisis y tenían más capital disponible (y una mente mucho más preparada) para poder aprovecharse y comprar a precios de ganga.
> REFERENCIAS[123], 10 DE NOVIEMBRE DE 2009

Si piensa que el futuro es previsible, no tiene sentido jugar a la defensiva. Debería comportarse de forma agresiva y tratar de conseguir los mejores resultados; no puede tener miedo a perder. La diversificación es innecesaria y puede utilizar niveles máximos de apalancamiento. De hecho ser excesivamente modesto sobre lo que sabe puede suponerle costes de oportunidad (beneficios que deja escapar).

---

123. NdT: Título original: *TOUCHSTONES*.

Pero por otra parte si piensa que no puede saber lo que le va a deparar el futuro, es imprudente que actúe de esa manera. Recordando a Amos Tversky y la fantástica cita con la que abríamos este capítulo, la conclusión es clara. Invertir cuando se desconoce el futuro y se es agnóstico sobre él es un enorme desafío, pero si la capacidad de predecir el futuro es poco fiable, invertir como si no lo fuera es de locos. O como dice Mark Twain: "Lo que te mete en problemas no es lo que no sabes. Es lo que crees que sabes con certeza pero que no es cierto".

Sobrestimar lo que eres capaz de conocer o hacer puede ser extremadamente peligroso —tanto en una operación de neurocirugía, en una carrera transoceánica o invirtiendo—. Reconocer las fronteras de lo que se puede saber—y ser capaz de trabajar dentro de esos límites en vez de aventurarse fuera de ellos— puede otorgarle una gran ventaja.

15

LO MÁS IMPORTANTE ES... SER CONSCIENTES DE DÓNDE NOS ENCONTRAMOS

Puede que nunca sepamos hacia dónde vamos, pero más nos vale saber dónde estamos.

Para los inversores, los ciclos suponen un reto de enormes proporciones dado que:

- Sus subidas y bajadas son inevitables.

- Afectarán profundamente al resultado que obtengamos como inversores.

- Son impredecibles en lo que se refiere a su impacto y especialmente a su duración.

Por lo tanto, tenemos que sobrellevar el hecho de que hay una fuerza que va a influenciar enormemente nuestros resultados y que es en gran medida impredecible. Y, entonces, ¿cómo debemos actuar ante los ciclos? Esta pregunta es de vital importancia, pero las respuestas más evidentes —como suele ser el caso— no son las adecuadas.

La primera opción es que en lugar de aceptar que los ciclos son impredecibles, deberíamos redoblar los esfuerzos que hacemos para predecir el futuro, dedicando más recursos a ello y apostando cada vez más en nuestras conclusiones. Pero una enorme cantidad de datos y toda mi experiencia, me dicen que lo único que podemos predecir sobre los ciclos es que son inevitables. Además, para obtener retornos excepcionales hay que saber más que los demás, y nadie me ha demostrado aún de forma satisfactoria que haya mucha gente que sepa más que el consenso sobre cuándo se van a producir cambios de ciclo y el impacto de los mismos.

La segunda posibilidad es aceptar que no se puede predecir el futuro, echarnos las manos a la cabeza y, simplemente, ignorar los ciclos. En este caso, en vez de tratar de predecirlos, podríamos intentar hacer buenas inversiones y mantenerlas durante los ciclos. Dado que no sabríamos cuándo invertir más o menos en ellas, o cuándo adoptar una posición más agresiva o defensiva, podríamos simplemente invertir ignorando por completo los ciclos y sus profundos impactos. Esto es lo que se conoce como la estrategia de comprar y mantener.

Hay una tercera posibilidad, que en mi opinión es la correcta con mucha diferencia. ¿Por qué no tratamos simplemente de intentar entender dónde estamos en términos del ciclo y qué implicaciones tiene para nuestras acciones?

> En el mundo de las inversiones... nada es tan seguro como la existencia de los ciclos. Los fundamentales, la psicología de la gente, los precios y los retornos subirán y bajarán presentando oportunidades para cometer errores o para beneficiarse de los errores de otros. Son los hechos.
>
> No podemos saber hasta dónde va a llegar el ciclo, cuándo va a cambiar, qué es lo qué hará que cambie o hasta dónde llegará cuando cambie de dirección. Pero estoy convencido de que cualquier tendencia tarde o temprano, se detendrá. Nada continúa para siempre.
>
> Por lo tanto ¿qué podemos hacer sobre los ciclos? Si no podemos saber por anticipado cuándo y cómo van a tener lugar los ciclos

¿Cómo podemos enfrentarnos a ellos? Sobre esto soy dogmático: puede que nunca sepamos hacia dónde vamos, pero más nos vale saber dónde estamos. Es decir, aun si no somos capaces de predecir cuándo y cómo se van a producir las fluctuaciones cíclicas, es esencial que intentemos entender dónde nos encontramos en términos cíclicos y actuar en consecuencia.

ES LO QUE ES[124], 27 DE MARZO DE 2006

Seria genial poder predecir con éxito los movimientos del péndulo y poder moverse siempre en la dirección apropiada, pero tener esta expectativa es irrealista. Considero que es mucho más razonable intentar (a) estar atentos a momentos en los que el mercado haya llegado a un extremo, (b) responder ajustando nuestro comportamiento y (c) lo que es más importante, evitar seguir el comportamiento de las masas, que lleva a tantos inversores a tomar decisiones funestas en los momentos álgidos de máximos y mínimos.

RESULTADOS DEL PRIMER TRIMESTRE[125], 11 DE ABRIL DE 1991

Con esto no quiero sugerir que si somos capaces de entender dónde estamos en el ciclo, vayamos a saber de manera precisa qué es lo que sucederá a continuación. Pero sí creo que entenderlo, nos ayudará a obtener una comprensión valiosa sobre los eventos que pueden suceder en el futuro y qué podríamos hacer al respecto, y eso es a lo máximo que podemos aspirar.

Cuando digo que se puede entender dónde estamos en el presente (a diferencia de dónde estaremos en el futuro), no quiero decir que esa comprensión se adquiera automáticamente. Como en la mayoría de los temas relacionados con las inversiones, hace falta mucho trabajo. Pero puede hacerse. A continuación encontrará una serie de conceptos que considero esenciales para dicho esfuerzo.

---

124. NdT: Título original *IT IS WHAT IT IS*.
125. NdT: Título original: *FIRST QUARTER PERFORMANCE*.

Primero, debemos estar atentos a lo que está sucediendo. El filósofo Santayana[126] dijo: "Aquellos que no recuerdan el pasado están condenados a repetirlo". Y de la misma forma pienso que aquellos que no son capaces de ver lo que sucede a su alrededor están condenados a sufrir los vaivenes del presente.

A pesar de lo difícil que puede resultar conocer el futuro, no es tan complicado comprender el presente. Lo que necesitamos hacer es "cogerle el pulso al mercado". Si estamos alerta y tenemos actitud crítica y perceptiva, podremos evaluar el comportamiento de los que nos rodean y a partir de ahí, juzgar qué debemos hacer.

El ingrediente principal es la deducción, una de mis palabras favoritas. Todo el mundo es capaz de ver lo que sucede día a día, tal y como nos cuentan los periodistas. Pero ¿cuánta gente hace el esfuerzo de entender qué es lo que estos eventos dicen sobre el comportamiento y motivaciones de los diferentes agentes del mercado, el sentimiento de los inversores, y por lo tanto, cómo deberíamos actuar en consecuencia?

Dicho de manera sencilla, debemos esforzarnos para comprender las implicaciones de lo que está sucediendo a nuestro alrededor. Cuando los que nos rodean están seguros de sí mismos hasta límites que rayan la imprudencia y comprando agresivamente, nosotros debemos permanecer extremadamente cautos; cuando otros están paralizados por el pánico y venden a cualquier precio, nosotros debemos ser más agresivos.

Mire a su alrededor y hágase la siguiente pregunta: los inversores ¿son optimistas o pesimistas?, ¿los líderes de opinión nos recomiendan entrar en el mercado o evitarlo?, ¿los esquemas de inversión innovadores, se aceptan fácilmente o se rechazan de plano?, ¿las ofertas de títulos o los nuevos fondos se perciben como una oportunidad para hacerse rico o como un riesgo?, ¿el ciclo del crédito hace que sea fácil o prácticamente imposible de conseguir capital prestado?, ¿los ratios de precio sobre beneficios están en máximos o en mínimos históricos?, ¿y los diferenciales de crédito son amplios o estrechos? Todos estos aspectos son importantes y ninguno de ellos implica una predicción. Podemos tomar excelentes decisiones sobre la base de una adecuada observación del presente, sin tener que hacer conjeturas sobre el futuro.

La clave es tomar nota de este tipo de cosas y dejar que te sugieran lo que hay que hacer. A pesar de que los mercados no estén sugiriendo a diario ac-

---

126. NdT: George Santayana fue un filósofo, ensayista, poeta y novelista hispano-estadounidense. Nació en Madrid y se formó en Estados Unidos. Fue profesor de Harvard. La cita corresponde a su obra *la razón del sentido común*.

ciones evidentes en base a todas estas consideraciones, sí lo hacen en situaciones extremas, cuando el resultado de la decisión es de gran importancia.

≈

Los años 2007-2008 se pueden ver como una época dolorosa para los mercados y los que lo integraban, o como la mayor experiencia de aprendizaje de nuestras vidas. Por supuesto han sido ambas cosas, pero si simplemente nos quedamos en lo primero, no nos será de gran ayuda. Entender lo segundo puede hacer mejor a cualquier inversor. No puedo pensar en mejor ejemplo que la devastadora crisis de crédito para ilustrar la importancia de entender correctamente el presente y la locura que es tratar de predecir el futuro. Merece una discusión detallada.

A toro pasado, resulta obvio que el periodo que, hacia mediados de 2007, nos llevó a las puertas de la crisis, era una etapa donde se asumían riesgos de una forma desenfrenada —e inconsciente—. Con los inversores poco entusiasmados con los bonos y las acciones, el dinero fluyó hacia las "inversiones alternativas" como *private equity* —*buyouts*— en cantidades suficientemente grandes como para condenarlas al fracaso. Estaba generalmente aceptado que el residencial y demás activos inmobiliarios proveerían retornos seguros y protección contra la inflación. Esto, unido a un acceso al crédito demasiado fácil, con pocas exigencias y a tipos de interés muy bajos, fomentó el uso del apalancamiento a niveles que probaron ser excesivos.

A toro pasado, ser conocedor de los riesgos no es de demasiada ayuda. La pregunta es si con atención y deducción uno podría haber evitado la plena devastación de 2007-2008. A continuación destacamos algunos signos del recalentamiento que pudimos observar:

- La emisión de high yield bonds (bonos basura) y otros préstamos a emisores con baja calidad crediticia para realizar compras apalancadas de activos estaban a niveles récord por un amplio margen.

- Gran parte de los high yield bonds (bonos basura) que se emitían tenían un *rating* de triple C[127], un nivel de *rating* al que normalmente es muy difícil emitir bonos en grandes cantidades.

---

127. NdT: Triple C, define las inversiones que presentan un riesgo sustancial, son extremadamente especulativas o están en quiebra con baja expectativa de recuperación.

- Era habitual que las empresas se endeudaran para pagar dividendos a sus accionistas. En periodos normales, estas operaciones, que aumentan el riesgo de los emisores y no aportan nada a los acreedores son muy difíciles de llevar a cabo.

- Cada vez se emitía más deuda en la que los cupones se podían pagar con más deuda y con muy pocos o directamente sin *covenants* que protegieran a los acreedores.

- Los antes difícilmente obtenibles *rating* triple A, ahora se otorgaban a miles de vehículos estructurados bajo hipótesis que aún no habían sido probadas.

- Los *buyouts* (compras apalancadas de empresas) se hacían a unos múltiplos de *cash flow* cada vez mayores y con unos niveles crecientes de apalancamiento. De media, la firmas de *private equity* pagaron un 50% más por cada dólar de *cash flow* en el 2007 de lo que pagaron en el 2001.

- Se realizaban *buyouts* de empresas en sectores cíclicos como el de semiconductores. En momentos de mayor escepticismo, los inversores suelen ver con malos ojos combinar apalancamiento con negocios cíclicos.

Teniendo todas estas cosas en cuenta, hay una deducción que podría haber resultado obvia: los proveedores de capital competían por proveerlo, relajando las condiciones y los tipos de interés en vez de solicitar unos niveles de protección y unos retornos esperados adecuados. Las ocho palabras más peligrosas para un inversor reflexivo "demasiado dinero en busca de demasiados pocos proyectos" definen claramente las condiciones del mercado por aquel entonces.

Se puede percibir cuándo hay demasiado dinero compitiendo por ser invertido. Aumenta el número de operaciones que se realizan, la facilidad con la que se cierran; el coste del capital disminuye y el precio del activo que se ha comprado sube con cada operación sucesiva. Un torrente de capital es lo que hace que esto suceda.

> Si se dedica a fabricar coches y su objetivo es vender más a largo plazo —es decir aumentar la cuota de mercado a costa de sus com-

petidores de forma permanente— intentará que su producto sea mejor... Por eso —de una forma u otra— la mayoría de los argumentos de venta se basan en "el nuestro es mejor". Sin embargo hay productos que no pueden diferenciarse, y los economistas los llaman *"commodities"*. Son bienes en los que las características que nos ofrece un vendedor no son muy diferentes de las que nos pueda ofrecer cualquier otro. Tienden a negociarse únicamente en base al precio y un comprador probablemente se decida por la oferta que tenga el menor precio. Por lo tanto, si se dedica a negociar una *commodity* y quiere vender más, por lo general solo hay un modo de hacerlo, bajar el precio...

Es muy útil pensar que el dinero es una *commodity*, como las que hemos descrito. El dinero que pueda tener cualquiera es más o menos similar. Sin embargo, las instituciones financieras buscan aumentar la financiación que otorgan, y las firmas de *private equity* y de *hedge funds* que tratan de aumentar lo que ganan en comisiones, todos quieren aumentar el volumen que gestionan. Por lo tanto si quiere prestar su dinero —es decir, que la gente se lo pida prestado a usted y no a sus competidores— tendrá que prestarlo más barato.

Una forma de reducir el precio de su dinero es disminuyendo el tipo de interés que aplica a sus préstamos. Otra forma más sutil es acordando un precio mayor por lo que está comprando, por ejemplo pagando por un título un precio mayor de lo debido en relación a los beneficios de la empresa, o un precio mayor en la transacción en la compra de una empresa. Sea de la forma que sea, estará reduciendo los retornos esperados.

LA CARRERA HACIA EL FONDO[128], 17 DE FEBRERO DE 2007

Una tendencia que los inversores habrían podido observar durante este peligroso periodo, si hubiesen estado atentos, hubiera sido el desplazamiento desde el escepticismo a la credulidad ejemplificada por lo que describí anteriormente como la "bala infalible" o la "inversión segura". Los inversores reflexivos podrían haberse dado cuenta de que había un gran apetito por las "balas infalibles", lo que significaba que la avaricia se había impuesto al miedo, expresado en un mercado falto de escepticismo y por lo tanto arriesgado.

---

128. NdT: Título original: *THE RACE TO THE BOTTOM*.

En la última década se había llegado a percibir a los *hedge funds*, como algo totalmente seguro, especialmente aquellos que se llamaban "fondos de retorno absoluto". Estos eran fondos *"long/short"* (que utilizan posiciones cortas y largas) o fondos de estrategias de arbitraje que no perseguían obtener altos retornos realizando apuestas "direccionales" sobre la tendencia del mercado. En su lugar, la habilidad del gestor o la tecnología les permitiría producir retornos en el rango del 8% y 11% de forma consistente independientemente de la dirección que tomaran los mercados.

Muy poca gente reconoció el hecho de que conseguir rendimientos tan sólidos y de ese nivel es un logro casi milagroso —quizá incluso demasiado bueno para ser cierto—. (Por cierto, este tipo de retornos es exactamente lo que Bernard Madoff intentó hacer creer que estaba consiguiendo). Muy pocos se preguntaron (a) cuántos gestores existían con el talento necesario para producir ese milagro, especialmente después de embolsarse sustanciosas comisiones de gestión y de éxito, (b) con cuánto dinero podían hacerlo y (c) como se comportarían las apuestas que hacían altamente apalancadas sobre pequeñas discrepancias estadísticas en un entorno de mercado hostil. (En el difícil año de 2008, se pudo comprobar cómo el termino retorno absoluto se había utilizado de más y mal, ya que el *hedge fund* medio perdió un 18%).

Tal como describimos con precisión en el capítulo 6, se oía decir que el riesgo se había eliminado gracias a las virtudes de una serie de innovaciones financieras como son la titulización, el *tranching*, las ventas por adelantado, la desintermediación y descorrelación. Vamos a dedicar una atención especial al *tranching*. Consiste en asignar el valor de un conjunto de activos y el orden en el que se distribuye el *cash flow* que generan a los inversores en distintos tramos *("tranches")*. Los propietarios del tramo más seguro son los primeros a los que se les paga; por lo tanto cuentan con un mayor grado de protección y en consecuencia aceptan unos retornos menores. Los que están en el tramo menos seguro son los últimos en cobrar y los primeros en sufrir pérdidas, y a cambio de aceptar esta situación de elevado riesgo, obtendrían unos rendimientos más altos una vez satisfechos los compromisos de pago de los tramos más seguros.

Durante los años 2004–2007 surgió la idea de que si se trocea el riesgo en partes más pequeñas y se venden a inversores que están mejor preparados para asumirlos, el riesgo desaparece. Suena a magia. De este modo, no es una coincidencia el hecho de que la titulización con *tranching* en la que se habían depositado tantas esperanzas, se convirtiera en el punto de partida de muchas de las peores catástrofes financieras: simplemente no existe la magia en las inversiones.

Los fondos de retorno absoluto, el apalancamiento a bajo coste, las inversiones inmobiliarias sin riesgo y los *tranched debt vehicles* (vehículos de deuda estructurada por tramos) estaban de moda. Por supuesto el error en todo esto se hizo patente a principios de agosto de 2007. De repente se hizo patente que el riesgo no había desaparecido, y que de hecho, había aumentado debido al exceso de confianza de los inversores y a un insuficiente escepticismo.

Desde el 2004 hasta mediados de 2007 se presentó a los inversores una de las mayores oportunidades para batir al mercado reduciendo el riesgo asumido, si hubiesen estado lo suficientemente atentos a lo que estaba sucediendo y hubiesen tenido la suficiente convicción para actuar. Lo único que se tenía que haber hecho es tomarle pulso al mercado en un momento de sobrecalentamiento y reducir el riesgo a medida que la tendencia alcista continuaba. Los que fueron capaces de hacerlo ejemplifican los principios del pensamiento contracorriente al que nos referíamos en el capítulo 11. Los inversores contracorriente que redujeron sus riesgos y se prepararon para la crisis durante la fase de crecimiento, incurrieron en menos pérdidas durante la crisis de 2008 y estaban mejor posicionados para aprovecharse de las enormes gangas que surgieron.

> Hay pocos campos en los que las decisiones estratégicas y tácticas no se vean influenciadas por las percepciones que se tiene del entorno. Pisamos el acelerador más o menos fuerte en función de si la carretera está llena o vacía. El jugador de golf escogerá un palo u otro en función del viento que haga. La ropa que nos pongamos, ciertamente dependerá del tiempo que haga. ¿No deberían verse afectadas nuestras decisiones de inversión por el clima del mercado?
>
> La mayoría de la gente ajusta su cartera en función de lo que creen que va a suceder en el futuro. Al mismo tiempo, sin embargo, la mayoría de gente admite que tiene muy poca capacidad para predecir el futuro. Por esta razón creo que es mejor responder en base

a la realidad actual y las implicaciones que tiene en vez de esperar a que se disipe la incertidumbre sobre el futuro.
ES LO QUE ES[129], 27 DE MARZO DE 2006

La guía del hombre modesto para tomar el pulso al mercado

Aquí tiene un ejercicio sencillo que le puede ayudar a tomar el pulso a los mercados. He realizado una lista de algunas características del mercado. Para cada característica, señale cuál es la que cree que describe mejor la situación actual. Y si la mayoría de lo que ha señalado está en la columna izquierda, sujete bien la cartera.

Economía	Vibrante	Poco activa
Perspectivas	Positivas	Negativas
Prestamistas	Ansiosos	Reticentes
Mercados de capitales	Amplios	Estrechos
Capital	Abundante	Escaso
Condiciones de los préstamos	Fáciles	Restrictivas
Tipos de interés	Bajos	Altos
*Spreads** (diferenciales de crédito)	Estrechos	Amplios
Inversores	Optimistas Confiados Deseosos por comprar	Pesimistas Angustiados Sin interés por comprar
Titulares de activos	Deseosos de mantenerlos	Queriendo salirse

---

129. NdT: Título original: *IT IS WHAT IT IS*.

	Pocos	Muchos
Vendedores		
Mercados	Abarrotados	Deseosos de tener atención
Fondos	Difícil acceso. Se lanzan nuevos fondos a diario. Los gestores tienen la sartén por el mango.	Abiertos a cualquiera. Solo consiguen levantar fondos los mejores. Los inversores tienen la sartén por el mango.
Rendimientos recientes	Altos	Bajos
Precios de activos	Altos	Bajos
Retornos esperados	Bajos	Altos
Riesgo	Alto	Bajo
Características más representativas	Agresividad. Inversión con un enfoque amplio.	Cautela y disciplina. Inversión selectiva.

* NdT: *Spread* es la diferencia entre el precio de compra y el de venta de un activo financiero. Es una especie de margen que se utiliza para medir la liquidez del mercado. Generalmente márgenes más estrechos representan un nivel de liquidez más alto.

ES LO QUE ES[130], 27 DE MARZO DE 2006

Los mercados se mueven por ciclos, subiendo y bajando. El péndulo oscila, y en pocas ocasiones se detiene en el "feliz término medio", justo en la mitad de su arco. ¿Es esto una fuente de peligro o de oportunidades? ¿Qué deben hacer los inversores al respecto? Mi respuesta es simple: trate de entender lo que sucede a nuestro alrededor y deje que esa comprensión guíe sus acciones.

---

130. NdT: Título original: *IT IS WHAT IT IS*.

16

LO MÁS IMPORTANTE ES...
SER CONSCIENTE DEL PAPEL
QUE JUEGA LA SUERTE

> De vez en cuando, alguien realiza una apuesta arriesgada de que va a ocurrir algo improbable o incierto y acaba pareciendo ser un genio. Pero deberíamos reconocer que ha acertado por suerte y atrevimiento, no por ser hábil.

El mundo de las inversiones no es un mundo ordenado y lógico donde pueda predecirse el futuro y en el que unas determinadas acciones producen siempre los mismos resultados. Lo cierto es que, en gran medida, está gobernado por la suerte. Algunos prefieren llamarlo azar o aleatoriedad, palabras que suenan más sofisticadas que suerte. Pero al final todo se resume en lo mismo: la suerte afecta de forma importante al éxito en nuestras inversiones.

Para introducirnos de lleno en el papel de la suerte, quiero adelantar en este capítulo algunas de las ideas que Nassim Nicholas Taleb expresa en su libro *Fooled by Randomness*. Algunos de los conceptos que vamos a comentar ya los tenía en mente antes de haberlo leído, pero el libro de Taleb los ha agrupado todos y ha añadido más. Considero que es uno de los libros más importantes que un inversor se puede leer. En su momento tomé prestadas algunas de las ideas de Taleb para escribir, en el 2002, un memorando titulado *Retornos y cómo acaban produciéndose*[131], que ya incorporaba pasajes del *Fooled by Randomness* y que se señalan en cursiva en los siguientes párrafos.

> La aleatoriedad (o suerte) tiene un papel preponderante en todo lo que nos ocurre en nuestras vidas y no se pueden analizar de la misma forma los resultados que se obtienen por influencias del azar, de los que no.
>
> Por lo tanto, cuando esté analizando si un historial de resultados de inversión o *track record* puede volver a repetirse, es fundamental que evalúe el rol que el azar ha podido jugar en los resultados del gestor, y si estos se produjeron gracias a su habilidad o si simplemente tuvo suerte.
>
> *Ganar diez millones de dólares en la ruleta rusa no tiene el mismo valor que ganar diez millones de dólares practicando profesionalmente la odontología. El dinero es el mismo, puedes comprar las mismas cosas, con la excepción de que la dependencia de uno de ellos en la suerte es mayor que en el otro. Para sus contables pueden ser cantidades idénticas... pero en el fondo, no puedo dejar de considerarlo como muy diferentes a nivel cualitativo.*

Cada resultado debe evaluarse comparándolo con las otras cosas —Taleb los llama "historias alternativas"— que podrían fácilmente haber pasado como las "historias visibles" que ocurrieron.

> *Sin lugar a dudas mi forma de juzgar las cosas se basa naturalmente en la probabilidad; se basa en la noción de lo que probablemente podría haber ocurrido...*
>
> *Si hemos oído hablar de las historias de grandes generales e inversores es simplemente porque asumieron un enorme riesgo, junto con otros miles de personas, y acabaron ganando. Fueron inteligentes, valientes, nobles (a veces), tenían el mayor grado de cultura que se podía alcanzar en sus días —pero también lo eran otros miles de personas que ahora se pudren a los pies de las páginas de la historia—.*

---

131. NdT: Título original *RETURNS AND HOW THEY GET THAT WAY.*

De vez en cuando, alguien realiza una apuesta arriesgada de que va a ocurrir algo improbable o incierto y acaba pareciendo ser un genio. Pero deberíamos reconocer que ha acertado por suerte y atrevimiento, no por ser hábil.

Imaginémonos un jugador de *backgammon* que juega de una forma agresiva y que solo va a ganar si le sale un doble seis, sabiendo que la probabilidad de que dicho suceso ocurra es de una vez de cada treinta y seis veces que tire el dado. El jugador sujeta los dados —dobla la apuesta— y hace su tirada. Puede que fuera una apuesta imprudente, pero como le sale bien, todo el mundo cree que es brillante. Deberíamos pensar cuál era la probabilidad de que le hubiera salido algo que no fueran dos seises, y por lo tanto en la suerte que ha tenido el jugador al ganar. Esto dice mucho sobre la posibilidad de que el jugador vuelva a ganar...

A corto plazo, una gran parte de los rendimientos en las inversiones puede ser el producto de estar en el lugar adecuado en el momento adecuado. Siempre digo que las claves para conseguir beneficios son la agresividad, el momento y la habilidad, pero alguien que es suficientemente agresivo en el momento oportuno no necesita demasiada habilidad.

> *En un momento dado, en los mercados, los gestores más rentables son los que mejor encajan con la tendencia del ciclo. Esto normalmente no suele suceder con los dentistas o los pianistas —debido a la naturaleza de la suerte—.*

La mejor forma de verlo es que las épocas de bonanza, los mayores retornos van a parar a los que asumen mayor riesgo. Pero eso no tiene nada que ver con que sean unos buenos inversores.

En el apéndice que escribió Warren Buffet para la cuarta edición revisada de *The Inteligent Investor* describe un concurso en el que 225 millones de americanos empiezan el concurso con un dólar y lanzan una moneda al aire una vez al día. Los que aciertan el primer día, se quedan con los dólares de los que no aciertan, y así sucesivamente. Diez días después, las 220 000 personas han acertado durante esos diez días han obtenido mil dólares cada una "tal vez intenten ser modestos, pero cuando están en una fiesta de vez en cuando intentarán explicar a los miembros del sexo contrario su técnica y sus maravillosas habilidades en el arte de lanzar una moneda al aire". Después de otros diez días solo quedan 215 sobrevivientes que hayan acertado veinte veces seguidas y cada uno de ellos ha ganado un millón de dólares. Escriben libros con títulos del estilo "Cómo conseguí convertir un dólar en un millón en veinte días trabajando treinta segundos por la mañana" y se venderán entradas para sus conferencias. ¿Les suena de algo?

Por lo tanto, el azar contribuye (o destruye) los resultados de una inversión hasta un nivel que muy pocos pueden llegar a apreciar en su totalidad. Y como resultado, no se suelen considerar de forma completa los peligros que acechan en estrategias que han estado funcionando hasta ahora.

Quizá una buena forma de resumir la visión de Taleb es hacer uso de una tabla que figura en su libro. En la primera columna, enumera una lista de aspectos que se pueden confundir fácilmente con los conceptos que explica en la segunda columna.

Suerte	Habilidad
Aleatoriedad	Determinismo
Probabilidad	Certeza
Creencias, conjeturas	Conocimiento, certidumbre
Teoría	Realidad
Anécdota, Coincidencia	Causalidad, ley
Suvivorship bias★	Retornos excepcionales
Idiota con suerte	Inversor hábil

★ NdT: *Suvivorship bias*: Efecto que provoca la forma de calcular el *performance* de los índices de los fondos de inversión que elimina del cálculo el *performance* de los fondos que dejan de estar representados en el índice. Esto supone una sobrestimación del *perfomance* del índice.

Creo que la forma dicotómica en la que presenta la tabla es brillante. Todos sabemos que cuando las cosas van bien, la suerte se confunde con la habilidad. La coincidencia parece causalidad. Un "idiota con suerte" parece que es un inversor brillante. Obviamente saber que el azar puede causar estos efectos no va a hacer fácil el distinguir a los inversores con suerte de los habilidosos. Pero hay que seguir intentándolo.

Personalmente coincido con, prácticamente, todas las ideas fundamentales de Taleb.

- Los inversores aciertan (y se equivocan) continuamente por la "razón equivocada". Alguien compra una acción porque espera

que suceda un evento determinado; este no sucede; pero aun así el mercado hace subir la acción; el inversor parece bueno (e inevitablemente acepta el reconocimiento que se le otorga).
- No se puede juzgar que una decisión sea correcta en base al resultado obtenido. No obstante, así es como lo hace la gente. Una buena decisión es aquella que es óptima en el momento en el que se toma, cuando se sabe que el futuro es por definición incierto. Por lo tanto las decisiones correctas, a menudo, no tienen éxito, y viceversa.
- El azar puede producir prácticamente cualquier resultado a corto plazo. A las carteras a las que se les permite estar totalmente expuestas a los movimientos del mercado, estos pueden fácilmente anegar habilidad del gestor (o la ausencia de la misma). Pero en cualquier caso, no se pueden atribuir los movimientos del mercado a la habilidad del gestor (a no ser que sea ese extraño espécimen que es capaz de adivinar las tendencias del mercado de forma continua).
- Por estas razones, los inversores suelen recibir reconocimientos que no se merecen. Un buen pelotazo puede ser suficiente para construirse una reputación, pero ciertamente un buen pelotazo puede ser, tan solo, producto del azar. Muy pocos de estos "genios" consiguen acertar más de una o dos veces seguidas.
- Por lo tanto, es fundamental contar con una muestra grande —varios años de datos— antes de juzgar la habilidad de un gestor.

RETORNOS Y CÓMO SE PRODUCEN[132],
11 DE NOVIEMBRE DE 2002

La idea de "historias alternativas" de Taleb —otras cosas que razonablemente podían haber pasado— es un concepto fascinante y además es algo especialmente importante en el mundo de las inversiones.

La mayoría de la gente es conocedora de la incertidumbre que rodea al futuro, pero creen que al menos el pasado es conocido e invariable. Después de todo, el pasado es historia, absoluta e inmutable. Pero Taleb señala que lo que ha sucedido, no es sino una pequeña porción de lo que podía haber pasado. Por lo tanto, el que una determinada acción o estrategia funcionase —dado lo que acabó ocurriendo— no

---

132. NdT Título original: *RETURNS AND HOW THEY GET THAT WAY.*

quiere decir necesariamente que las decisiones que se tomaron en base a ellas fueran sensatas.

Puede que lo que hizo que la decisión adoptada fuera un éxito fuera la ocurrencia de un evento muy improbable, algo que sucedió por pura suerte. En ese caso, esa decisión —a pesar del éxito que acabó teniendo— tal vez no era la más sensata y cualquiera de las historias alternativas que podrían haber pasado, nos habría demostrado que, efectivamente, la decisión adoptada fue un error.

¿Qué reconocimiento debería recibir alguien que apuesta a que va a suceder algo tremendamente incierto y tiene la suerte de salirle bien? Es una buena pregunta, y merece pensar en ella profundamente.

Una de las primeras cosas que recuerdo haber aprendido cuando entré en Wharton en 1963 es que la calidad de la decisión no está determinada por el resultado obtenido. Los sucesos que tienen lugar posteriormente hacen que la decisión tenga éxito o no, y estos sucesos suelen ser muy difíciles de anticipar. El libro de Taleb reafirmó aún más esta idea. Él hace hincapié en la capacidad que tiene el azar de recompensar decisiones insensatas y de penalizar buenas decisiones.

¿Qué es una buena decisión? Pongamos que alguien decide construir un complejo hotelero de esquí en Miami y tres meses más tarde una sorprendente tormenta llega a Florida, dejando tras de sí cuatro metros de nieve. En su primera temporada el *resort* obtiene un formidable beneficio. ¿Quiere eso decir que la decisión fue la acertada? No.

Una buena decisión es la que una persona lógica, inteligente y bien informada hubiese tomado *en las circunstancias que parecían darse en aquel momento, antes de conocer el resultado*. Bajo estas premisas, el complejo hotelero de esquí en Miami parece una locura.

Al igual que ocurre con el riesgo de perder el dinero, hay muchos otros aspectos que no se pueden conocer o cuantificar por adelantado. Incluso en retrospectiva, es difícil poder saber quién tomó una decisión basada en análisis sólidos, pero se vio afectado por un hecho altamente improbable, o quién tuvo la suerte de aprovecharse de la casualidad. Por lo tanto, puede ser difícil saber quién tomó la mejor decisión. Por otro lado, es muy sencillo evaluar los retornos pasados, haciendo muy fácil el poder ver quién tomó la decisión más rentable. Ambos se pueden confundir fácilmente, pero los inversores inteligentes deben ser muy conscientes de la diferencia.

A largo plazo, no hay ninguna alternativa razonable a la de pensar que tomar buenas decisiones nos reportara beneficios. Sin embargo en el corto plazo tenemos que mantenernos firmes cuando no es así.

⁂

Como los inversores de la escuela "lo sé", descritos en el capítulo 14, piensan que es posible conocer el futuro, deciden cómo va a ser, construyen carteras para maximizar los rendimientos bajo un determinado escenario y no contemplan demasiado cualquier otra alternativa que pudiera suceder. Los "suboptimizadores" de la escuela del "no lo sé", por el contrario, ponen el énfasis en construir carteras que lo hagan bien en los escenarios más probables y que no lo hagan demasiado mal en el resto de escenarios.

Los inversores que pertenecen a la escuela del "lo sé" predicen el número que va a salir cuando se lance el dado, atribuyendo su éxito a su pericia prediciendo el futuro, y echan la culpa a la mala suerte cuando las cosas les salen mal. Cuando aciertan, la pregunta que debe hacerse es "¿podían realmente haber sido capaces de predecir el futuro?". Dado que su aproximación es probabilística, los inversores de la escuela del "no lo sé" entienden que el resultado depende en gran medida de la voluntad divina, y que por lo tanto hay que dosificar en su justa medida el reconocimiento o la culpa —especialmente a corto plazo— que se les da a los inversores.

La escuela del "lo sé" divide sus miembros entre ganadores y perdedores de forma inmediata y sin pensárselo dos veces, en función de lo que haya ocurrido en los dos primeros lanzamientos del dado. Los inversores de la escuela del "no lo sé" comprenden que deben juzgar su habilidad después de que se haya tirado el dado muchas veces, no solo tras el primer lanzamiento (y esos lanzamientos pueden ser pocos y muy espaciados en el tiempo). Por lo tanto aceptan que su estrategia prudente y suboptimizadora puede generar resultados poco brillantes durante un tiempo, pero confían en que si son inversores excepcionales, esto resultará evidente en el largo plazo.

> Los beneficios o las pérdidas que se obtienen a corto plazo son potenciales impostores, ya que ninguno de ellos refleja adecuadamente la habilidad del inversor (o su incompetencia).

Unos retornos sorprendentemente altos suelen ser la otra cara de la moneda de unos retornos sorprendentemente malos. Un año de retornos extraordinarios puede exagerar la habilidad real de un gestor, y encubrir los riesgos que asumió. Y aun así la gente se sorprende de cómo ese gran año suele preceder a uno terrible. Los inversores pierden constantemente de vista el hecho de que tanto los beneficios a corto plazo como las pérdidas a corto plazo pueden ser impostores, y que lo importante es remangarse y meterse en harina hasta el fondo para entender qué es lo que hay detrás de ellos.

El retorno es lo que le sucede a una cartera cuando ocurre el futuro. Los inversores prestan mucha atención al retorno final, pero las preguntas que se deberían hacer son: ¿lo que acabó ocurriendo (y los demás escenarios que no llegaron a ocurrir), formaban parte de las situaciones que conocía el gestor?, ¿cuál hubiera sido el resultado si hubiesen sucedido otros escenarios? Esos otros escenarios es lo que Taleb llama "historias alternativas".
MALAS HIERBAS[133]*,* 7 DE DICIEMBRE DE 2006

Las ideas de Taleb me parecen innovadoras y provocativas. Una vez se entiende hasta qué punto el azar puede llegar a afectar a los retornos de una inversión es cuando se empiezan a ver las cosas desde otra perspectiva.

Las acciones que toman los que pertenecen a la escuela del "lo sé" se basan en una visión única del futuro, que se puede conocer y se puede conquistar. Los de mi escuela, la del "no lo sé", piensan en los resultados futuros en términos probabilísticos. Esa es la gran diferencia. En el último de los casos, puede que tengamos una cierta idea sobre cuál es el escenario que es más probable que suceda, pero también sabemos que pueden haber muchas más posibilidades, y que la probabilidad de que suceda cualquier escenario distinto al más probable puede ser mayor que la de que este ocurra.

Claramente, la visión que tiene Taleb sobre un mundo incierto está mucho más alineada con la mía. Todo en lo que creo y todo lo que recomiendo sobre inversiones procede de esta escuela de pensamiento.

- Debemos invertir nuestro tiempo para encontrar valor en lo que es conocible —sectores, compañías y títulos— antes que basar nues-

---

133. NdT: Título original: *PIGWEED*.

tras decisiones en aspectos menos conocibles como el mundo de la macroeconomía y los retornos agregados de los mercados.

- Dado que no sabemos exactamente cuál de todos los posibles futuros es el que va a suceder, tenemos que tratar de tener el valor de nuestro lado desarrollando una fuerte convicción sobre el mismo a través de un buen análisis, y comprando por debajo del valor cuando se presenten oportunidades para hacerlo.

- Tenemos que invertir de forma defensiva, ya que muchos de los posibles resultados pueden ir en nuestra contra. Es más importante asegurar que se puede sobrevivir si se dan entornos negativos que garantizar que se va a obtener el máximo retorno en entornos favorables.

- Para incrementar nuestra probabilidad de tener éxito, tenemos que poner énfasis en actuar a contracorriente de la mayoría cuando está en los extremos, siendo agresivos cuando el mercado está bajo y prudentes cuando está alto.

- Dada la naturaleza altamente indeterminada de los resultados tenemos que desconfiar de las estrategias y sus retornos —tanto positivos como negativos— hasta que hayan producido un gran número de resultados.

Muchos aspectos van de la mano para aquellos que ven el mundo como un lugar incierto: un respeto saludable por el riesgo; conciencia de que no sabemos lo que nos depara el futuro; entender que lo mejor que podemos hacer es ver el futuro como una distribución de probabilidades e invertir en consecuencia; insistir en invertir de forma defensiva y poner énfasis en evitar las trampas en las que caen los incautos. Para mí, invertir con sensatez se basa en esto.

17

LO MÁS IMPORTANTE ES...
INVERTIR DE FORMA DEFENSIVA

> Hay inversores viejos e inversores atrevidos, pero no hay inversores viejos y atrevidos.

Cuando mis amigos me piden que les asesore sobre una inversión, mi primer paso es tratar de comprender su actitud frente al riesgo y el retorno. Pedir consejo sobre una inversión sin especificar esto es como pedir consejo a un médico sobre una medicina sin decirle qué te duele.

Así que les pregunto: "¿qué te preocupa más, ganar dinero o evitar las pérdidas?" Invariablemente la respuesta siempre es la misma: ambas.

El problema es que no es posible intentar ganar dinero sin evitar las pérdidas a la vez. Cada inversor tiene que tener una posición clara en estos dos aspectos y normalmente esto requiere fijar un equilibrio razonable. La decisión debería tomarse conscientemente y de forma racional. Este capítulo trata de esa elección... y de mi recomendación.

La mejor forma de poner en perspectiva esta decisión es plantearla en términos de defensa frente al ataque. Y una de las mejores formas de considerarla es mediante una metáfora deportiva.

Para establecer el perímetro de debate, voy a hacer referencia a un fenomenal artículo de Charles Ellis[134] que se publicó en *The Financial Analyst Journal* de 1975 titulado "The Loser's Game" (El juego de perdedores). Probablemente este artículo ha sido la primera vez en la que he abordado la analogía entre inversión y deporte, y ha sido fundamental para confirmar el énfasis que pongo en invertir defensivamente.

El artículo de Charley hace una inteligente descripción del tenis a partir del libro de Dr. Simon Ramo titulado *Extraordinary tennis for the ordinary tennis player* (Tenis extraordinario para los tenistas ordinarios). El Dr. Ramo es la "R" de TRW, que en su momento fue uno de los mayores conglomerados industriales con productos que iban desde los componentes para el automóvil hasta los servicios financieros. Ramo señalaba que el tenis es un "juego de ganadores", en el que el partido lo gana quien es capaz de golpear más bolas ganadoras: rápidas y bien colocadas de forma que el contrario no pueda devolverlas.

Salvo las bolas ganadoras que lanza el contrario, los jugadores de tenis profesionales pueden realizar el golpe que quieran prácticamente siempre: duro o suave, a la red o al fondo, izquierda o derecha, plano o con efecto. A los jugadores profesionales no les incomodan las cosas que suponen un reto para los *amateurs*: botes extraños, viento, el sol en la cara, limitaciones en la velocidad, resistencia y habilidad; o el que el contrario trate de poner la bola fuera de su alcance. Los profesionales son capaces de devolver la mayoría de los golpes de sus oponentes y hacer lo que quieran con la bola en casi cualquier ocasión. De hecho, los profesionales pueden hacerlo de forma tan constante que los estadistas del tenis cuentan las relativamente raras excepciones y las denominan "errores no forzados".

Pero el tenis al que el resto de nosotros juega es un "juego de perdedores" donde gana aquel que cometa el menor número de errores. Para ganar basta con mantener la bola en juego hasta que el contrario cometa un error y la mande fuera o a la red. En otras palabras los puntos no se ganan, se pierden. Reconocí que mi forma de jugar al tenis se parece a la estrategia de evitar errores de Ramo.

Charley Ellis dio un paso más sobre la idea de Ramo al aplicarla a las inversiones. Su opinión sobre la eficiencia de los mercados y los altos costes de transacción le llevaron a concluir que probablemente no les

---

134. NdT: Charles D.Ellis, autor del libro Winning the Loser's Game: *Timeless Strategies for Successful Investing* (McGraw-Hill), un clásico en el mundo del análisis de inversiones

merezca la pena a los inversores intentar identificar a los ganadores en los principales mercados bursátiles. En su lugar, deberían intentar evitar a los perdedores. En su día encontré este punto de vista totalmente convincente.

La elección entre invertir ofensiva o defensivamente debería basarse en cuánto cree el inversor que está bajo su control. Según mi opinión, las inversiones implican muchos aspectos que no están bajo su control.

Los jugadores de tenis profesional están seguros de que cada vez que hacen A, B, C y D con sus pies, cuerpo, piernas y raqueta, la bola hará E, la gran mayoría de las veces; hay pocas variables aleatorias que afecten el resultado. Pero el mundo de las inversiones está repleto de botes y evoluciones extraños, y las dimensiones de la pista y la altura de la red cambian constantemente. El funcionamiento de las economías y los mercados es muy impreciso y variable, y la forma de pensar y actuar de los demás actores del mercado modifica constantemente el entorno. Incluso cuando hacemos todo lo correcto, los demás inversores pueden ignorar nuestra empresa favorita; los directivos pueden dilapidar las oportunidades de la compañía; el Gobierno puede cambiar las reglas; o puede suceder un desastre natural.

Hay tantos factores que los jugadores de tenis profesional tienen bajo su control, que realmente deberían jugar a intentar ganar cada punto. Y más les vale, porque si golpean bolas fáciles de devolver, su oponente golpeará bolas ganadoras. Por el contrario, los resultados de las inversiones están solo parcialmente bajo el control de los inversores, y se pueden conseguir buenos resultados —y batir a los demás— sin tener que jugársela.

El fondo de la cuestión es que hasta los inversores muy habilidosos pueden ser culpables de intentar dar golpes demasiado complicados, y ese golpe demasiado agresivo les puede costar fácilmente el partido. Por lo tanto, tener una actitud defensiva —poner el énfasis en evitar que las cosas vayan mal— es una parte importante del juego de cada inversor excepcional.

&

Hay muchas cosas que me gustan sobre invertir, y la mayoría son verdad también en los deportes.

- Es competitivo. Algunos ganan y otros pierden, y la diferencia es muy clara.

- Es cuantitativo. Se pueden ver los resultados en negro sobre blanco.

- Es una meritocracia. A largo plazo, los mejores resultados van a parar a los mejores inversores.

- Está orientado al trabajo en equipo. Un grupo efectivo puede conseguir más que una persona sola.

- Es satisfactorio y entretenido. Pero mucho más cuando se gana.

Estos aspectos positivos pueden hacer que invertir sea una actividad gratificante. Pero, como en el deporte, también hay aspectos negativos.

- Puede primarse la agresividad, lo que no nos hace un buen servicio a largo plazo.

- Los botes con mala suerte pueden ser frustrantes.

- Tener éxito a corto plazo puede llevarnos a obtener un reconocimiento generalizado sin que se preste demasiada atención a la consistencia y durabilidad de los resultados.

En general creo que los deportes y la inversión son bastantes similares, y también lo es la forma en la que hay que tomar decisiones

> Piense en un partido de fútbol americano. Los atacantes tienen la pelota. Tienen cuatro intentos para conseguir diez yardas. Si no lo consiguen, el árbitro hará sonar su silbato. El reloj se para. Los atacantes se retiran del campo y entran los defensas cuya misión es que el equipo contrario no consiga avanzar el balón.
>
> ¿Es el fútbol americano una buena metáfora de su forma de ver las inversiones? Para mí, por lo menos, no lo es. En las inversiones nadie va a hacer sonar el silbato; en muy pocas ocasiones se sabe cuándo hay que cambiar el ataque por la defensa; y no hay tiempos muertos en los que hacerlo.

No, personalmente pienso que las inversiones se parecen más al fútbol que se juega fuera de Estados Unidos. En este fútbol prácticamente los mismos once jugadores están en el campo durante la mayoría del partido. No hay un equipo de defensas y otro de atacantes. Los mismos tienen que jugar en ambos ámbitos... Tienen que ser capaces de hacer frente a cualquier situación. Colectivamente, los once jugadores tienen que tener capacidad para marcar goles y defender para que el equipo contrario no los marque.

Un entrenador de fútbol tiene que decidir si alinea un equipo que sea más ofensivo (para tratar de marcar muchos goles y esperar que el equipo contrario marque menos), alinea un equipo más defensivo (que cierre la posibilidad de marcar al otro equipo e intente hacer algún gol) o bien alinea un equipo equilibrado. Dado que los entrenadores saben que no tendrán mucha capacidad para cambiar sus jugadores ofensivos y defensivos durante el partido, tienen que intentar salir con una alineación ganadora y prácticamente aguantarse con ella.

Esta es mi visión sobre invertir. Poca gente (si es que hay alguien) tiene la habilidad de cambiar de táctica para adecuarse a las circunstancias del mercado en el momento adecuado. Así que los inversores deberían decidir un enfoque —con suerte uno que les haga un buen servicio en una gran variedad de escenarios—. Pueden decidir ser agresivos, esperando ganar mucho cuando acierten y no devolver las ganancias cuando se equivoquen. Pueden poner más énfasis en ser defensivos, esperando hacerlo bien durante los buenos tiempos y ser extraordinarios perdiendo menos que otros en los malos tiempos. O bien pueden equilibrar la defensa y el ataque, en gran medida desistiendo en intentar hacer cambios tácticos para aprovecharse del *market timming* y tratando de conseguir mejores resultados mediante una cuidada selección de valores que se comporten bien en mercados alcistas y bajistas.

Claramente Oaktree prefiere ser defensiva. En los buenos tiempos, nos conformamos con conseguir seguir a los índices (y en el mejor de los casos mejorarlos un poco). Pero incluso el inversor medio gana bastante dinero cuando las cosas van bien, y no creo que se despida a muchos gestores por estar en la media cuando los mercados suben. Las carteras de Oaktree están orientadas para obtener unos retornos por encima de la media cuando las cosas vienen mal dadas, y es en estos momentos cuando creemos que es esencial batir al mercado. Claramente, si somos capaces de mantenernos en la media en los buenos tiempos y tener un resultado excepcional cuando las cosas van mal, tendremos unos resultados por encima de la media durante un ciclo completo con una menor volatilidad y nuestros clientes lo harán mejor que la media cuando los demás estén sufriendo.

¿A QUÉ VAS A JUGAR?[135]*, 5 DE SEPTIEMBRE DE 2003*

¿Qué es más importante para usted: marcar goles o evitar que se los marquen? En las inversiones, ¿intentara invertir en los ganadores o evitar a los perdedores? (o quizá, lo que es más importante, ¿como equilibrará a ambos? No tener en cuenta estos aspectos es algo muy peligroso.

Y, por cierto, no hay una única elección correcta entre defensa y ataque. Hay muchos caminos que le pueden llevar al éxito y la decisión depende de su personalidad y de sus conocimientos, de hasta qué punto confía en sus capacidades, y de las peculiaridades del mercado en el que trabaja y de los clientes para los que trabaja.

¿Qué quiere decir ser agresivo en las inversiones y qué quiere decir ser defensivo? El ser agresivo es fácil de definir. Es la adopción de tácticas agresivas y con alto riesgo que intentan conseguir rendimientos por encima de la media. Pero ¿qué es ser defensivo? En vez de enfocarse en hacer lo correcto, el principal objetivo del inversor defensivo es tratar de evitar hacer lo incorrecto.

¿Hay alguna diferencia entre tratar de hacer lo correcto y evitar hacer lo incorrecto? A simple vista pueden parecer lo mismo. Pero cuando se analiza con mayor profundidad, hay una gran diferencia entre la mentalidad que se necesita para lo uno y para lo otro, y también entre las acciones tácticas que cada uno de ellos implica.

A pesar de que ser defensivo suena a tratar de evitar obtener malos resultados, no es tan negativo o falto de ambición como suena. Ser defensivo de hecho se puede ver como el intento de obtener mayores retornos, pero más tratando de evitar pérdidas que intentando obtener

---

135. NdT Título orginal: *WHAT'S YOUR GAME PLAN?*

unos beneficios extraordinarios, y más mediante un progreso más moderado pero constante, que mediante *flashes* ocasionales de brillantez.

Hay dos elementos principales en la inversión defensiva. El primero es excluir los perdedores de las carteras. Esto como mejor se consigue es haciendo *due diligence* extensas, aplicando estándares muy altos, demandando un precio bajo y un generoso margen de seguridad (se explica más adelante en este capítulo), y siendo poco propenso a apostar por una continua prosperidad, unas proyecciones de color de rosa o la ocurrencia de eventos que pueden ser inciertos.

El segundo factor es tratar de evitar los años malos y más concretamente no exponernos a sufrir grandes pérdidas en momentos de crisis. Además de los ingredientes descritos anteriormente que nos ayudan a evitar incluir inversiones perdedoras en la cartera, este aspecto de la inversión defensiva requiere una diversificación bien pensada de la cartera, limitar el riesgo global que se asume, y en general, inclinarse por la seguridad.

La concentración, (lo opuesto a la diversificación) y el apalancamiento son dos ejemplos claros de una estrategia ofensiva. Añaden retorno cuando funcionan, pero son muy dañinos cuando no lo hacen. De nuevo nos topamos con el potencial que tienen las estrategias agresivas de aumentar los máximos y disminuir los mínimos. Utilícelos lo suficiente, no obstante, pueden poner en peligro la supervivencia de sus inversiones si las cosas se ponen feas. La inversión defensiva, por otro lado, puede aumentar las probabilidades de que sea capaz de superar los momentos complicados y sobrevivir lo suficiente como para disfrutar de la eventual recompensa de invertir inteligentemente.

> Los inversores deberían prepararse para los momentos adversos. Hay muchos tipos de actividades financieras de las que de media se puede razonablemente esperar un buen comportamiento, pero puede que le den un mal día en el que sufran unas enormes pérdidas debido a su precaria estructura o exceso de apalancamiento.
>
> ¿Pero es realmente tan simple? Es fácil decir que hay que prepararse para los días malos, pero, malos ¿hasta qué punto?, ¿cuál es el peor de los casos?, ¿debemos estar preparados para afrontarlos todos los días?
>
> Como todo en el mundo de las inversiones, no es blanco o negro. La cantidad de riesgo que asuma será en función de hasta qué punto decide perseguir retornos. El nivel de seguridad que construya

en su cartera debería basarse en función de cuánto retorno potencial está dispuesto a dejar escapar. No hay una respuesta correcta, solo algo que sacrificar a cambio de otra cosa. Por eso añadí esta conclusión en diciembre de 2007: "Ya que asegurarse de que pueden sobrevivir bajo circunstancias adversas es incompatible con maximizar retornos en los buenos tiempos, los inversores deben elegir entre ambos".

LA PAJARERA[136], 16 DE MAYO DE 2008

☙

El factor fundamental en una estrategia de inversión defensiva es lo que Warren Buffet denomina el "margen de seguridad", o "margen de error" (Habla de uno y otro como si fueran indistintos). Este tema merece una discusión profunda.

No es muy difícil hacer inversiones que tendrán éxito si el futuro acaba siendo tal y como esperabas. No hay ningún misterio sobre cómo obtener beneficios asumiendo que la economía se comportará de una determinada manera y que ciertos sectores y compañías lo harán mejor que otras. Inversiones muy específicas y concentradas pueden ser tremendamente rentables si el futuro acaba siendo como esperábamos.

Pero puede que quiera reflexionar sobre cómo le irá si el futuro no acaba saliendo según lo previsto. Es decir, ¿qué es lo que hace que los resultados sean tolerables cuando el futuro no se ajusta a sus expectativas? La respuesta es el margen de error.

Piense en qué pasa cuando alguien concede un préstamo. No parece muy difícil conceder préstamos que se devolverán si las condiciones del entorno no cambian —por ejemplo, si no se produce una recesión y el deudor conserva su trabajo—. Pero ¿qué es lo que hará posible que ese préstamo se devuelva si las condiciones se deterioran? De nuevo, el margen de error. Si el deudor pierde su empleo, la probabilidad de que sea capaz de devolver el préstamo es mayor si dispone de ahorros, otros activos que pueda vender, o fuentes alternativas de ingresos a las que recurrir. Esto proporciona al acreedor un margen de error.

Las diferencias son simples. El que presta dinero insistiendo en tener margen de error y solo presta a deudores sólidos, sufrirá escasas pérdidas por impagos. Pero también, el hecho de que el prestamista

---

136. NdT Título original: *THE AVIARY*.

tenga unos estándares altos, probablemente le haga dejar pasar oportunidades de prestar dinero que irán a otros prestamistas menos insistentes en la solvencia. Los prestamistas agresivos parecerán más listos que los prudentes (y ganaran más dinero) mientras el entorno se mantenga favorable. La recompensa para el prestamista prudente llegará solo en los malos tiempos, en la forma de menores pérdidas por impagados. El prestamista que insiste en tener margen de error no experimentará los mejores resultados pero evitará los peores. Eso es lo que ocurre cuando se pone énfasis en la defensa.

Veámoslo de otra forma. Pongamos que encuentra algo que cree que valdrá 100$. Si lo compra por 90$, tiene una buena oportunidad de ganar dinero y también una moderada posibilidad de sufrir pérdidas en el caso de que sus hipótesis acaben siendo demasiado optimistas. Pero si lo compra por 70$ en vez de 90$, la posibilidad de sufrir pérdidas es mucho menor. Esos 20$ le suponen un margen adicional para poder equivocarse y aun así ganar algo de dinero. Un precio bajo es el máxima fuente de margen de error.

Por lo tanto la elección es muy sencilla: intentar maximizar retornos empleando tácticas agresivas o protegerse a través del margen de error. No puede disfrutar de ambas plenamente al mismo tiempo. ¿Elegirá la defensa, el ataque o una mezcla de ambas (y si es así, en qué proporciones)?

De las dos formas en las que un inversor puede generar buenos rendimientos —obteniendo retornos excepcionales y evitando pérdidas— creo que la última es la más fiable. Conseguir beneficios normalmente tiene algo que ver con el adivinar lo que va a ocurrir, mientras que las pérdidas se pueden minimizar asegurándose de que existe un valor tangible, las expectativas de los demás inversores son moderadas y los precios bajos. Mi experiencia me dice que lo último se puede hacer con mayor consistencia.

Hay que fijar conscientemente un equilibrio entre obtener retornos y limitar el riesgo —entre ser agresivo y defensivo—. En renta fija, donde comencé mi andadura profesional como gestor de carteras, los retornos máximos están limitados, y la mayor contribución que puede hacer el gestor es evitar pérdidas. Ya que los beneficios son verdaderamente "fijos", el retorno solo puede variar a la baja, y la clave está en evitarlo. Por lo tanto, para ser un inversor excepcional en bonos, no se trata de los bonos solventes que se tiene en cartera, sino principalmente de si se es capaz de evitar aquellos que no pagarán. Según Graham y Dodd este énfasis en la exclusión es lo que convierte a la inversión en renta fija en un arte negativo.

Por otro lado, en mercados como la renta variable y otras áreas más orientadas al potencial de retorno ilimitado, no basta con tratar de evitar las pérdidas; tiene que haber potencial de retorno. Mientras que a un inversor de renta fija le es suficiente con practicar una estrategia defensiva, el inversor que se mueve más allá de la renta fija —normalmente buscando mayores rendimientos— tiene que equilibrar la defensa y el ataque.

La palabra *equilibrio* es la clave. El hecho de que los inversores necesiten atacar a la vez que defender no significa que deban ser indiferentes sobre cuánto de ambos. Si los inversores desean aumentar sus rendimientos, generalmente tienen que asumir más incertidumbre —más riesgo—. Si los inversores aspiran a obtener más retornos de los que pueden conseguirse en renta fija, no pueden esperar conseguirlos únicamente evitando sufrir pérdidas. Necesitan algo de ataque, y con él viene aparejada mayor incertidumbre. La decisión de tomar ese camino, debe tomarse de forma consciente e inteligente.

Probablemente las actividades de Oaktree se basen más que en cualquier otra cosa, en una actitud defensiva. (Pero no hasta excluir la agresividad. No todo lo que hacemos es un arte negativo. No se puede invertir con éxito en convertibles, deuda *distressed* o inmobiliario sin pensar en que se puede ganar y perder).

> Invertir es un mundo cargado de testosterona donde hay demasiada gente que solo piensa en lo buenos que son y lo mucho que pueden ganar si asumen mucho riesgo y les sale bien. Pregunte a algunos inversores de la escuela del "lo sé" qué es lo que les hace ser tan buenos y le hablarán sobre sus éxitos pasados y de los éxitos que se están gestando entre las inversiones que tienen en cartera. ¿Cuántos hablan de consistencia, o de que su último año malo no fue demasiado malo?
>
> Una de las cosas más sorprendentes que he visto en los últimos treinta y cinco años es lo efímeras que son las carreras de inversión

de gran éxito. No son tan cortas como las carreras de los atletas profesionales, pero son más cortas de lo que deberían ser para una profesión que no es físicamente destructiva.

¿Dónde están hoy los principales competidores que tenía cuando gestionaba bonos *high yield* hace veinticinco o treinta años?, Casi ninguno sigue activo. Y sorprendentemente, ni uno de los nuestros grandes competidores de deuda *distressed* de cuando nació esta disciplina hace quince o veinte años mantiene una posición de liderazgo hoy.

¿Dónde acabaron? Muchos desaparecieron porque ciertos defectos organizativos hicieron que sus estrategias fueran insostenibles. Y el resto porque intentaron tocar el Sol y perecieron en el intento.

Esto nos lleva a considerar algo que yo llamo la gran paradoja. No creo que la carrera de muchos gestores se acabe porque no consiguen *home runs*. Más bien, acaban fuera de juego porque fallan demasiado en el intento —no porque no tengan inversiones ganadoras, sino porque tienen demasiadas perdedoras—. Y aun así los gestores no cejan en su empeño de intentar un *home run*.

- Apuestan demasiado cuando piensan que tienen una idea ganadora o una visión correcta del futuro, concentrando sus carteras en vez de diversificar.
- Incurren en demasiados costes de transacción, moviendo sus carteras o intentando anticiparse a los mercados.
- Y posicionan sus carteras para aprovechar escenarios favorables y situaciones deseadas, en lugar de asegurarse de que serán capaces de sobrevivir si se equivocan o tienen mala suerte.

En Oaktree, por otra parte, creemos firmemente que "si evitamos a los perdedores, los ganadores sabrán cuidarse solos". Este ha sido nuestro *leitmotiv* desde el principio y siempre lo será. Intentamos conseguir una media de bateo adecuada no por hacer *home run*. Sabemos que los titulares serán para otros por sus grandes victorias y espectaculares años. Pero esperamos seguir por aquí cuando acabe la carrera gracias a unos resultados buenos y consistentes que produzcan clientes satisfechos.

¿A QUÉ VAS A JUGAR?[137], 5 DE SEPTIEMBRE DE 2003

---

137. NdT Título orginal: *WHAT'S YOUR GAME PLAN?*

Los gráficos 5.1 y 5.2 sugieren que se pueden obtener beneficios si se asume el riesgo. La diferencia que hay entre los dos gráficos es que por supuesto, el primero no señala la gran incertidumbre que se asume al aumentar el riesgo, mientras que el último sí lo hace. Como deja claro el gráfico 5.2, las inversiones más arriesgadas tienen mayor dispersión en sus resultados, incluyendo la posibilidad de sufrir pérdidas en vez de obtener beneficios.

Jugar al ataque —intentar invertir en los ganadores asumiendo mayor riesgo— es una actividad de alto voltaje. Tal vez le reporte los retornos que buscaba... o grandes disgustos. Y aquí va otra cosa en la que pensar: cuanto más retadoras y potencialmente lucrativas sean las aguas en las que pesca, mayor es la posibilidad de que hayan atraído a grandes pescadores. A no ser que sus habilidades le hagan competitivo, es más probable que sea presa que victorioso. No debería intentarse jugar al ataque, asumiendo riesgo y operando en campos técnicamente difíciles sin ser competente.

Además de las habilidades técnicas, la inversión agresiva también requiere tener un estómago a prueba de bombas, clientes pacientes (si es que gestiona el dinero de otros) y capital con el que pueda contar. Cuando las cosas se pongan difíciles, necesitará de todo esto para sobrevivir. Las decisiones de inversión pueden funcionar a largo o a medio plazo, pero sin estas cosas, el inversor agresivo puede no llegar a ver el largo plazo.

Gestionar una cartera de alto riesgo es como ser un equilibrista en el alambre, pero sin red. La potencial recompensa puede ser muy alta e incluir varios ¡Oh! y ¡Ah! Pero el más mínimo desliz, puede acabar con su vida.

> Al final intentar obtener una rentabilidad excepcional tiene mucho que ver con atreverse a tener éxito... Una de las primeras y más importantes decisiones del inversor es hasta dónde queremos arriesgarnos con nuestra cartera. Qué énfasis debemos poner en diversificar, evitar pérdidas y asegurarnos contra unos rendimientos por debajo de la media y sobre todo, hasta qué punto debemos sacrificar todo lo anterior por la esperanza de conseguir mejores resultados.
>
> Aprendí mucho de mi galleta de la suerte favorita: *"Los cautos rara vez se equivocan o escriben grandes poesías[138]"*. La frase es de las que

---

138. NdT: Se refiere a una cita del capítulo IV de *Analectas de Confucio* (libros que recogen una serie de charlas que Confucio dio a sus discípulos así como las discusiones que mantuvieron entre ellos).

corta por ambos filos y da que pensar. La precaución nos puede ayudar a no cometer grandes errores, pero también puede evitar que alcancemos grandes logros.

Personalmente, me gustan los gestores de inversiones cautos. Creo que en la mayoría de las ocasiones, es más fácil conseguir evitar sufrir grandes pérdidas en los años malos que obtener grandes éxitos repetidamente; y por lo tanto creo que el control del riesgo es una base más sólida para obtener un *track record* extraordinario a largo plazo. Invertir con miedo, requiriendo un buen retorno y un sustancial margen de error y ser consciente de lo que no se sabe y lo que no se puede controlar son los pilares de los mejores inversores que conozco.

ATREVERSE A SER GRANDE[139], 7 DE SEPTIEMBRE DE 2006

La elección entre el ataque o la defensa, como muchos otros temas de este libro, no tiene una respuesta fácil. Por ejemplo, considere esta paradoja: mucha gente no quiere hacer suficiente de algo (por ejemplo comprar un valor, invertir en una clase de activo o con un gestor) hasta el punto de que afecte a sus resultados si no sale bien. Pero para que algo pueda contribuir lo suficiente a mejorar los resultados, tiene que invertir en la cantidad suficiente para que si sale mal le pueda afectar negativamente.

En el mundo de las inversiones, casi todo es un arma de doble filo. Esto también va para asumir mayores riesgos, sustituir la concentración por la diversificación o usar apalancamiento para aumentar los beneficios. La única excepción es la genuina habilidad personal de cada uno. Para todo lo demás, si le ayudaría cuando funcionase, también le perjudicará cuando no lo haga. Esto es lo que convierte la decisión sobre si atacar o defender en un reto y en algo muy importante.

Hay muchos que ven la decisión como aspirar a más o conformarse con menos. Para el inversor inteligente, sin embargo, la respuesta es que una estrategia defensiva puede proporcionar unos buenos retornos de forma consistente, mientras que una estrategia agresiva puede que no se componga más que de sueños inalcanzables. Para mí la mejor opción es la de la estrategia defensiva.

---

139. NdT: Título original: *DARE TO BE GREAT.*

Invertir defensivamente puede hacer que se pierdan las cosas que están calientes y se ponen todavía más calientes, y puede que le haga mantener el bate en el hombro partido tras partido. Puede que cace menos *home runs* que otros inversores… pero también es más probable que se la pegue menos que ellos.

La *inversión defensiva* suena muy erudita, pero puede simplificárselo: ¡Invierta con miedo! Preocúpese por la posibilidad de perder dinero. Preocúpese porque puede que haya algo que no sepa. Preocúpese porque a pesar de que tome unas decisiones magníficas puede verse afectado por la mala suerte o por eventos inesperados. Invertir con miedo le prevendrá de ser arrogante; le mantendrá en guardia y dejará que su adrenalina mental fluya; le hará pedir un margen de seguridad suficiente; y aumentará las probabilidades de que su cartera esté preparada para cuando las cosas vengan mal dadas. Y, si nada sale mal, seguro que los ganadores sabrán cuidar de sí mismos.

LO MAS IMPORTANTE[140], 1 DE JULIO DE 2003

---

140. NdT Título original: *THE MOST IMPORTANT THING.*

18

LO MÁS IMPORTANTE ES... EVITAR LOS ERRORES

> Un inversor tiene que hacer solo unas cuantas cosas bien siempre y cuando evite cometer grandes errores.
> WARREN BUFFETT

En mi libro, tratar de evitar las pérdidas es más importante que intentar conseguir unos retornos espectaculares. Esto último se puede conseguir de vez en cuando, pero los errores puntuales pueden tener consecuencias catastróficas. Lo primero puede hacerse de forma más continua y con mayor fiabilidad...y las consecuencias cuando no se consigue son más soportables. Con una cartera con mucho riesgo, una fluctuación a la baja, puede hacer que pierda la convicción o que le fuercen a vender en los mínimos del mercado. Una cartera que tenga demasiado poco riesgo, probablemente le genere peores resultados que la media en un mercado alcista, pero nadie se ha arruinado nunca por ello; hay situaciones mucho peores.

Para evitar las pérdidas tenemos que entender y evitar los errores que las originan. En este capítulo he recopilado algunos de los temas que ya hemos tratado antes, con la esperanza de que al destacarlos y agruparlos en un mismo capítulo, consiga que los inversores estén más atentos ante los posibles peligros. El punto de partida consiste en darse cuenta de que hay muchos tipos de errores y aprender a identificarlos.

Yo clasifico las principales fuentes de error como de origen analítico/racional y de origen psicológico/emocional. Los primeros errores son obvios: utilizamos demasiada poca información, o información incorrecta. O bien aplicamos un proceso incorrecto de análisis de la información, con errores en su tratamiento informático o bien que omite ciertos cálculos que deberían haberse realizado. Hay demasiados errores de este tipo como para enumerarlos todos y, de todas formas, el objetivo de este libro está más dirigido a la filosofía y la forma de pensar que a los procesos analíticos.

Un tipo de error analítico en el que, no obstante, me quiero detener de forma especial, es el que llamo "falta de imaginación". Me refiero tanto a no imaginarse todas las posibles alternativas que puedan ocurrir, como a no ser capaz de llegar a comprender las consecuencias de las alternativas más extremas. Me extenderé en este tema, para tratarlo con más profundidad, en el siguiente capítulo.

Muchas de las fuentes de error cuyo origen es psicológico o emocional ya han sido tratadas en los capítulos anteriores: la avaricia y el miedo; el no ser incrédulos o escépticos; el ego y la envidia; el deseo de conseguir mayores rendimientos soportando mayor riesgo; y la tendencia a sobrestimar las capacidades personales. Todo esto contribuye a generar *booms* y crisis, en las que la mayoría de inversores se juntan, justamente, para hacer lo contrario a lo que deberían hacer.

Otro error importante —en gran medida de origen psicológico, pero suficientemente importante como para constituir su propia categoría— es el no ser capaz de reconocer los ciclos y las modas del mercado y alejarse de ellas. Los extremos en los ciclos y las modas no son situaciones que se den muy a menudo, y por lo tanto no son una fuente habitual de errores, pero son los causantes de los mayores errores. El poder que tiene la psicología de las masas para fomentar el consenso y la capitulación es casi irresistible, haciendo que sea esencial que los inversores resistan. Esto, también, lo discutimos antes.

La "Falta de imaginación", entendida como la incapacidad para entender por adelantado y en profundidad el rango de posibles escenarios, es algo especialmente interesante, y tiene efecto de muchas formas distintas.

Como ya he dicho antes, invertir consiste enteramente en gestionar el futuro. Para poder invertir tenemos que tener una visión de cómo creemos que será el futuro. Por lo general tenemos pocas alternativas, excepto asumir que será muy similar al pasado. Por lo tanto no es muy normal que alguien diga: "El PER (precio sobre beneficio) de las acciones del mercado americano ha sido de 15 durante los últimos cincuenta años, y mi predicción es que en los próximos años va a ser de 10 (o de 20)".

La mayoría de los inversores extrapolan el futuro basándose en lo que ha sucedido en el pasado —y en particular en el pasado reciente—. Y ¿por qué el pasado reciente? En primer lugar, muchos fenómenos económicos importantes siguen un patrón de ciclos largos, por lo que muchos de los que han vivido una situación extrema, normalmente se han jubilado o fallecido cuando la siguiente sucede. En segundo lugar, como dijo John Kenneth Galbraith, la memoria financiera tiende a ser extremadamente corta. Y en tercer lugar, cualquier probabilidad de recordar el pasado es eliminada rápidamente por la promesa de conseguir beneficios fáciles, algo que inevitablemente siempre está de moda.

La mayoría de las veces el futuro es como el pasado, por lo que el extrapolar no genera demasiados problemas. Pero en los puntos de inflexión, cuando el futuro deja de ser como el pasado, la extrapolación falla y es cuando se pierden o se dejan de ganar grandes cantidades de dinero.

Por lo tanto es importante recordar la observación de Bruces Newberg sobre la gran diferencia entre probabilidad y resultado. Las cosas que se supone que no van a ocurrir, ocurren. Los resultados a corto plazo pueden no ajustarse a las probabilidades a largo plazo y los sucesos pueden concentrarse. Por ejemplo, un seis doble debería salir una vez de cada treinta y seis veces que lancemos los dados. Pero puede salir cinco veces seguidas —y no volver a salir durante las próximas ciento setenta y cinco tiradas— habiendo sucedido a largo plazo con la frecuencia que debería.

Confiar demasiado en el hecho de que algo "debería ocurrir" puede acabar con uno cuando no sucede. Incluso si comprende la distribución de probabilidad subyacente, no puede pensar que las cosas van a suceder como deberían. Y el éxito de sus decisiones de inversión no debería depender principalmente de que suceda lo normal, en su lugar, debe darse margen por si suceden eventos extremos.

Los inversores realizan inversiones porque esperan que estas funcionen, y su análisis se centrará en los escenarios más probables. Pero no deben fijarse en exceso en lo que se supone que va a pasar hasta el punto de excluir otras posibilidades... y asumir un nivel de riesgo y de apalancamiento tal que suponga su ruina si las cosas al final salen mal. La mayoría de las hecatombes que sucedieron en la reciente crisis de crédito se debieron a que algo no salió como se suponía.

La crisis financiera ocurrió principalmente porque sucedieron cosas que no habían ocurrido nunca afectando a estructuras arriesgadas y muy apalancadas que no habían sido diseñadas para soportarlas. Por ejemplo, los productos derivados basados en préstamos hipotecarios se habían diseñado y se les había concedido un *rating* basándose en la presunción de que los precios de la vivienda no podían bajar a la vez en todos los mercados del país, ya que nunca antes había pasado (o al menos desde que hay estadísticas). Pero de repente tuvo lugar una bajada a nivel nacional de proporciones colosales, y todas las estructuras que estaban diseñadas bajo la hipótesis de que esto no podía pasar, fueron diezmadas.

A modo de apunte, conviene tener en cuenta que la presunción de que algo no puede suceder tiene la capacidad de hacer que suceda, ya que la gente que cree que no puede ocurrir estará más predispuesta a incrementar el riesgo alterando el entorno. Hace veinte años o más, el término *préstamo hipotecario* estaba indefectiblemente unido a la palabra *conservador*. Los compradores daban como entrada un veinte o treinta por ciento del precio de la casa; los pagos mensuales de una hipoteca tradicionalmente estaban limitados al veinticinco por ciento de la renta mensual del solicitante; las casas se valoraban cuidadosamente; y los solicitantes tenían que probar fehacientemente su posición financiera y sus ingresos. Pero cuando, en la pasada década, aumentó el apetito por los títulos respaldados por préstamos hipotecarios —en parte porque los préstamos hipotecarios se habían comportado muy bien y todos aceptaban que nunca se podría dar una situación generalizada de impago hipotecario— muchas de estas precauciones "tradicionales" saltaron por los aires. Las consecuencias no deberían haber sorprendido a nadie.

Esto me hace volver al dilema con el que tenemos que lidiar. ¿Cuánto tiempo y dinero tiene que dedicar un inversor a protegerse del desastre improbable? Podemos asegurarnos contra los sucesos altamente improbables; por ejemplo, protegernos tanto para una situación de deflación como de hiperinflación. Pero hacerlo es caro y disminuirá los retornos si al final resulta que no hubiésemos necesitado esa protección... y eso sucederá la mayoría de las veces. Puede que quiera que su cartera se comporte bien si se repitiese el 2008, pero eso implicaría que solo tendría bonos del tesoro, oro y dinero líquido. ¿Es esta una estrategia viable? Probablemente no. Por lo tanto la regla general es que es importante evitar los peligros, pero tiene que haber un límite. Y el límite es diferente para cada inversor.

Hay otro aspecto importante en la falta de imaginación. Todo el mundo sabe que cada activo tiene un riesgo y un retorno esperado, y que es posible tratar de estimarlos. Pero pocas personas entienden la correlación entre activos: cómo reaccionará un activo en función del comportamiento de otro, o que dos activos distintos reaccionen de forma similar a los cambios de un tercero. Entender y anticipar el poder de la correlación —y por lo tanto las limitaciones de la diversificación— es uno de los principales aspectos del control de riesgos y gestión de carteras, pero es muy difícil de conseguir. El no ser capaz de anticipar que los activos de una cartera se vayan a comportar de forma similar es una fuente de error crítica.

Los inversores a menudo son incapaces de apreciar los vínculos comunes que se producen dentro de sus carteras. Todo el mundo sabe que si las acciones de un fabricante de coches bajan, las acciones del resto de fabricantes de coches pueden bajar a la vez por todo lo que tienen en común. Pero hay menos gente que entienda las conexiones que pueden hacer que todas las acciones del mercado americano bajen, o todas las del mundo desarrollado, o las de todo el mundo, o que bajen las acciones y los bonos a la vez, etc.

Así que la falta de imaginación consiste en primer lugar en no anticipar que los posibles eventos futuros sean extremos, y en segundo lugar la incapacidad de entender las consecuencias de segundo orden de los eventos extremos. En la reciente crisis de crédito, algunos escépticos podrían haber intuido que se producirían muchos impagos de hipotecas *subprime*, pero no necesariamente que esto tendría efectos mucho más allá del propio mercado hipotecario. Muy pocos previeron el colapso del mercado hipotecario, y menos aún que esto llegara a poner en riesgo a los mercados y fondos monetarios; o que Lehman Brothers, Bear Sterns y Merrill Lynch dejaran de ser compañías independientes; o que General Motors y Chrysler quebraran y necesitaran rescate.

☙

En gran medida, los factores psicológicos son una de las fuentes más interesantes de errores en la inversión. Tienen una enorme influencia en los precios de los activos. Cuando provocan que un inversor adopte una visión extrema sin que otros la equilibren, estas fuerzas pueden hacer que los precios suban o bajen en exceso. Este es el origen de las burbujas y las crisis.

¿Cómo acaban los inversores sufriendo el daño que provocan estas fuerzas?

- Sucumbiendo a ellas.

- Siendo partícipes sin saberlo en mercados que han sido distorsionados por otros inversores que han sucumbido a ellas.

- Siendo incapaces de aprovecharse de esas distorsiones cuando se presentan.

¿Son todas estas cosas lo mismo? Yo creo que no. Analicemos las tres situaciones bajo el prisma de una de las fuerzas psicológicas más perversas, la codicia.

Cuando la codicia es excesiva, los precios de los activos suelen ser altos. Esto hace que los retornos esperados sean menores y los riesgos mayores. El activo en cuestión representa una fuente de errores esperando convertirse en pérdidas... o que alguien se aproveche de ellos.

El primero de los tres errores que acabo de enumerar —sucumbir a las influencias negativas— quiere decir que nos dejamos llevar por la codicia y compramos. Si el deseo de ganar dinero le lleva a comprar a pesar de que el precio es demasiado alto, con la esperanza de que el activo continúe apreciándose o la táctica siga funcionando, se está poniendo a tiro de llevarse una decepción. Si compra cuando el precio es mayor que el valor intrínseco, tiene que tener una suerte enorme —el activo tiene que pasar de estar sobrevalorado a todavía más sobrevalorado— para que consiga obtener beneficios en lugar de pérdidas. Desde luego, un precio elevado hace que lo último sea más probable que lo primero.

El segundo de los errores es lo que podríamos llamar "errar por no darse cuenta". Puede que la avaricia no guíe sus decisiones; por ejemplo su plan de pensiones[141] puede invertir de forma constante en bolsa a través de un fondo indexado. A pesar de todo, participar, incluso sin saberlo, en un mercado que se ha puesto sobrevalorado debido a la compra indisciplinada de otros tiene serias implicaciones para usted.

Cada una de las influencias negativas, y cada mercado "equivocado", presentan oportunidades para beneficiarse en lugar de errar. Por lo tanto, el tercer error no consiste en hacer lo indebido, sino en no hacer lo que se debe. El inversor medio es afortunado si consigue evitar los errores, mientras que el inversor excepcional trata de aprovecharse de ellos. La mayoría de los inversores tiene la esperanza de no comprar, o puede que incluso vender, cuando la avaricia ha hecho que el precio suba demasiado. Pero los mejores inversores puede que se pongan cortos para aprovecharse cuando el precio baje. Cometer el tercer error —por ejemplo no ponerse corto cuando un valor está sobrevalorado— es un tipo de equivocación distinto, es un error por omisión, pero uno con el que probablemente puedan vivir la mayoría de los inversores.

Como ya he comentado anteriormente, entre los errores atribuibles a la psicología se encuentra la disposición de los inversores a ocasionalmente aceptar argumentos novedosos que originan burbujas y crisis, normalmente bajo la creencia de que "esta vez será diferente". En mercados alcistas, un inadecuado escepticismo hace que esto suceda a menudo, ya que los inversores aceptan que:

- Algo novedoso va a cambiar el mundo.

- Los patrones que han sido la norma a lo largo de la historia (como el hecho de que la economía es cíclica y sufre expansiones y contracciones) no van a volver a producirse.

- Las reglas han cambiado (como por ejemplo los estándares que determinan si una empresa es solvente y es prudente prestarle dinero).

---

141. NdT: El autor hace referencia a un plan de pensiones específico de Estados Unidos llamado 401(k). En él se difieren los impuestos de las aportaciones anuales y se pagan los intereses cuando se rescatan los fondos. Las aportaciones pueden venir por parte de la empresa o del empleado.

- Las reglas tradiciones de valoración ya no son relevantes (incluyendo aspectos como el PER para las acciones, los diferenciales de crédito para los bonos o la *yield* o *capitalization* rate para el inmobiliario).

Debido a la forma en la que se mueve el péndulo (ver capítulo 9), estos errores suelen cometerse de forma simultánea, cuando los inversores se vuelven demasiado predispuestos a creer y dejan de ser escépticos.

Siempre hay una explicación racional —puede que hasta sofisticada— sobre por qué alguna octava maravilla del mundo va a funcionar a favor de los inversores. Sin embargo el que lo explica, normalmente olvida mencionar que (a) el nuevo fenómeno no tiene precedentes, (b) necesita que las cosas salgan según lo previsto, (c) pueden suceder muchas cosas distintas a las previstas y (d) muchas de ellas pueden ser desastrosas.

Lo primero para evitar los errores es estar atento y en guardia. La combinación de avaricia y optimismo lleva a los inversores, una y otra vez, a ejecutar estrategias con las que esperan obtener unos grandes rendimientos sin correr ningún riesgo; a pagar precios muy altos por activos de moda, y mantener activos que se han vuelto muy caros con la esperanza de que todavía les quede algo de recorrido. Después, la retrospectiva muestra a todo el mundo dónde estaba el error: las expectativas eran irreales y se ignoraron los riesgos. Pero aprender de los errores a través de experiencias dolorosas, ayuda poco. La clave es anticiparse. Para ilustrar lo que digo, voy a referirme a la última crisis del crédito.

Los mercados son un aula donde se imparten lecciones todos los días. La llave del éxito en las inversiones reside en la observación y el aprendizaje. En diciembre de 2007, bien entrada la crisis *subprime* y cuando se empezaba a ver claramente el potencial de contagio que tenía sobre otros mercados, me dispuse a enumerar las lecciones que pensaba, deberíamos extraer y aprender. Para cuando acabé, me di cuenta de que no eran lecciones aplicables solo a esta crisis, sino que eran para toda la vida. Ya que las he ido mencionando en distintos lugares de este libro, permítame que se las ofrezca ahora, todas juntas.

Lo que aprendemos de una crisis o deberíamos aprender:
- Demasiado capital disponible hace que el dinero fluya a lugares inadecuados. Cuando el capital es escaso y está muy solicitado, los inversores tienen varias alternativas para ponerlo en uso de la mejor manera pasible, y pueden tomar decisiones con paciencia y disciplina. Pero cuando hay demasiado capital intentando ser invertido en muy pocas ideas, se realizarán inversiones que no merecen ser realizadas.
- Cuando el capital acaba yendo donde no debe, acaban pasando cosas malas. Cuando hay escasez de capital, proyectos que merecen ser financiados puede que no lo sean. Pero cuando hay dinero por todos lados, a los deudores a los que no debería prestarse se les ofrece el dinero en una bandeja de plata. El resultado inevitable es el incremento de la morosidad, las quiebras y las pérdidas.
- Cuando hay demasiada oferta de capital, los inversores compiten por oportunidades aceptando retornos bajos y un margen de error minúsculo. Cuando hay gente que quiere comprar algo, su competencia se convierte en una especie de subasta en la que el precio sube y sube. Si lo piensa, pujar más por algo es lo mismo que decir que se conformará con menos por su dinero. Por lo tanto, las subastas por una inversión se pueden ver como una declaración de cuál es el retorno mínimo que los inversores demandan y cuánto riesgo están dispuestos a aceptar.
- Una voluntad generalizada para ignorar el riesgo genera riesgo. "Nada puede ir mal", "no hay precio demasiado alto", "siempre habrá alguien que me pague más por ello", "si no actúas rápido, otro vendrá y lo comprará". Declaraciones como estas indican que se le está dando muy poca importancia al riesgo. En esta versión de la crisis, los inversores pensaban que como estaban comprando mejores empresas o la financiación tenía tan buenas condiciones, las operaciones de *buyout* podían soportar cada vez más apalancamiento. Esto les llevó a ignorar el riesgo de que las cosas no salieran según sus planes y el peligro inherente en las estructuras de capital muy apalancadas.
- Unas *due diligences* inadecuadas acaban originando pérdidas. La mejor manera de defenderse de las pérdidas es hacer un análisis profundo e inteligente, e insistir en lo que Warren Buffet llama "margen de error". Pero cuando los mercados están calientes, a la gente le preocupa perderse la fiesta, no perder dinero, y el análisis

escéptico, pesado e intensivo en el tiempo se convierte en algo que solo hacen los viejos cascarrabias.

- Cuando el mercado está saturado, se destina capital a inversiones innovadoras, de la cuales la mayoría no sobreviven al paso del tiempo. Los inversores optimistas, se enfocan en lo que puede funcionar en vez de enfocarse en lo que puede que no funcione. La impaciencia anula a la prudencia, llevando a los inversores a aceptar productos que no entienden. Aunque después se pregunten en qué estarían pensando.

- Las deficiencias ocultas en las carteras pueden hacer que los precios de activos que aparentemente están pocos correlacionados, se comporten de la misma manera. Es más fácil estimar el riesgo y retorno esperado de una inversión que entender cómo se va a comportar en relación a otros activos. La correlación se suele subestimar, especialmente por cómo aumenta durante las crisis. Puede que una cartera parezca que está adecuadamente diversificada a nivel de la clase de activo, del sector económico, y de la geografía, pero cuando las cosas se ponen difíciles, factores no fundamentales como los *margin calls*, la disminución de la liquidez en los mercados y el aumento generalizado de la aversión al riesgo pueden dominar sobre el resto de factores, afectando de forma muy similar a cualquier activo.

- Los factores emocionales y los técnicos pueden imponerse a los fundamentales. A largo plazo, la creación o destrucción de valor se basa en factores fundamentales como por ejemplo las tendencias de la economía, los beneficios de las empresas, la demanda de productos y la habilidad de los equipos directivos. Pero a corto plazo, los mercados responden mucho a los factores técnicos y psicológicos que influencian la demanda y oferta de activos. De hecho, creo que la confianza es lo más importante a corto plazo. Cualquier cosa puede pasar con respecto a esto, dándose resultados impredecibles e irracionales.

- Los mercados cambian, invalidando los modelos. Las dificultades que sufrieron los fondos *quant* se centra en la invalidez de sus modelos informáticos y las hipótesis en las se basaban. Los sistemas informáticos que gestionaban las carteras se basaban en patrones que se habían repetido en el pasado. Pero no pueden predecir los cambios en estos patrones. No pueden prever perio-

dos atípicos; y en consecuencia tienden a sobrestimar la fiabilidad de las normas pasadas.
- El apalancamiento magnifica los resultados pero no añade valor. Puede tener mucho sentido usar apalancamiento para aumentar tu inversión en activos a precio de ganga con retornos esperados muy altos y primas de riesgo muy generosas. Pero puede ser muy peligroso utilizar apalancamiento para comprar más activos que ofrezcan retornos bajos o primas de riesgo muy estrechas —dicho de otra forma, comprar activos sobrevalorados o a su valor razonable—. No tiene sentido usar apalancamiento para intentar transformar retornos inadecuados en retornos adecuados.
- Los excesos se acaban purgando. Cuando la psicología de los inversores es extremadamente optimista y los mercados cotizan a precios que asumen la perfección —basados en la asunción de que las cosas siempre irán bien— el escenario está listo para que se dé la destrucción de capital. Puede que suceda porque las hipótesis de los inversores acaben siendo demasiado optimistas, porque sucedan eventos negativos, o simplemente porque el precio de los activos caiga por su propio peso.

La mayoría de estas once lecciones se pueden reducir a una: esté atento a lo que sucede a su alrededor en lo qué se refiere al equilibrio entre oferta y demanda de fondos para invertir y cuánto entusiasmo hay para invertirlos. Sabemos que pasa cuando se siente que hay muy poco capital disponible y mucha reticencia para invertirlo: inversiones merecedoras de realizarse tienen que suplicar para conseguir financiación, y la actividad económica puede disminuir. Esto se denomina *"credit crunch"* o crisis de crédito. Pero lo contrario merece la misma atención. No hay un término oficial para ello, por lo que "demasiado dinero persiguiendo demasiadas pocas oportunidades" tendrá que bastar.

Independientemente de cómo se le llame, un exceso de oferta de capital y la escasez de prudencia que los acompaña como vimos entre el 2004 y 2007 —con sus efectos perniciosos— puede ser peligrosa para su salud inversora y debe ser reconocida y gestionada. *ESTA VEZ NO VA A SER DIFERENTE*[142], 17 DE DICIEMBRE DE 2007

---

142. NdT Título original: *NO DIFFERENT THIS TIME*.

La crisis proporcionó una magnífica oportunidad para aprender, ya que se cometieron muchos errores graves y nos permitió aprender las lecciones que he señalado en mi memorando de diciembre de 2007. Había fisuras por todas partes: los inversores estaban despreocupados, incluso pletóricos en los años previos a la crisis. La gente creyó que el riesgo había desaparecido y que por lo tanto solo tenían que preocuparse por no perderse oportunidades y mantenerse en la cresta de la ola, no de evitar perder dinero. Se aceptaban inversiones novedosas y arriesgadas, basadas en hipótesis poco rigurosas. Se daba excesivo peso a modelos opacos y "cajas negras", a la ingeniería financiera, a los "*quants*" y a retornos históricos obtenidos en periodos de bonanza. Se añadía apalancamiento encima de estructuras ya apalancadas.

Casi nadie sabía cuáles serían exactamente las consecuencias, pero era posible intuir que se estaba galopando hacia un precipicio. A pesar de que puede que algunos riesgos específicos no se hubiesen podido identificar ni evitar, era el momento perfecto para reconocer que estaban aumentando y por lo tanto para haber adoptado una estrategia más conservadora. El no haberlo hecho ha sido el gran error de la crisis.

Llegados a este punto, ¿qué podrían haber hecho los inversores? La respuesta descansa en estos factores.

- Tomar nota del comportamiento despreocupado y poco cauto de los demás inversores.

- Prepararse psicológicamente para una crisis.

- Vender activos, o al menos los de mayor riesgo.

- Reducir el apalancamiento.

- Aumentar la posición líquida (y devolver el dinero a los clientes si gestiona inversiones de terceros).

- Inclinar las carteras hacia posiciones más defensivas.

Cualquiera de estas acciones habría ayudado. Aunque prácticamente nada se hizo bien durante la crisis de 2008, se podía haber perdido menos que los demás y haber sufrido menos, si se hubiera sido lo suficientemente cauto. Si bien fue prácticamente imposible evitar totalmente las pérdidas, hacerlo mejor que el resto en forma de menores pérdidas hubiese sido suficiente para haber aguantado mejor la caída y haber aprovechado mejor el rebote.

La crisis estaba repleta de oportunidades para cometer errores: primero, oportunidades para sucumbir y perder, y después oportunidades para meterse en el caparazón y perderse el rebote. En periodos en los que escasean las pérdidas, la gente tiende a pensar que el riesgo es la volatilidad y que es algo con lo que se puede vivir. Si eso, efectivamente fuera cierto, sufrirían las bajadas, invertirían más cerca de los mínimos y disfrutarían de los rebotes acabando por encima de donde empezaron a largo plazo. Pero si la capacidad para vivir con la volatilidad y mantenerse firme se sobrestima, y es lo que suele suceder, el error suele ser obvio cuando el mercado está en mínimos. La pérdida de confianza y las ganas de acabar con el sufrimiento puede llevar a los inversores a vender en el mínimo, transformando las bajadas en pérdidas permanentes y evitando que se beneficien cuando el mercado rebote. Este es el mayor error en las inversiones —la peor forma de comportarse en la misma dirección que el ciclo— tanto por que consolida las pérdidas como porque afecta a una gran parte de las carteras.

Dado que un comportamiento anticíclico fue esencial para evitar no perder en la crisis, comportarse de forma procíclica presentaba el mayor riesgo. Los inversores que mantuvieron sus posiciones (o las incrementaron mientras el mercado subía) eran los que estaban peor preparados para la crisis y su posterior recuperación.

- Las bajadas tuvieron un tremendo impacto psicológico.

- Los *margin calls* y las ejecuciones de garantías destruyeron los vehículos apalancados.

- Las inversiones con problemas requirieron acciones inmediatas que mantuvieron ocupados a sus gestores.

- Como suele pasar, la pérdida de confianza evitó que muchos hicieran lo que debían, cuando debían.

Aunque es cierto que no se pueden gastar retornos relativos, la naturaleza humana hace que los inversores defensivos y sus clientes menos traumatizados se sientan más reconfortados cuando pierden menos que los demás. Esto tiene dos efectos muy importantes. El primero es que son más ecuánimes y aguantan mejor la presión del mercado que suele llevar a la gente a vender en los mínimos. El segundo es que al encontrarse en una mejor situación financiera y más enteros a nivel psicológico están mejor preparados para sacar provecho de la carnicería y comprar cerca de los mínimos. En consecuencia, normalmente suelen hacerlo mejor que el resto en las recuperaciones.

En efecto esto es lo que sucedió en los últimos años. Los mercados de crédito sufrieron un golpe especialmente duro en el 2007 y el 2008, ya que se había sido el foco de la innovación, la asunción de riesgos y el uso del apalancamiento. Por consiguiente los retornos de 2009 fueron los mejores de su historia. Sobrevivir a las bajadas y comprar cerca de los mínimos fue una formula de gran éxito, especialmente en términos de retorno relativo, pero primero requirió evitar errores.

La forma de cometer errores es sencilla, pero el modo en que se puede presentar es infinito —demasiados como para poder enumerarse—. Aquí tiene los ingredientes habituales:

- Error en los datos o en el cálculo en el proceso analítico que conlleva una incorrecta estimación del valor.

- Subestimar el abanico completo de posibilidades y sus consecuencias.

- Avaricia, miedo, envidia, ego, falta de escepticismo, conformismo o capitulación, o alguna combinación de estos elementos, llevados al extremo.

- Como resultado, se produce una excesiva aversión o asunción de riesgos.

- Los precios se alejan mucho del valor razonable.

- Los inversores no se dan cuenta de esta divergencia e incluso contribuyen a potenciarla.

Idealmente los pensadores de segundo nivel, astutos y prudentes toman nota de los errores que otros inversores cometen. Detectan aquellos activos que están sobrevalorados o infravalorados en mercados que están sobrecalentados o paralizados. Fijan un rumbo con el que esperan evitar los errores que otros están cometiendo y con suerte poder aprovecharse de ellos. Es muy fácil definir la esencia de los errores a la hora de invertir: precios que difieren del valor intrínseco. Detectarlos y actuar sobre ellos no es sencillo.

El reto más fascinante es que los errores se dan de distinta forma constantemente. A veces los precios están demasiado altos y a veces están demasiado bajos. A veces la divergencia entre el precio y el valor afecta a títulos o activos concretos y a veces a todo un mercado, a veces afecta a uno y a veces a otro. A veces el error reside en hacer algo y a veces en no hacer algo, a veces en ser demasiado optimista y a veces en ser demasiado pesimista.

Y por supuesto, por definición la mayoría de la gente comete estos errores, ya que si no fuera así el error no podría existir. Actuar en la dirección opuesta requiere la adopción de una postura contraria, con el sentimiento de soledad y de que se está equivocado que puede darse durante largos periodos de tiempo.

Como en el resto de tareas que hemos tratado en este libro, el evitar los errores, identificar y actuar sobre ellos no es algo que esté sujeto a reglas fijas, algoritmos u hojas de ruta. Lo que quiero destacar es que se debe estar atento, ser flexible, tener capacidad de adaptación y una mente que esté enfocada en descubrir las "pistas" que nos da el entorno.

> Una forma de mejorar los rendimientos de las inversiones —algo que tratamos de aplicar en Oaktree sin descanso— es el tratar de imaginarnos cuál es el "error del día" y tratar de evitarlo.
>
> Hay veces que el error en las inversiones viene por:
> - no comprar;
> - no comprar suficiente;
> - no hacer una puja más en una subasta;
> - tener demasiado *cash*;
> - no apalancarse lo suficiente;
> - o no asumir suficiente riesgo.

No creo que esto describa lo que sucedió en el 2004. Nunca he oído de nadie que mientras espera para ser operado de corazón diga: "Ojalá hubiera ido más a menudo a la oficina". De la misma forma no creo que oiga a nadie decir en los próximos años: "Ojalá hubiera invertido más en el 2004".

Más bien pienso que los errores de este año vendrán por:
- haber comprado demasiado;
- haberlo comprado demasiado agresivamente;
- haber pujado demasiadas veces;
- haber usado demasiado apalancamiento;
- y haber asumido demasiado riesgo tratando de mejorar los resultados.

Hay veces que, en las inversiones, los errores se producen por omisión: cosas que deberíamos haber hecho pero que no hicimos. En la actualidad creo que los errores son por comisión: cosas que no deberíamos haber hecho pero que hicimos. Hay momentos para ser agresivos. Creo que ahora es el momento de ser cauteloso.

RIESGO Y RENDIMIENTO HOY[143], 27 DE OCTUBRE DE 2007

Finalmente es importante tener en cuenta que, además de momentos en que los errores son por comisión (por ejemplo, por haber comprado) y momentos en los que son por omisión (no comprar), también hay veces en las que no hay errores obvios. Cuando la psicología de los inversores y el miedo y la avaricia están equilibrados, es probable que los precios de los activos sean razonables en relación con su valor. En este caso puede no hacer falta hacer nada, y también es importante saber eso. Cuando no hay nada particularmente inteligente que hacer, el riesgo es insistir en ser listo.

---

143. NdT: Título original: *RISK AND RETURN TODAY.*

19

LO MÁS IMPORTANTE ES...
AÑADIR VALOR

> Los resultados de los inversores que añaden valor son asimétricos. El porcentaje de las ganancias de los mercados que obtienen es mayor que el porcentaje de las pérdidas que sufren... Solo podemos confiar en la habilidad para añadir más valor en tiempos propicios que costes en tiempos hostiles. Este es el tipo de asimetría que se busca.

No es difícil hacerlo igual que el mercado en términos de riesgo y retorno. Lo difícil es hacerlo mejor que el mercado: añadir valor. Para ello se necesita ser más hábil y más perspicaz. Aquí, casi al final del libro, volvemos a referirnos al primer capítulo y a que los pensadores de segundo nivel tienen unas habilidades excepcionales.

El objetivo de este capítulo es el de explicar qué significa añadir valor para los inversores excepcionales. Para ello voy a explicar dos términos de la teoría de inversiones. El primero es *beta*, una medida de la sensibilidad relativa de una cartera a las variaciones de los mercados. El segundo es *alfa* que yo lo defino como la habilidad personal, o la habilidad de generar retornos que no están relacionados con los movimientos de los mercados.

&

Como ya he dicho antes, es fácil conseguir el retorno del mercado. Un fondo de inversión indexado lo conseguirá invirtiendo en títulos en la misma proporción que están representados en el mercado. Por lo tanto, tiene las mismas características —por ejemplo, potencial alcista, riesgo de pérdida, beta o volatilidad, crecimiento, precios caros o baratos, calidad o falta de ella— de un determinado mercado y genera el mismo rendimiento que el mercado. Personifica la inversión sin valor añadido.

Digamos, entonces, que todos los inversores comienzan, no con una hoja en blanco sino con la posibilidad de emular un índice. Pueden ir y comprar los mismos títulos que el índice y en las mismas proporciones, en cuyo caso obtendrán el mismo retorno que este. O bien pueden tratar de batirlo tomando decisiones activas de inversión.

Los inversores activos tienen una serie de opciones a su alcance. Primero, pueden decidir construir una cartera más agresiva o más defensiva que el índice, bien de forma permanente o en un intento de *market timing* o anticiparse al mercado. Si los inversores elijen ser más agresivos, por ejemplo, pueden aumentar el peso de los títulos que suelen fluctuar más que el índice, o pueden apalancarse. Con estas acciones van a aumentar el riesgo "sistemático[144]" de una cartera, su beta. (Sin embargo, la teoría dice que aunque puede que el retorno aumente, este incremento estará explicado en su totalidad por el aumento del riesgo sistemático que se ha asumido. Por lo tanto, hacer esto no mejora los retornos ajustados al riesgo.)

En segundo lugar, los inversores pueden desviarse del índice para explotar su habilidad de selección de valores (*stock-picking*) —comprando más títulos que están incluidos en el índice, reduciendo la exposición o excluyendo títulos representados en el índice o comprando otros que no forman parte de él—. Con esto, aumentarán la exposición de la cartera a cosas concretas que les sucedan a determinadas compañías y por lo tanto a los cambios en el precio de estos valores concretos, no a todo el índice. Dado que la composición de su cartera difiere de la del índice por razones "no sistemáticas" (podríamos decir "idiosincrásicas") los resultados

---

144. NdT: Riesgo sistémico es el riesgo común para todo el mercado.

que obtenga también lo harán. A largo plazo, no obstante, salvo que los inversores tengan una habilidad excepcional para seleccionar títulos concretos, estas desviaciones tenderán a compensarse unas a otras y el retorno ajustado al riesgo tenderá a converger con el del índice.

Los inversores activos que no tienen las habilidades descritas en el capítulo uno, no son mejores que los inversores pasivos y no se debería esperar que obtuvieran un retorno mejor que el del índice. Pueden intentarlo con todas sus fuerzas, poner énfasis en ser ofensivos o defensivos, pero no debería esperarse que su rendimiento ajustado al riesgo sea mejor que el de una cartera pasiva. (Y podría ser peor dado los riesgos no sistemáticos asumidos y los costes de transacción en los que se incurre).

Esto no quiere decir que si el índice sube un 15%, se deba esperar que todos los inversores activos que no añaden valor obtengan un 15%. Todos tendrán distintas carteras, y algunas lo harán mejor que otras... pero sin consistencia o fiabilidad. En su conjunto, van a reflejar el comportamiento del mercado, pero cada uno en concreto, tiene sus propias peculiaridades.

Por ejemplo, los inversores que son agresivos y apuestan por el riesgo deberían conseguir mejores resultados que el índice cuando las cosas van bien y perder más que el índice cuando van mal. Aquí es donde la beta entra en escena. Con la palabra *beta*, la teoría se refiere a la volatilidad relativa, o la sensibilidad de los rendimientos de una cartera a los del mercado. Una cartera con un beta mayor que uno debería ser más volátil que el mercado de referencia. Y un beta por debajo de uno significa que es menos volátil. Multiplique el rendimiento del mercado por su beta y le dará el rendimiento que debería conseguir la cartera, sin tener en cuenta los riesgos no sistemáticos. Si el mercado sube un 15% una cartera con un coeficiente beta de 1.2 debería rendir un 18% (más o menos el alfa).

La teoría interpreta esta información concluyendo que el incremento del rendimiento se debe al aumento de la beta o del riesgo sistemático. También dice que los retornos no aumentan para compensar ningún otro riesgo que no sea el riesgo sistemático. ¿Por qué no? Según la teoría, el mercado solo ofrece compensación por asumir los riesgos que son intrínsecos e insalvables a invertir: riesgo sistemático o "no diversificable". El resto del riesgo proviene de las decisiones de invertir en un determinado activo: el riesgo no sistemático. Ya que este tipo de riesgo se puede eliminar diversificando, ¿por qué se debería compensar a los inversores asumir este riesgo?

Según postula la teoría, la fórmula para explicar el retorno de una cartera (y) es:

$$y = \alpha + \beta x$$

Siendo α el símbolo para alfa y β para beta y *x* el retorno del mercado. El rendimiento de una cartera es igual a beta veces el rendimiento del mercado, y alfa (el rendimiento relacionado con la habilidad del gestor) se suma para llegar al rendimiento total. (Si bien la teoría dice que el alfa no existe).

Aunque no comparto el identificar riesgo con volatilidad, insisto en que hay que considerar el rendimiento en relación al riesgo asumido, como he explicado anteriormente. Un gestor que haya conseguido un 18% con una cartera que asume un gran riesgo, no es necesariamente mejor que otro que ha obtenido un 15% con una cartera con menor riesgo. La clave es el retorno ajustado al riesgo asumido a pesar de que —excepto la volatilidad, los demás riesgos no son cuantificables— creo que la mejor forma de evaluarlo es subjetivamente, no mediante cálculos científicos.

Por supuesto, tampoco comparto la idea de que en esta ecuación, alfa tiene que ser cero. La habilidad para invertir existe, aunque no todos la tengan. Solo a través de evaluar el rendimiento ajustado al riesgo asumido podemos intentar determinar si un inversor posee habilidades superiores al resto o alfa... es decir, si el inversor añade valor.

El modelo de alfa/beta es una excelente forma de evaluar las carteras, gestores, estrategias de inversión y esquemas de asignación de activos. Es una forma organizada para estimar cuánto del retorno viene de las condiciones del entorno y cuánto viene del valor añadido del gestor. Por ejemplo, es evidente que este gestor no tiene ninguna habilidad:

Periodo	Rendimiento del *benchmark*	Rendimiento de la cartera
1	10	10
2	6	6
3	0	0
4	-10	-10
5	20	20

Pero tampoco la tiene este gestor (que es la mitad de volátil que el índice).

Periodo	Rendimiento del benchmark	Rendimiento de la cartera
1	10	5
2	6	3
3	0	0
4	-10	-5
5	20	10

O este otro (que es el doble de volátil que el índice).

Periodo	Rendimiento del benchmark	Rendimiento de la cartera
1	10	20
2	6	12
3	0	0
4	-10	-20
5	20	40

Este tiene un poco.

Periodo	Rendimiento del benchmark	Rendimiento de la cartera
1	10	11
2	2	8
3	0	-1
4	-10	-9
5	20	21

Y este es muy hábil.

Periodo	Rendimiento del benchmark	Rendimiento de la cartera
1	10	12
2	6	10
3	0	3
4	-10	2
5	20	30

Y este es excepcionalmente hábil, si puede soportar tanta volatilidad.

Periodo	Rendimiento del *benchmark*	Rendimiento de la cartera
1	10	25
2	6	20
3	0	-5
4	-10	-20
5	20	25

Lo que está claro en estos ejemplos, es que "batir al mercado" y ser un "inversor excelente" están muy lejos de ser sinónimos —observe los años dos y tres en el tercer ejemplo—. No solo se trata del retorno, sino del riesgo que se ha asumido para conseguirlo.
RENDIMIENTO Y CÓMO SE CONSIGUIO[145], 11 DE NOVIEMBRE DE 2002

Es importante tener estas cosas en mente cuando se evalúa la habilidad de un inversor y cuando se comparan los resultados de un inversor defensivo con uno agresivo. Puede llamar a este proceso "ajuste de estilo".

En un año malo, los inversores defensivos pierden menos que los agresivos. ¿Añaden valor? No necesariamente. En un año bueno, los inversores agresivos ganan más que los defensivos. ¿Han hecho un mejor trabajo? Pocos dirían que sí, sin hacer antes un análisis más profundo.

Un solo año no dice prácticamente nada sobre las habilidades de un gestor, especialmente si los resultados están en línea con lo que cabría esperar que obtuviera, teniendo en cuenta su estilo de inversión. No es muy significativo que un inversor agresivo obtenga mayores rendimientos que el mercado en un año bueno, o que un inversor defensivo pierda menos en mercados bajistas. La pregunta importante es cómo se comportan a largo plazo y en entornos donde su estilo no es el más favorable.

Esto puede verse de forma más clara en una matriz como esta:

---

145. NdT: Título original: *RETURNS AND HOW THEY GET THAT WAY.*

	Inversor agresivo	Inversor defensivo
Sin habilidad	Gana mucho cuando el mercado sube y pierde mucho cuando el mercado baja.	No pierde mucho cuando el mercado baja y gana poco cuando el mercado sube.
Con habilidad	Gana mucho cuando el mercado sube y pierde menos que el mercado cuando baja.	No pierde mucho cuando el mercado baja y gana casi lo mismo que el mercado cuando sube.

La clave en esta matriz es la simetría o asimetría de la rentabilidad. Los inversores sin habilidad solo obtienen el rendimiento del mercado de acuerdo con su estilo de inversión. Sin habilidad, los inversores agresivos se mueven mucho en ambas direcciones, y los defensivos se mueven poco en cualquiera de las dos direcciones. Estos inversores no aportan nada más allá de su estilo de inversión. Se comportan bien cuando su estilo de inversión es favorable para las condiciones del mercado y mal cuando no lo es.

Por otro lado, los resultados de los inversores que añaden valor son asimétricos. Son capaces de capturar un mayor porcentaje de los beneficios que genera el mercado, que el porcentaje de las pérdidas que sufren. Los inversores agresivos con habilidad consiguen grandes ganancias cuando el mercado sube y no pierden todo lo ganado cuando baja, mientras que los inversores defensivos y habilidosos, pierden relativamente poco cuando el mercado baja y participan en las ganancias razonablemente bien, cuando el mercado sube.

En las inversiones todo tiene doble filo y se comporta de forma simétrica, a excepción de la habilidad que tenga un inversor. Solo se puede contar con la habilidad para añadir más valor en entornos favorables de lo que cuesta en entornos hostiles. Esta es la asimetría que buscamos. Tener habilidades excepcionales es el prerrequisito.

Así describo los objetivos de rentabilidad de Oaktree:

Cuando el mercado tiene años buenos, nos basta con estar en la media. Todo el mundo gana dinero en años buenos, y aún tengo que cruzarme con alguien que mé de un argumento convincente sobre por qué es necesario batir al mercado en los años buenos. No, en los años buenos la media es suficientemente buena.

Hay otros momentos, no obstante, en los que consideramos esencial batir al mercado, y esos son en los años malos. Nuestros clientes no esperan ser plenamente partícipes del sufrimiento que generan las pérdidas cuando estas suceden, y nosotros tampoco.

Por lo tanto, nuestro objetivo es hacerlo igual de bien que el mercado cuando obtiene beneficios, y mejor cuando sufre pérdidas. A simple vista podría parecer que es un objetivo modesto, pero es algo realmente ambicioso.

Para poder mantenerse en línea con el mercado cuando este lo hace bien, una cartera tiene que tener las dosis adecuadas de beta y correlación con el mercado. Pero si la correlación y la beta nos ayudan cuando sube, ¿no deberíamos esperar que nos perjudiquen también cuando baja?

Si somos capaces de poder bajar menos que el mercado, de forma consistente, y participar de todo el crecimiento cuando el mercado sube, esto solo se puede explicar de una forma: alfa o habilidad.

Este es un ejemplo de inversión de valor añadido, y si se ha demostrado durante unas cuantas décadas, solo puede explicarse porque se es hábil a la hora de invertir. La asimetría —obtener más retornos positivos que negativos en relación con lo que tu estilo de inversión debería proporcionar— debería ser el objetivo de cualquier inversor

20

LO MÁS IMPORTANTE ES... PONERLO TODO EN COMÚN

La mejor base sobre la que invertir con éxito —o sobre la que construir una carrera de éxito en el mundo de las inversiones— es el *value investing*. Es imprescindible tener una buena estimación de lo que vale aquello que está considerando comprar[146]. Hay muchos aspectos a considerar en esto y muchas formas distintas de enfocarlo. Por simplificarlo, están el dinero líquido o *cash* en el balance y el valor de los activos tangibles; la capacidad de la empresa o activo para generar *cash;* y el potencial de que estas cosas crezcan.

Para resultados extraordinarios en sus inversiones, su conocimiento y comprensión del valor deben ser mejores que los de los demás. Por lo tanto, debe ser capaz de ver cosas que los demás no ven, verlas de distinta forma o analizarlas mejor, e idealmente, hacer las tres a la vez.

---

146. NdT: Como decía Antonio Machado, "es de necios comparar valor con precio".

Su estimación del valor debe apoyarse en un análisis sólido y riguroso basado en datos y hechos, y debe ser capaz de mantenerla firmemente. Solo de esta forma será capaz de saber cuándo comprar o cuándo vender. Solo cuando tenga una convicción sólida sobre el valor de un activo, podrá tener la disciplina necesaria para vender activos que están muy sobrevalorados y que todo el mundo cree que van a subir hasta el infinito, o el coraje necesario para, en momentos de crisis, mantener o comprar más de un activo cuyos precios no paran de bajar. Por supuesto para que todos sus esfuerzos se conviertan en beneficios, su estimación del valor debe ser correcta.

&

La relación entre valor y precio es la clave definitiva para invertir con éxito. Comprar algo por debajo de su valor es la forma más consistente para obtener beneficios. Pagar por algo más de lo que vale no suele funcionar tan bien.

&

Pero ¿qué hace que una activo se venda por debajo de su valor? Las grandes oportunidades para comprar existen principalmente porque la percepción subestima la realidad. A diferencia de la facilidad de evaluar la calidad de un activo, detectar si algo está infravalorado requiere una comprensión profunda. Por esta razón, los inversores suelen confundir la calidad objetiva de un activo con una buena oportunidad de inversión. El inversor extraordinario nunca olvida que el objetivo es encontrar buenas compras, no buenos activos.

&

Además del incremento en el potencial de retorno que supone comprar por barato, también es algo fundamental para limitar los riesgos. Ni pagar más por el potencial de crecimiento de un activo, ni participar en un mercado caliente pueden proporcionarle esto.

&

La relación entre el precio y el valor se ve influenciada por factores psicológicos y técnicos, los cuales pueden imponerse a los fundamentales a corto plazo. Las variaciones extremas en los precios que producen estos dos factores proporcionan oportunidades para generar grandes beneficios o cometer grandes errores. Para conseguir lo primero y evitar lo segundo, tiene que aferrarse al concepto del valor y convivir con la psicología y los factores técnicos del mercado.

ॐ

Las economías y los mercados se mueven en ciclos alcistas y bajistas. Cualquiera que sea la tendencia del momento, la mayoría de la gente acaba creyendo que continuará siempre. Esta forma de pensar es muy peligrosa, ya que envenena a los mercados, hace que las valoraciones alcancen límites extremos, potencia la formación de burbujas y de situaciones de pánico que la mayoría de los inversores encuentran muy difíciles de resistir.

ॐ

De la misma forma, la psicología de la mayoría de los inversores se mueve de forma pendular —del optimismo al pesimismo; de la credulidad al escepticismo; del temor a perderse una oportunidad al miedo de perder dinero; y por lo tanto de la ansiedad por comprar a la urgencia por vender—. El movimiento del péndulo hace que las "masas" de inversores compren a precios elevados y vendan a precios bajos. Por lo tanto, seguir a las "masas" es una fórmula para el desastre, mientras que el ir contra corriente en los momentos extremos es la mejor fórmula para evitar las pérdidas y eventualmente tener éxito.

ॐ

En especial, la aversión al riesgo —un ingrediente que es fundamental en dosis apropiadas en un mercado racional— a veces escasea y otras es excesiva. La variabilidad de la psicología de los inversores sobre este aspecto juega un papel muy importante en el origen de las burbujas y las crisis económicas.

ॐ

No debemos nunca subestimar el poder de las influencias psicológicas. Avaricia, miedo, falta de escepticismo, conformismo, envidia, ego y capitulación son componentes de la naturaleza humana, y la capacidad que tienen para influir en nuestras acciones es muy poderosa, especialmente cuando se encuentran en situaciones extremas y compartidas por las masas. Influenciarán a otros, y los inversores extraordinarios los sentirán también. Ninguno de nosotros debería esperar ser inmune o capaz de aislarse completamente de ellos. Pero a pesar de sentirlos, no debemos sucumbir; en su lugar, debemos reconocerlos por lo que son y mantenernos firmes frente a ellos. La razón tiene que imponerse a las emociones.

La mayoría de las tendencias —tanto alcistas como bajistas— tienden a "pasarse de vuelta" beneficiando a aquellos que las reconocen pronto, pero penalizando a los últimos en subirse al carro. Esta es la lógica detrás de mi refrán favorito sobre invertir: "Lo que el sabio hace al principio, el tonto lo hace al final". La capacidad de resistir frente a los excesos es rara, pero es un atributo muy importante de los inversores de mayor éxito.

Es imposible saber cuándo un mercado sobrecalentado comenzará a bajar, o cuándo un mercado a la baja se estabilizará y empezará a subir. Pero, aunque nunca sabemos hacia dónde vamos, deberíamos saber dónde estamos. Podemos inferir en qué punto del ciclo se encuentran los mercados a través del comportamiento de los que nos rodean. Cuando los demás inversores están despreocupados, nosotros debemos ser cautos; cuando los demás inversores son presa del pánico, nosotros debemos ser agresivos.

Ni siquiera el ir a contracorriente va a producir siempre beneficios. Las grandes oportunidades para comprar y vender están asociadas a valoraciones extremas, y estas, por definición, no suceden todos los días. Nos vemos impulsados a vender o comprar en momentos menos atractivos del ciclo, ya que pocos de nosotros nos contentamos con actuar solo una vez cada varios años. Tenemos que darnos cuenta cuándo la probabilidad está en nuestra contra y ser más cautelosos.

Comprar basándonos en una fuerte convicción sobre el valor, pagando un precio bajo en relación al valor, en un entorno en el que la psicología de los inversores es depresiva, probablemente produzca los mejores resultados posibles. Pero aun así, las cosas pueden ir en nuestra contra durante mucho tiempo, antes de que finalmente se comporten como pensamos que deberían. El que algo esté infravalorado está muy lejos de significar que subirá pronto. De aquí la importancia de mi segundo dicho favorito: "No se puede distinguir entre adelantarse demasiado al mercado y estar equivocado". Se necesita mucha paciencia y fortaleza para mantener las posiciones el tiempo suficiente para que acaben por probar que se estaba en lo cierto.

Además de ser capaces de cuantificar el valor y comprarlo cuando se ofrece a un precio adecuado, los inversores de éxito tienen que tener una forma robusta de entender y gestionar el riesgo. Tienen que ser capaces de ir más allá de la definición académica del riesgo como volatilidad y entender que el riesgo que importa es el de sufrir pérdidas permanentes. Tienen que desechar la idea de que asumir más riesgo es la fórmula para el éxito en las inversiones, y saber que las inversiones con mayor riesgo implican un mayor rango de posibles resultados y una mayor probabilidad de sufrir pérdidas. Tienen que tener una noción del potencial de sufrir pérdidas presente en cada inversión y estar dispuestos a asumirlo únicamente cuando la recompensa sea más que adecuada.

La mayoría de los inversores son simplistas, solo se preocupan sobre la posibilidad de obtener beneficios. Algunos son capaces de ir un poco más allá y aprenden que entender el riesgo es tan importante como entender el retorno. Pero es raro el inversor que consigue entender la correlación, un elemento clave a la hora de controlar el riesgo global de una cartera. Debido a las diferencias en la correlación, inversiones que individualmente pueden tener un mismo nivel de riesgo pueden combinarse de distintas formas para construir carteras que globalmente tienen niveles de riesgo muy diferentes. Muchos inversores creen que la diversificación consiste en tener muchos activos diferentes; muy pocos entienden que la diversificación solo es efectiva si los componentes de una cartera se comportan de forma diferente en distintos entornos.

Mientras que invertir de forma agresiva puede producir unos resultados excitantes cuando sale bien —especialmente en épocas de bonanza— es improbable que sea capaz de generar beneficios de forma tan fiable como la inversión defensiva. Por lo tanto, un bajo índice de pérdidas sustanciales es una característica de los mejores *track records*. El lema de Oaktree: "si evitamos a los perdedores, los ganadores se ocuparan de ellos mismos" nos ha servido muy bien a lo largo de los años. Una cartera de inversiones diversificada en la que es improbable que cada inversión genere pérdidas sustanciales es un buen comienzo para tener éxito en el mundo de las inversiones.

El control del riesgo es la base de la inversión defensiva. En vez de únicamente intentar hacer lo correcto, el inversor defensivo pone mucho énfasis en no cometer errores. Ya que asegurarse de tener la capacidad para sobrevivir bajo circunstancias adversas es incompatible con maximizar los retornos en tiempos de bonanza; los inversores deben decidir qué equilibrio quieren entre ambos. El inversor defensivo pone el énfasis en lo primero.

Tener margen de error es un elemento crítico en la inversión defensiva. La mayoría de las inversiones tendrán éxito si el futuro se comporta según lo previsto, pero se necesita tener margen de error para que el resultado sea tolerable cuando las cosas no salen como esperábamos. Un inversor puede obtener margen de error insistiendo en que exista valor duradero, tangible, aquí y ahora; evitando apalancarse y diversificando. Poner énfasis en estos aspectos puede limitar sus retornos cuando las cosas van bien, pero también maximizará la probabilidad de que salga intacto cuando las cosas vayan mal. Mi tercer dicho favorito es: "Nunca olvides al hombre que medía metro noventa y se ahogó cruzando un río que de media tenía una profundidad de un metro cincuenta". El margen de error proporciona capacidad de aguante y de resistir en los perores momentos.

☙

El control de riesgos y el margen de error deberían estar presentes siempre en su cartera. Pero debe recordar que representan "activos ocultos". En los mercados, la mayoría de los años son buenos, pero es solo en los años malos —cuando baja la marea— cuando el valor de una actitud defensiva se hace evidente. Por lo tanto, en los años buenos, los inversores defensivos deben contentarse con saber que sus retornos, aunque puede que sean menores que los máximos, se consiguieron con una cierta protección... a pesar de que resultó no ser necesaria.

☙

Uno de los requisitos esenciales para tener éxito al invertir —y por lo tanto parte del bagaje psicológico de los grandes inversores— es el ser conscientes de que no conocemos lo que nos va a deparar el futuro en términos macroeconómicos. No hay nadie, si es que hay alguien, que sepa más que el consenso sobre lo que va a ocurrir con la economía, los tipos de interés o el resto de indicadores agregados de los mercados. Por lo tanto, es mejor invertir el tiempo en intentar conseguir una ventaja sobre "lo que se puede conocer": industrias, compañías y títulos. Cuanto más micro sea el enfoque, mayor es la probabilidad de ser capaz de aprender cosas que los demás no saben.

☙

Hay muchos más inversores que asumen que tienen conocimiento sobre el futuro de la economía y los mercados —y actúan en consecuencia— de lo que realmente saben. Toman posiciones agresivas, basándose en que saben lo que va a pasar, y eso rara vez produce los resultados esperados. Invertir en base a una incorrecta predicción del futuro sobre la que se tiene una gran convicción es, potencialmente, una fuente para sufrir grandes pérdidas.

Muchos inversores —tanto profesionales como *amateurs*— asumen que el mundo funciona a través de procesos ordenados que se pueden dominar y predecir. Ignoran la aleatoriedad de las cosas y la distribución de probabilidad que subyace en los eventos futuros. Por lo tanto, optan por basar sus acciones en el escenario que creen que va a suceder. A veces funciona —aumentando el prestigio del inversor— pero de forma lo suficientemente consistente como para producir éxito a largo plazo. Tanto en la predicción económica como en la gestión de inversiones, vale la pena saber que siempre hay alguien que acierta a la perfección..., pero rara vez es la misma persona dos veces seguidas. Los inversores con mayor éxito consiguen hacer las cosas "razonablemente bien" la mayoría del tiempo, y eso es mucho mejor de lo que consiguen los demás.

Una parte muy importante para acertar consiste en evitar las trampas que surgen de forma habitual por las fluctuaciones económicas, los problemas de las compañías, las fluctuaciones en los mercados fomentadas por las modas y la credulidad del resto de inversores. No hay forma infalible para conseguirlo, pero conocer estos potenciales peligros es el mejor punto de partida para evitar ser víctima de ellos.

Ni los inversores defensivos, que limitan sus pérdidas en un mercado bajista, ni los inversores agresivos, que consiguen unos grandes beneficios en mercados alcistas, han probado que son hábiles. Para poder concluir que un inversor realmente añade valor, hay que ver qué resultados obtiene cuando el entorno no favorece a su estilo de inversión. Si tiene una estrategia agresiva ¿podrá minimizar las pérdidas en un entorno bajista? Si tiene una estrategia defensiva ¿podrá participar de las subidas cuando el mercado suba? Este tipo de asimetría es la verdadera expresión de la habilidad de un inversor. ¿Tiene más ganadores que perdedores? ¿Son mayores las ganancias de los ganadores que las pérdidas de los perdedores?

¿Son los años buenos más beneficiosos que el sufrimiento que generan los años malos? ¿Y son los resultados a largo plazo mejores de lo que sugeriría su estilo de inversión? Estos son elementos que distinguen a un inversor superior. Sin ellos, los resultados probablemente sean poco más que el movimiento del mercado más la beta.

❧

Solo los inversores que tienen una perspicacia inusual pueden entender regularmente la distribución de probabilidad que presenta el futuro y tienen la sensibilidad para ver si el potencial de retorno compensa los riesgos que subyacen en la cola negativa de la distribución. Esta sencilla descripción de lo que se necesita para ser un inversor de éxito —basada en comprender el rango de retornos posibles y el riesgo de que ocurran sucesos imprevistos e indeseados— encierra los elementos sobre los que debería enfocar su atención. Dejo la tarea en sus manos. Y le invito a participar en un viaje excitante, retador y que sin duda espero que le haga reflexionar.